U0756182

荊楚文庫

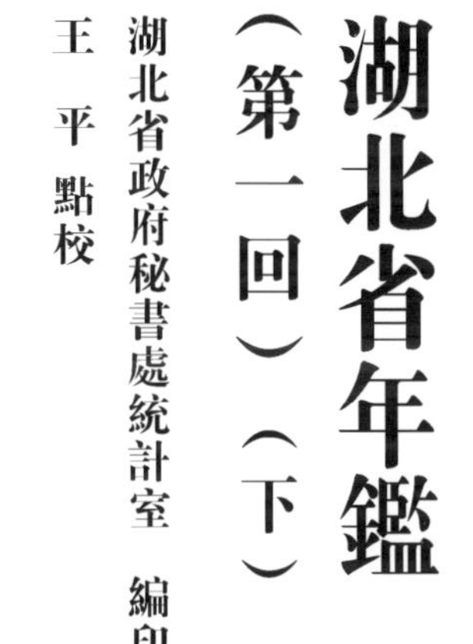

湖北省年鑑

（第一回）（下）

湖北省政府秘書處統計室 編印

王平 點校

荊楚文庫編纂出版委員會

華中科技大學出版社

交　　通

壹、概　　説

本省江漢縈繞，湖泊星羅，水路交通，素稱便利，年來交通設備，逐漸進展，地位益臻重要。

鐵道有平漢、粤漢兩綫，縱貫南北，起自北平，迄於廣州，而以武漢爲中心，省内里程共計三百三十八公里。

公路截至二十五年底止，累計已成路綫達四千公里，實際通車者，約三千四百公里，路網遍布全省，惟舖有路面者，僅一千公里，現當局正在側重質的改良，俾利行旅運輸。

航路有長江、漢水及其支流，统計航程達五千公里，民船均可通行。省内小輪，自二十三年收歸航政處代管，二十五年更進而設立内河航輪管理局專責辦理以来，營業頗稱發達。惜大輪航業，除招商局及民生公司之船隻外，其餘泰半操于外人之手。武漢三鎮，僅一衣带水之隔，往返殊費跋涉，自輪渡省營以來，連絡稍臻進步，當局最近爲謀交通迅捷計，爰有武漢鐵橋之計劃，将來如能建築完成，則武漢三鎮之交通，便利多多矣。

航空路綫經由本省通過者，有漢渝、滬漢、滬蓉、滬滇諸綫，于通訊行旅至感迅捷。

邮政事業，在本省亦稱發達，總計全省郵路，已達二萬公里，郵件總數，平均全年在三千萬件左右。

有綫電報本省綫路總長已超過五千公里，局所七十餘，電報機百餘部，全年國内發報字數在二千萬字以上。

無綫電台，本省計有漢口、宜昌、沙市、漢川、監利等五處，全年發報字數，亦已由百餘萬字增至千餘萬字。

電話在本省境内有市區、長途兩種。市区電話以武漢較爲發達，綫路總長三萬餘公里，用户數四千餘户，電話機八千餘號。宜昌、沙市次之，綫路總長各僅二十餘公里，用户各僅百餘户，電話機各僅二百餘號而已。長途電話又有國營、省營、縣鄉村之别。國營長途電話，綫路逾三千公里，通話處所六十餘處。省營長途電話綫路亦達三千公里，通話處所七十餘處。至於縣鄉村長途電話，業已架設者全省已達六十餘縣，綫路總長約計萬餘公里。

就前述各種統計字數觀察，本省交通事業可謂相當發達，各種交通建設若再加以充實改良，則本省之經濟文化，均當隨之而有進展。

本篇範圍廣汎，搜求材料煞費苦心，幸賴各方之同情贊助，方獲相當充實。如鐵道一項，材料係由平漢、粵漢兩管理局供給。航空一項係由中國及歐亞兩公司供給。郵、電兩項，係由本室編制表格送請郵務及電政兩管理局查填，呈經交通部審核後始行編入。此外如公路、航業，暨省營各交通機關材料，均由各該主管機關供給，幾經整理，始行編入。尚有可貴材料，因年鑑提前付印，未及搜羅齊全，補充完備，惟有俟諸異日耳。①

① 整理者：原書此頁後附有《湖北省水陸交通圖》，因排版所限，本次點校移至書末。

貳、鐵　　道

一、省内國有鐵路里程及貨運概況

路名	里程（公里）	進出省境貨物量值			
		運進		運出	
		貨量（公担）	貨值（元）	貨量（公担）	貨值（元）
總計	**338**	**11 140 723**	**81 530 000**	**1 407 792**	**81 190 000**
平漢	173	9 647 279	71 560 000	1 078 219	58 710 000
粤漢	165	1 493 444	9 970 000	329 573	22 480 000

附註：一、里程根據平漢、粤漢兩路里程表，平漢路自漢口玉帶門迄武勝關，粤漢路自武昌東站迄羊樓司。

二、進出省境貨量根據平漢、粤漢兩路局貨運登記表，平漢路自民國二十三年七月至二十四年六月，粤漢路自民國二十四年四月至二十五年三月，至貨值則係估計數。

二、平漢路

甲、上行車各站里程票價及行車時刻

廿五年十月起實行

漢口玉帶門至各站（公里）	漢口玉帶門至各站三等票價（元）	車次	2		22		44		4
		站名	漢口至北平特別快車頭二三等臥膳俱備每星期一三五由漢口開行		漢口至北平直達快車頭二三等臥膳俱備每日由漢口開行		清苑縣至北平普通客車頭二三等並附掛廚車每日開行		石家莊至北平普通客車頭二三等
			到	開	到	開	到	開	到
		漢口玉帶門							
3	0.15	漢口循禮門							
5	**0.15**	**漢口大智門**		**22.50**		**12.25**			
9	0.15	漢口江岸	22.58	23.00	12.33	12.36			
18	0.25	諶家磯		23.10		12.46			
22	0.35	灄口		23.19		12.55			
31	0.50	橫店		23.33	13.10	13.12			
42	0.65	祁家灣		23.49		13.29			
51	0.80	祝家灣		0.04		13.44			
60	0.90	三汊埠		0.18		13.58			

2	52		62		64		66		72	
並附掛廚車每日開行	鄭縣至石家莊普通客車頭二三等並附掛廚車每日開行		玉帶門至鄭縣普通客車頭二三等並附掛廚車每日開行		玉帶門至鄭縣普通客車頭二三等並附掛廚車每日開行		循禮門至横店普通客車祇掛三等每日開行		漢口至北平客貨混合車祇掛三等每日開行	
開	到	開	到	開	到	開	到	開	到	開
				7.38		18.20				18.40
			7.45	7.47	18.27	18.29		10.30	18.49	19.09
			7.52	**8.08**	**18.34**	**18.50**	**10.36**	**10.46**	**19.17**	**19.47**
			8.16	8.21	18.58	19.06	10.55	10.59	19.58	20.20
			8.32	8.33	19.17	19.18	11.10	11.12	20.35	20.39
			8.44	8.45	19.29	19.30	11.25	11.27	20.55	20.58
			9.01	9.05	19.46	19.49	11.42		21.18	21.28
			9.23	9.26	20.07	20.09			21.53	22.03
			9.43	9.45	20.26	20.27			22.26	22.36
			10.01	10.02	20.43	20.44			22.58	23.08

漢口玉帶門至各站(公里)	漢口玉帶門至各站三等票價(元)	車次	2		22		44		4
		站名	漢口至北平特別快車頭二三等臥膳俱備每星期一三五由漢口開行		漢口至北平直達快車頭二三等臥膳俱備每日由漢口開行		清苑縣至北平普通客車頭二三等並附掛廚車每日開行		石家莊至北平普通客車頭二三等
			到	開	到	開	到	開	到
73	1.10	孝感縣	0.39	0.49	14.19	14.29			
87	1.35	蕭家港		1.08		14.48			
96	1.45	陸家山		1.23		15.04			
107	1.65	花園	1.41	1.42	15.22	15.24			
115	1.75	衛家店		1.56		15.38			
123	1.85	王家店		2.07	15.50	15.52			
138	2.10	楊家寨		2.28		16.13			
152	**2.30**	**廣水**	**2.50**	**3.02**	**16.35**	**16.47**			
160	2.40	東篁店	3.15	3.16	17.00	17.02			
173	2.60	武勝關	3.45	3.47	17.31	17.32			
179	**2.70**	**新店**	**4.02**	**4.04**	**17.47**	**17.49**			
189	2.85	李家寨		4.20	18.06	18.07			
195	2.95	柳林		4.29		18.17			
204	3.10	雙河		4.44		18.32			
217	**3.30**	**信陽縣**	**5.04**	**5.14**	**18.52**	**19.04**			

續表

2	52		62		64		66		72	
並附掛廚車每日開行	鄭縣至石家莊普通客車頭二三等並附掛廚車每日開行		玉帶門至鄭縣普通客車頭二三等並附掛廚車每日開行		玉帶門至鄭縣普通客車頭二三等並附掛廚車每日開行		循禮門至橫店普通客車祇掛三等每日開行		漢口至北平客貨混合車祇掛三等每日開行	
開	到	開	到	開	到	開	到	開	到	開
			10.24	10.34	21.06	21.16			23.38	23.58
			10.54	10.55	21.36	21.37			0.26	0.31
			11.12	11.13	21.54	21.55			0.54	0.56
			11.32	11.35	22.14	22.17			1.21	1.57
			11.50	11.51	22.32	22.33			2.18	2.22
			12.04	12.05	22.46	22.48			2.40	2.53
			12.27	12.29	23.11	23.12			3.23	3.28
			12.52	**13.05**	**23.35**	**23.50**			**4.00**	**5.10**
			13.18	13.20	0.03	0.05			5.30	5.35
			13.49	13.51	0.34	0.36			6.30	6.35
			14.06	**14.09**	**0.51**	**0.57**			**7.03**	**7.17**
			14.26	14.27	1.14	1.15			7.41	7.51
			14.38	14.39	1.26	1.27			8.06	8.13
			14.56	14.57	1.44	1.45			8.36	8.41
			15.18	**15.33**	**2.06**	**2.17**			**9.10**	**9.55**

漢口玉帶門至各站(公里)	漢口玉帶門至各站三等票價(元)	車次	2		22		44		4
		站名	漢口至北平特別快車頭二三等臥膳俱備每星期一三五由漢口開行		漢口至北平直達快車頭二三等臥膳俱備每日由漢口開行		清苑縣至北平普通客車頭二三等並附掛廚車每日開行		石家莊至北平普通客車頭二三等
			到	開	到	開	到	開	到
230	3.45	彭家灣		5.39	19.30	19.32			
239	3.60	長台關		5.56		19.50			
248	3.75	三官廟		6.11		20.05			
256	3.85	明港		6.23	20.18	20.20			
263	3.95	李新店		6.36		20.34			
273	4.10	新安店		6.52		20.50			
283	4.25	黄山坡		7.09		21.08			
293	4.40	確山縣		7.24		21.23			
303	4.55	馬莊		7.41		21.40			
313	**4.70**	**駐馬店**	**7.58**	**8.13**	**21.57**	**22.17**			
321	4.85	大劉莊		8.26	22.31	22.36			
331	5.00	遂平縣		8.43		22.52			
342	5.15	焦莊		9.03		23.12			
357	5.40	西平縣		9.26		23.35			
372	5.60	郭店		9.50		23.59			

續表

2	52		62		64		66		72	
並附掛廚車每日開行	鄭縣至石家莊普通客車頭二三等並附掛廚車每日開行		玉帶門至鄭縣普通客車頭二三等並附掛廚車每日開行		玉帶門至鄭縣普通客車頭二三等並附掛廚車每日開行		循禮門至横店普通客車祇掛三等每日開行		漢口至北平客貨混合車祇掛三等每日開行	
開	到	開	到	開	到	開	到	開	到	開
			15.59	16.01	2.43	2.44			10.38	10.43
			16.20	16.21	3.03	3.04			11.08	11.13
			16.38	16.39	3.21	3.22			11.35	11.40
			16.53	16.56	3.36	3.38			11.58	12.20
			17.11	17.12	3.53	3.54			12.39	12.42
			17.30	17.32	4.12	4.13			13.06	13.11
			17.52	17.53	4.33	4.34			13.37	13.40
			18.10	18.12	4.51	4.52			14.02	14.17
			18.31	18.32	5.11	5.12			14.41	14.46
			18.50	**19.05**	**5.30**	**5.45**			**15.10**	**16.00**
			19.20	19.22	5.59	6.00			16.18	16.21
			19.41	19.43	6.18	6.19			16.45	17.00
			20.06	20.08	6.41	6.42			17.28	17.31
			20.34	20.36	7.07	7.08			18.03	18.23
			21.04	21.18	7.34	7.36			18.57	19.01

漢口玉帶門至各站(公里)	漢口玉帶門至各站三等票價(元)	車次	2		22		44		4
		站名	漢口至北平特別快車頭二三等臥膳俱備每星期一三五由漢口開行		漢口至北平直達快車頭二三等臥膳俱備每日由漢口開行		清苑縣至北平普通客車頭二三等並附掛廚車每日開行		石家莊至北平普通客車頭二三等
			到	開	到	開	到	開	到
379	**5.70**	**郾城縣**	**10.01**	**10.11**	**0.10**	**0.20**			
386	5.80	孟廟村		10.23		0.32			
395	5.95	小商橋		10.38		0.47			
407	6.15	臨潁縣		10.55		1.04			
419	6.30	大石橋		11.12		1.21			
433	**6.50**	**許昌縣**	**11.33**	**11.43**	**1.42**	**1.52**			
445	6.70	蘇橋		12.01		2.10			
454	6.85	和尚橋		12.17		2.26			
465	7.00	官亭		12.30		2.39			
473	7.10	新鄭縣		12.46		2.55			
486	7.30	薛店		13.06		3.15			
497	7.50	謝莊		13.24		3.32			
507	7.65	小李莊		13.89	3.47	3.49			
519	**7.80**	**鄭縣**	**13.59**	**14.14**	**4.10**	**4.30**			
528	7.95	南陽		14.27		4.43			

續表

2	52		62		64		66		72	
並附掛廚車每日開行	鄭縣至石家莊普通客車頭二三等並附掛廚車每日開行		玉帶門至鄭縣普通客車頭二三等並附掛廚車每日開行		玉帶門至鄭縣普通客車頭二三等並附掛廚車每日開行		循禮門至横店普通客車祇掛三等每日開行		漢口至北平客貨混合車祇掛三等每日開行	
開	到	開	到	開	到	開	到	開	到	開
			21.25	**21.40**	**7.48**	**8.03**			**19.17**	**20.15**
			21.53	21.54	8.16	8.17			20.31	20.40
			22.11	22.12	8.34	8.35			21.02	21.07
			22.31	22.33	8.54	8.56			21.32	21.47
			22.52	22.53	9.15	9.16			22.12	22.15
			23.15	**23.25**	**9.38**	**9.50**			**22.43**	**23.45**
			23.44	23.45	10.09	10.10			0.10	0.15
			0.03	0.05	10.28	10.30			0.37	0.47
			0.20	0.21	10.45	10.46			1.09	1.19
			0.39	0.41	11.04	11.06			1.41	2.01
			1.03	1.04	11.28	11.29			2.31	2.41
			1.24	1.26	11.49	11.51			3.07	4.05
			1.43	1.44	12.08	12.09			4.28	4.33
		7.35	**2.05**		**12.30**				**5.00**	**6.30**
	7.49	7.50							6.50	6.55

漢口玉帶門至各站（公里）	漢口玉帶門至各站三等票價（元）	車次	2		22		44		4
		站名	漢口至北平特別快車頭二三等臥膳俱備每星期一三五由漢口開行		漢口至北平直達快車頭二三等臥膳俱備每日由漢口開行		清苑縣至北平普通客車頭二三等並附掛廚車每日開行		石家莊至北平普通客車頭二三等
			到	開	到	開	到	開	到
539	8.10	廣武縣		14.44		5.00			
544	8.20	黄河南岸	14.53	14.57	5.09	5.16			
549	8.25	黄河北岸	15.17	15.18	5.36	5.37			
557	8.40	詹店	15.31	15.33		5.50			
567	8.55	忠義		15.47		6.03			
575	8.65	亢村驛		15.58		6.14			
584	8.80	小冀鎮		16.11		6.27			
599	**9.00**	**新鄉縣**	**16.31**	**16.45**	**6.47**	**7.00**			
609	9.15	璐王墳		17.00		7.15			
624	9.40	汲縣	17.20	17.21	7.35	7.36			
634	9.55	塔崗		17.36		7.51			
647	9.75	淇縣		17.53	8.09	8.10			
659	9.90	高村橋		18.06		8.24			
665	10.00	濬縣		18.20	9.40	8.41			
671	10.10	宜溝鎮		18.29		8.51			

續表

2	52		62		64		66		72	
並附掛廚車每日開行	鄭縣至石家莊普通客車頭二三等並附掛廚車每日開行		玉帶門至鄭縣普通客車頭二三等並附掛廚車每日開行		玉帶門至鄭縣普通客車頭二三等並附掛廚車每日開行		循禮門至橫店普通客車祇掛三等每日開行		漢口至北平客貨混合車祇掛三等每日開行	
開	到	開	到	開	到	開	到	開	到	開
	8.09	8.10							7.20	7.25
	8.20	8.27							7.38	7.55
	8.47	8.49							8.15	8.25
	9.02	9.03							8.43	9.20
	9.18	9.19							9.42	9.52
	9.32	9.33							10.10	10.20
	9.48	9.49							10.40	10.50
	10.10	**10.25**							**11.20**	**12.30**
	10.41	10.42							12.52	12.57
	11.03	11.06							13.27	13.45
	11.22	11.23							14.07	14.12
	11.42	11.45							14.39	15.04
	12.00	12.01							15.26	15.31
	12.18	12.20							15.53	16.07
	12.31	12.35							16.22	16.24

漢口玉帶門至各站（公里）	漢口玉帶門至各站三等票價（元）	車次	2		22		44		4
		站名	漢口至北平特別快車頭二三等臥膳俱備每星期一三五由漢口開行		漢口至北平直達快車頭二三等臥膳俱備每日由漢口開行		清苑縣至北平普通客車頭二三等並附掛廚車每日開行		石家莊至北平普通客車頭二三等
			到	開	到	開	到	開	到
684	10.30	湯陰縣		18.46	9.09	9.10			
695	10.45	寶蓮寺		19.02		9.27			
705	**10.60**	**安陽縣**	**19.17**	**19.32**	**9.42**	**9.57**			
720	10.80	豐樂鎮		19.53	10.19	10.20			
731	11.00	雙廟		20.69	10.39	10.41			
740	11.10	磁縣		20.21	10.55	10.57			
747	11.25	光禄鎮		20.31	11.09	11.10			
755	11.35	馬頭鎮		20.42	11.23	11.25			
771	**11.60**	**邯鄲縣**	**21.03**	**21.04**	**11.47**	**11.52**			
780	11.70	王化堡		21.17		12.06			
790	11.85	臨洺關		21.31		12.20			
799	12.00	褡褳鎮		21.45		12.34			
810	12.15	沙河縣		21.59	12.49	12.50			
823	**12.35**	**邢台縣**	**22.17**	**22.27**	**13.09**	**13.24**			
828	12.60	官莊		22.49		13.46			

續表

2	52		62		64		66		72	
並附掛廚車每日開行	鄭縣至石家莊普通客車頭二三等並附掛廚車每日開行		玉帶門至鄭縣普通客車頭二三等並附掛廚車每日開行		玉帶門至鄭縣普通客車頭二三等並附掛廚車每日開行		循禮門至横店普通客車衹掛三等每日開行		漢口至北平客貨混合車衹掛三等每日開行	
開	到	開	到	開	到	開	到	開	到	開
	12.54	12.55							16.51	17.01
	13.13	13.14							17.26	17.28
	13.30	**13.45**							**17.50**	**18.30**
	14.07	14.09							19.00	19.15
	14.27	14.28							19.40	19.43
	14.42	14.43							20.03	20.32
	14.55	14.56							20.48	21.03
	15.09	15.11							21.21	21.40
	15.33	**15.35**							**22.12**	**22.32**
	15.49	15.50							22.52	23.02
	16.06	16.07							23.24	23.34
	16.23	16.24							23.57	0.02
	16.40	16.41							0.25	0.30
	17.00	**17.12**							**0.57**	**1.50**
	17.35	17.37							2.22	2.27

漢口玉帶門至各站(公里)	漢口玉帶門至各站三等票價(元)	車次	2		22		44		4
		站名	漢口至北平特別快車頭二三等臥膳俱備每星期一三五由漢口開行		漢口至北平直達快車頭二三等臥膳俱備每日由漢口開行		清苑縣至北平普通客車頭二三等並附掛廚車每日開行		石家莊至北平普通客車頭二三等
			到	開	到	開	到	開	到
849	12.75	内邱縣		23.07	14.05	14.06			
860	12.90	馮村		23.29		14.29			
870	13.05	鎮内		23.42	14.43	14.44			
879	13.20	鴨鴿營		23.54		14.57			
886	13.30	高邑縣		0.04	15.08	15.10			
896	13.45	大陳莊		0.19		15.26			
904	13.60	元氏縣		0.30	15.38	15.41			
918	13.80	竇嫗		0.50	16.03	16.04			
926	13.90	高遷村		1.01		16.16			
936	**14.05**	**石家莊**	**1.15**	**1.30**	**16.30**	**16.45**			
942	14.15	柳辛莊		1.40		16.55			11.46
950	14.25	正定縣		1.54	17.10	17.12			12.03
960	14.40	新安		2.07		17.26			12.20
964	14.65	東長壽		2.25		17.44			12.41
966	14.80	新樂縣		2.50	18.10	18.11			13.09

續表

2	52		62		64		66		72	
並附掛廚車每日開行	鄭縣至石家莊普通客車頭二三等並附掛廚車每日開行		玉帶門至鄭縣普通客車頭二三等並附掛廚車每日開行		玉帶門至鄭縣普通客車頭二三等並附掛廚車每日開行		循禮門至横店普通客車祇掛三等每日開行		漢口至北平客貨混合車祇掛三等每日開行	
開	到	開	到	開	到	開	到	開	到	開
	17.57	17.59							2.54	3.04
	18.23	18.24							3.34	3.39
	18.39	18.40							4.01	4.11
	18.54	18.55							4.31	4.36
	19.07	19.09							4.52	5.12
	19.26	19.27							5.36	5.41
	19.40	19.42							5.59	6.15
	20.04	20.06							6.45	6.55
	20.19	20.20							7.13	7.32
11.35	**20.35**								**7.54**	**8.55**
11.47									9.10	9.14
12.05									9.37	9.47
12.21									10.69	10.14
12.42									10.42	10.52
13.12									11.25	11.35

漢口玉帶門至各站（公里）	漢口玉帶門至各站三等票價（元）	車次	2		22		44		4
		站名	漢口至北平特別快車頭二三等臥膳俱備每星期一三五由漢口開行		漢口至北平直達快車頭二三等臥膳俱備每日由漢口開行		清苑縣至北平普通客車頭二三等並附掛廚車每日開行		石家莊至北平普通客車頭二三等
			到	開	到	開	到	開	到
996	14.95	寨西店		3.03		18.25			13.27
1 007	15.15	定縣	3.19	3.29	18.41	18.50			13.45
1 020	15.30	清風店		3.49		19.11			14.17
1 034	15.55	望都縣		4.07		19.29			14.38
1 045	15.70	方順橋		4.22		19.44			14.57
1 055	15.85	于家莊		4.35		19.57			15.14
1 067	**16.05**	**清苑縣**	**4.52**	**5.02**	**20.14**	**20.24**		**7.45**	**15.35**
1 078	16.20	漕河		5.18		20.40	8.02	8.03	16.07
1 091	16.40	徐水縣		5.35		20.57	8.22	8.24	16.27
1 104	16.60	固城鎮		5.52		21.14	8.43	8.45	16.48
1 113	16.70	北河店		6.04		21.26	8.59	9.00	17.04
1 121	16.85	定興縣		6.15	21.38	21.39	9.13	9.15	17.19
1 129	16.95	高碑店	6.27	6.37	21.52	22.00	9.28	9.38	17.34
1 139	17.10	松林店		6.51		22.14	9.53	9.54	18.00
1 149	17.25	涿縣		7.04		22.27	10.09	10.11	18.16

續表

2	52		62		64		66		72	
並附掛廚車每日開行	鄭縣至石家莊普通客車頭二三等並附掛廚車每日開行		玉帶門至鄭縣普通客車頭二三等並附掛廚車每日開行		玉帶門至鄭縣普通客車頭二三等並附掛廚車每日開行		循禮門至横店普通客車祇掛三等每日開行		漢口至北平客貨混合車祇掛三等每日開行	
開	到	開	到	開	到	開	到	開	到	開
13.28									11.57	12.07
13.55									12.20	12.52
14.18									13.22	13.37
14.40									14.05	14.58
14.59									15.21	15.28
15.16									15.50	15.55
15.50									**16.20**	**17.15**
16.08									17.38	17.43
16.29									18.10	18.25
16.50									18.52	19.07
17.06									19.27	19.37
17.21									19.55	20.19
17.45									20.37	20.57
18.01									21.19	21.24
18.18									21.46	21.56

漢口玉帶門至各站（公里）	漢口玉帶門至各站三等票價（元）	車次	2		22		44		4
		站名	漢口至北平特別快車頭二三等臥膳俱備每星期一三五由漢口開行		漢口至北平直達快車頭二三等臥膳俱備每日由漢口開行		清苑縣至北平普通客車頭二三等並附掛廚車每日開行		石家莊至北平普通客車頭二三等
			到	開	到	開	到	開	到
1 154	17.35	永樂村		7.12		22.35	10.21	10.22	18.28
1 163	17.45	琉璃河		7.24	22.48	22.49	10.36	10.39	18.43
1 172	17.60	竇店		7.36	23.03	23.00	10.53	10.54	18.59
1 182	17.75	良鄉縣		7.49		23.20	11.09	11.11	19.15
1 187	17.85	南崗窪		7.56		23.27	11.20	11.21	19.26
1 192	**17.90**	**長辛店**	**8.04**	**8.08**	**23.35**	**23.40**	**11.30**	**11.36**	**19.36**
1 198	18.00	蘆溝橋		8.17		23.49	11.46	11.47	19.56
1 206	18.10	跑馬場		8.28		24.00		11.59	
1 207	18.15	西便門		8.30	0.03	0.04	12.02	12.04	20.12
1 213	**18.20**	**北平前門**	**8.40**		**0.15**		**12.15**		**20.25**

續表

2	52		62		64		66		72	
並附掛廚車每日開行	鄭縣至石家莊普通客車頭二三等並附掛廚車每日開行		玉帶門至鄭縣普通客車頭二三等並附掛廚車每日開行		玉帶門至鄭縣普通客車頭二三等並附掛廚車每日開行		循禮門至横店普通客車衹掛三等每日開行		漢口至北平客貨混合車衹掛三等每日開行	
開	到	開	到	開	到	開	到	開	到	開
18.29									22.09	22.12
18.45									22.32	23.19
19.00									23.39	23.42
19.17									0.04	0.09
19.27									0.22	0.24
19.46									**0.37**	**1.07**
19.57									1.22	1.23
20.69										1.40
20.14									1.45	2.00
									2.15	

乙、下行車各站里程票價及行車時刻

廿五年十月起實行

北平前門至各站（公里）	北平前門至各站三等票價（元）	車次	1		21		43		4
		站名	北平至漢口特別快車頭二三等臥膳俱備每星期一三五由北平開行		北平至漢口直達快車頭二三等臥膳俱備每日由北平開行		北平至清苑縣普通客車頭二三等並附掛廚車每日開行		北平至石家莊普通客車頭二三等
			到	開	到	開	到	開	到
		北平前門		**22.00**		**7.00**		**14.20**	
6	0.15	西便門		22.10	7.11	7.12	14.31	14.33	9.11
7	0.15	跑馬場		22.12		7.15		14.36	
15	0.25	盧溝橋		22.23		7.26	14.48	14.49	9.28
21	**0.35**	**長辛店**	**22.32**	**22.37**	**7.35**	**7.45**	**14.59**	**15.06**	**9.39**
26	0.40	南崗窪		22.45	7.54	7.57	15.15	15.16	9.56
31	0.50	良鄉縣		22.52		8.05	15.25	15.27	10.06
41	0.65	竇店		23.05		8.18	15.42	15.43	10.23
50	0.75	琉璃河		23.18	8.31	8.32	15.57	15.59	10.38
59	0.90	永樂村		23.30		8.45	16.13	16.14	10.54
64	1.00	涿縣		23.38		8.53	16.24	16.26	11.05
74	1.15	松林店		23.51		9.06	16.41	16.42	11.22
84	1.30	高碑店	0.05	0.15	9.20	9.30	16.57	17.07	11.38

1	51		61		63		65		71	
並附掛廚車每日開行	石家莊至鄭縣普通客車頭二三等並附掛廚車每日開行		鄭縣至玉帶門普通客車頭二三等並附掛廚車每日開行		鄭縣至玉帶門普通客車頭二三等並附掛廚車每日開行		横店至循禮門普通客車祇掛三等每日開行		北平至漢口客貨混合車祇掛三等每日開行	
開	到	開	到	開	到	開	到	開	到	開
9.00										**15.00**
9.13									15.15	15.27
9.16										15.32
9.29									15.49	15.50
9.47									**16.05**	**16.35**
9.57									16.48	16.49
10.08									17.02	17.07
10.24									17.29	17.32
10.40									17.52	18.07
10.55									18.27	18.30
11.07									18.43	18.53
11.23									19.15	19.18
11.48									19.40	20.00

北平前門至各站（公里）	北平前門至各站三等票價（元）	車次	1		21		43		4
		站名	北平至漢口特別快車頭二三等臥膳俱備每星期一三五由北平開行		北平至漢口直達快車頭二三等臥膳俱備每日由北平開行		北平至清苑縣普通客車頭二三等並附掛廚車每日開行		北平至石家莊普通客車頭二三等
			到	開	到	開	到	開	到
92	1.40	定興縣		0.27	9.43	9.44	17.20	17.22	12.01
100	1.50	北河店		0.38		9.56	17.35	17.36	12.16
109	1.65	固城鎮		0.50		10.08	17.50	17.52	12.31
122	1.85	徐水縣		1.07		10.25	18.11	18.13	12.51
135	2.05	漕河		1.24		10.42	18.32	18.33	13.12
146	**2.20**	**清苑縣**	**1.40**	**1.52**	**10.58**	**11.08**	**18.50**		**13.30**
158	2.40	于家莊		2.09		11.25			14.03
168	2.55	方順橋		2.22		11.38			14.19
179	2.70	望都縣		2.36		11.52			14.37
193	2.90	清風店		2.55		12.10			14.59
206	3.10	定縣	3.15	3.25	12.31	12.40			15.22
217	3.30	寨西店		3.41		12.56			15.49
227	3.45	新樂縣		3.54	13.10	13.11			16.05
239	3.60	東長壽		4.19		13.37			16.34

續表

1	51		61		63		65		71	
並附掛廚車每日開行	石家莊至鄭縣普通客車頭二三等並附掛廚車每日開行		鄭縣至玉帶門普通客車頭二三等並附掛廚車每日開行		鄭縣至玉帶門普通客車頭二三等並附掛廚車每日開行		橫店至循禮門普通客車衹掛三等每日開行		北平至漢口客貨混合車衹掛三等每日開行	
開	到	開	到	開	到	開	到	開	到	開
12.03									20.18	20.28
12.17									20.46	20.50
12.32									21.10	21.20
12.53									21.47	21.57
13.13									22.24	22.27
13.45									**22.50**	**23.30**
14.04									23.55	24.00
14.21									0.22	0.27
14.39									0.50	1.00
15.00									1.28	1.38
15.32									2.00	2.35
15.50									2.58	3.08
16.07									3.30	4.20
16.35									4.54	5.04

北平前門至各站（公里）	北平前門至各站三等票價（元）	車次	1		21		43		4
		站名	北平至漢口特別快車頭二三等臥膳俱備每星期一三五由北平開行		北平至漢口直達快車頭二三等臥膳俱備每日由北平開行		北平至清苑縣普通客車頭二三等並附掛廚車每日開行		北平至石家莊普通客車頭二三等
			到	開	到	開	到	開	到
253	3.80	新安		4.37		13.55			16.55
263	3.95	正定縣		4.50	14.09	14.10			17.11
271	4.10	柳辛莊		5.04		14.26			17.30
277	**4.20**	**石家莊**	**5.14**	**5.29**	**14.36**	**14.51**			**17.42**
287	4.35	高逐村		5.43		15.05			
295	4.45	竇嫗		5.54	15.17	15.18			
309	4.65	元氏縣		6.14	15.40	15.42			
317	4.80	大陳莊		6.25		15.54			
327	4.95	高邑縣		6.40	16.10	16.11			
334	5.05	鴨鴿營		6.50		16.22			
343	5.15	鎮内		7.02	16.35	16.36			
353	5.30	馮村		7.17		16.53			
364	5.50	内邱縣		7.39	17.16	17.17			
375	5.65	官莊		7.57		17.36			

續表

1	51		61		63		65		71	
並附掛廚車每日開行	石家莊至鄭縣普通客車頭二三等並附掛廚車每日開行		鄭縣至玉帶門普通客車頭二三等並附掛廚車每日開行		鄭縣至玉帶門普通客車頭二三等並附掛廚車每日開行		橫店至循禮門普通客車祇掛三等每日開行		北平至漢口客貨混合車祇掛三等每日開行	
開	到	開	到	開	到	開	到	開	到	開
16.56									5.32	5.35
17.13									5.57	6.07
17.31									6.30	6.33
		7.15							**6.48**	**7.55**
	7.30	7.31							8.17	8.21
	7.44	7.45							8.39	8.44
	8.07	8.09							9.14	9.24
	8.22	8.23							9.42	9.45
	8.40	8.42							10.09	10.27
	8.54	8.55							10.43	10.46
	9.09	9.10							11.06	11.16
	9.27	9.28							11.40	11.45
	9.52	9.54							12.15	12.20
	10.14	10.15							12.47	12.49

北平前門至各站（公里）	北平前門至各站三等票價（元）	車次	1		21		43		4
		站名	北平至漢口特別快車頭二三等臥膳俱備每星期一三五由北平開行		北平至漢口直達快車頭二三等臥膳俱備每日由北平開行		北平至清苑縣普通客車頭二三等並附掛廚車每日開行		北平至石家莊普通客車頭二三等
			到	開	到	開	到	開	到
390	**5.85**	**邢台縣**	**8.19**	**8.29**	**17.58**	**18.10**			
403	6.05	沙河縣		8.47	18.29	18.30			
414	6.25	褡褳鎮		9.01		18.45			
423	6.35	臨洺關		9.15		18.59			
433	6.50	王化堡		9.29		19.13			
442	**6.65**	**邯鄲縣**	**9.42**	**9.43**	**19.27**	**19.30**			
458	6.90	馬頭鎮		10.05	19.53	19.54			
466	7.00	光禄鎮		10.16	20.07	20.08			
473	7.10	磁縣		10.26	20.20	20.22			
482	7.25	雙廟		10.40		20.36			
493	7.40	豐樂縣		10.56	20.54	20.55			
508	**7.65**	**安陽縣**	**11.16**	**11.46**	**21.16**	**21.45**			
518	7.80	寶蓮寺		12.01		22.00			
529	7.95	湯陰縣		12.17	22.17	22.18			

續表

1	51		61		63		65		71	
並附掛廚車每日開行	石家莊至鄭縣普通客車頭二三等並附掛廚車每日開行		鄭縣至玉帶門普通客車頭二三等並附掛廚車每日開行		鄭縣至玉帶門普通客車頭二三等並附掛廚車每日開行		橫店至循禮門普通客車祇掛三等每日開行		北平至漢口客貨混合車祇掛三等每日開行	
開	到	開	到	開	到	開	到	開	到	開
	10.38	**10.53**							**13.21**	**14.00**
	11.12	11.14							14.27	14.32
	11.30	11.31							14.55	14.58
	11.47	11.48							15.21	15.26
	12.04	12.07							15.48	15.53
	12.21	**12.27**							**16.13**	**16.31**
	12.50	12.52							17.02	17.12
	13.05	13.07							17.30	17.40
	13.19	13.21							17.56	18.06
	13.37	13.39							18.26	18.28
	13.59	14.08							18.53	19.01
	14.29	**14.59**							**19.31**	**20.11**
	15.15	15.16							20.33	10.36
	15.34	15.35							21.01	21.11

北平前門至各站（公里）	北平前門至各站三等票價（元）	車次	1		21		43		4
		站名	北平至漢口特別快車頭二三等臥膳俱備每星期一三五由北平開行		北平至漢口直達快車頭二三等臥膳俱備每日由北平開行		北平至清苑縣普通客車頭二三等並附掛廚車每日開行		北平至石家莊普通客車頭二三等
			到	開	到	開	到	開	到
542	8.15	宜溝鎮		12.34		22.37			
548	8.25	濬縣		12.43	22.47	22.48			
556	8.35	高村橋		12.57		23.04			
566	8.50	淇縣		13.10	23.18	23.19			
579	8.70	塔崗		13.28		23.38			
589	8.85	汲縣	13.43	13.44	23.53	23.54			
604	9.10	潞王墳		14.04		0.15			
614	**9.25**	**新鄉縣**	**14.19**	**14.34**	**0.30**	**0.42**			
629	9.45	小冀鎮		14.54		1.03			
638	9.60	亢村驛		15.07		1.16			
646	9.70	忠義		15.18		1.27			
656	9.85	詹店		15.32		1.40			
664	10.00	黄河北岸	15.45	15.49	1.53	1.59			
669	10.05	黄河南岸	16.09	16.10	2.19	2.20			

續表

1	51		61		63		65		71	
並附掛廚車每日開行	石家莊至鄭縣普通客車頭二三等並附掛廚車每日開行		鄭縣至玉帶門普通客車頭二三等並附掛廚車每日開行		鄭縣至玉帶門普通客車頭二三等並附掛廚車每日開行		橫店至循禮門普通客車衹掛三等每日開行		北平至漢口客貨混合車衹掛三等每日開行	
開	到	開	到	開	到	開	到	開	到	開
	15.54	15.55							21.38	21.41
	16.06	16.08							21.56	22.06
	16.24	16.25							22.28	22.31
	16.40	16.42							22.53	23.39
	17.02	17.03							0.06	0.09
	17.19	17.22							0.31	0.41
	17.43	17.44							1.11	1.15
	18.00	**18.15**							**1.37**	**2.17**
	18.36	18.37							2.47	2.52
	18.52	18.53							3.12	3.17
	19.06	19.07							3.35	3.40
	19.22	19.23							4.02	4.17
	19.37	19.44							4.35	4.50
	20.04	20.06							5.10	5.15

北平前門至各站（公里）	北平前門至各站三等票價（元）	車次	1		21		43		4
		站名	北平至漢口特別快車頭二三等臥膳俱備每星期一三五由北平開行		北平至漢口直達快車頭二三等臥膳俱備每日由北平開行		北平至清苑縣普通客車頭二三等並附掛廚車每日開行		北平至石家莊普通客車頭二三等
			到	開	到	開	到	開	到
674	10.15	廣武縣		16.19		2.29			
685	10.30	南陽		16.36		2.46			
694	**10.45**	**鄭縣**	**16.49**	**17.04**	**3.00**	**3.25**			
706	10.60	小李莊		17.25	3.46	3.48			
716	10.75	謝莊		17.41		4.04			
727	10.95	薛店		17.58		4.21			
740	11.10	新鄭縣		18.17		4.40			
749	11.25	官亭		18.32		4.55			
759	11.40	和尚橋		18.45		5.08			
768	11.55	蘇橋		19.01		5.24			
780	**11.70**	**許昌橋**	**19.19**	**19.29**	**5.42**	**5.53**			
794	11.95	大石橋		19.50		6.13			
806	12.10	臨潁縣		20.07		6.20			
818	12.30	小商橋		20.24		6.47			

續表

1	51		61		63		65		71	
並附掛廚車每日開行	石家莊至鄭縣普通客車頭二三等並附掛廚車每日開行		鄭縣至玉帶門普通客車頭二三等並附掛廚車每日開行		鄭縣至玉帶門普通客車頭二三等並附掛廚車每日開行		横店至循禮門普通客車祇掛三等每日開行		北平至漢口客貨混合車祇掛三等每日開行	
開	到	開	到	開	到	開	到	開	到	開
	20.16	20.17							5.28	5.33
	20.36	20.37							5.58	6.00
	20.51			**12.40**		**22.35**			**6.20**	**7.40**
			13.02	13.03	22.57	22.58			8.07	8.12
			13.21	13.25	23.16	23.18			8.36	8.46
			13.45	13.46	23.38	23.39			9.12	9.22
			14.07	14.09	24.00	0.02			9.49	10.09
			14.26	14.27	0.19	0.22			10.31	10.47
			14.42	14.44	0.38	0.40			11.09	11.24
			15.02	15.03	0.59	1.01			11.46	12.02
			15.22	**15.35**	**1.21**	**0.43**			**12.27**	**13.10**
			15.57	150.58	2.05	2.06			13.38	13.41
			16.17	16.19	2.25	2.27			14.06	14.21
			16.38	16.39	2.46	2.47			14.46	14.49

北平前門至各站（公里）	北平前門至各站三等票價（元）	車次	1		21		43		4
		站名	北平至漢口特別快車頭二三等臥膳俱備每星期一三五由北平開行		北平至漢口直達快車頭二三等臥膳俱備每日由北平開行		北平至清苑縣普通客車頭二三等並附掛廚車每日開行		北平至石家莊普通客車頭二三等
			到	開	到	開	到	開	到
827	12.45	孟廟村		20.39		7.02			
834	**12.55**	**郾城縣**	**20.51**	**21.01**	**7.14**	**7.24**			
841	12.65	郭店		21.12		7.35			
856	12.85	西平縣		21.36		7.59			
871	13.10	焦莊		21.59		8.22			
882	13.25	遂平縣		22.19	8.42	8.44			
892	13.40	大劉莊		22.35		9.01			
900	**13.50**	**駐馬店**	**22.48**	**23.17**	**9.15**	**9.45**			
910	13.65	馬莊		23.35		10.03			
920	13.80	確山縣		23.52		10.20			
930	13.95	黄山坡		0.08		10.36			
940	14.10	新安店		0.25		10.53			
950	14.25	李新店		0.41		11.09			
957	14.40	明港		0.54	11.23	11.25			

續表

1	51		61		63		65		71	
並附掛廚車每日開行	石家莊至鄭縣普通客車頭二三等並附掛廚車每日開行		鄭縣至玉帶門普通客車頭二三等並附掛廚車每日開行		鄭縣至玉帶門普通客車頭二三等並附掛廚車每日開行		橫店至循禮門普通客車祇掛三等每日開行		北平至漢口客貨混合車祇掛三等每日開行	
開	到	開	到	開	到	開	到	開	到	開
			16.56	16.57	3.04	3.05			15.11	15.14
			17.10	**17.25**	**3.18**	**3.33**			**15.30**	**16.30**
			17.37	17.39	3.45	3.46			16.46	16.51
			18.05	18.07	4.12	4.14			17.25	18.35
			18.32	18.34	4.39	4.40			19.07	19.10
			18.56	18.58	5.02	5.04			19.38	19.58
			19.16	19.21	5.22	5.23			20.22	20.25
			19.35	**20.05**	**5.37**	**6.07**			**20.43**	**21.58**
			20.24	20.26	6.26	6.27			22.24	22.29
			20.45	20.47	6.46	6.48			22.53	23.08
			21.05	21.09	7.06	7.10			23.32	23.37
			21.28	21.29	7.29	7.30			0.01	0.42
			21.47	21.48	7.48	7.49			1.06	1.11
			22.03	22.05	8.04	8.06			1.30	1.55

北平前門至各站（公里）	北平前門至各站三等票價（元）	車次	1		21		43		4
		站名	北平至漢口特别快車頭二三等臥膳俱備每星期一三五由北平開行		北平至漢口直達快車頭二三等臥膳俱備每日由北平開行		北平至清苑縣普通客車頭二三等並附掛廚車每日開行		北平至石家莊普通客車頭二三等
			到	開	到	開	到	開	到
965	14.50	三官廟		1.07		11.39			
974	14.65	長台關	1.22	1.23	11.54	11.56			
983	14.75	彭家灣		1.43	12.17	12.20			
996	**14.95**	**信陽縣**	**2.08**	**2.18**	**12.46**	**12.58**			
1 009	15.15	雙河		2.38		13.18			
1 018	15.30	柳林		2.53		13.33			
1 024	15.40	李家寨	3.03	3.04	13.43	13.45			
1 034	**15.55**	**新店**	**3.27**	**3.29**	**14.08**	**14.10**			
1 040	15.60	武勝關	3.44	3.46	14.25	14.26			
1 053	15.80	東篁店		4.04		14.44			
1 061	**15.95**	**廣水**	**4.15**	**4.27**	**14.55**	**15.08**			
1 075	16.15	楊家寨		4.49		15.30			
1 090	16.35	王家店		5.09	15.51	15.53			
1 098	16.50	衛家店		5.20		16.05			

續表

1	51		61		63		65		71	
並附掛廚車每日開行	石家莊至鄭縣普通客車頭二三等並附掛廚車每日開行		鄭縣至玉帶門普通客車頭二三等並附掛廚車每日開行		鄭縣至玉帶門普通客車頭二三等並附掛廚車每日開行		橫店至循禮門普通客車祇掛三等每日開行		北平至漢口客貨混合車祇掛三等每日開行	
開	到	開	到	開	到	開	到	開	到	開
			22.20	22.21	8.21	8.22			2.15	2.20
			22.37	22.38	8.38	8.40			2.42	3.05
			22.59	23.02	9.01	9.04			3.36	3.42
			23.28	**23.40**	**9.30**	**9.45**			**4.25**	**5.05**
			0.01	0.02	10.06	10.07			5.34	5.39
			0.19	0.20	10.24	10.25			6.02	6.07
			0.31	0.33	10.36	10.38			6.22	6.32
			0.56	**1.00**	**11.01**	**11.04**			**7.15**	**7.20**
			1.15	1.17	11.19	11.20			7.48	7.53
			1.36	1.37	11.39	11.40			8.20	8.25
			1.49	**2.03**	**11.52**	**12.05**			**8.43**	**9.23**
			2.26	2.29	12.28	12.30			9.55	10.00
			2.51	2.52	12.52	12.53			10.30	10.35
			3.05	3.06	13.06	13.07			10.53	10.56

北平前門至各站（公里）	北平前門至各站三等票價（元）	車次	1		21		43		4
		站名	北平至漢口特別快車頭二三等臥膳俱備每星期一三五由北平開行		北平至漢口直達快車頭二三等臥膳俱備每日由北平開行		北平至清苑縣普通客車頭二三等並附掛廚車每日開行		北平至石家莊普通客車頭二三等
			到	開	到	開	到	開	到
1 106	16.60	花園	5.34	5.35	16.19	16.21			
1 117	16.80	陸家山		5.53		16.39			
1 126	16.90	蕭家港		6.08		16.55			
1 140	17.10	孝感縣	6.27	6.37	17.14	17.24			
1 153	17.30	三汊埠		6.58		17.45			
1 162	17.45	祝家灣		7.12		17.59			
1 171	17.60	祁家灣		7.26		18.13			
1 182	17.75	横店		7.43	18.31	18.32			
1 191	17.90	灄口		7.56		18.46			
1 198	18.00	諶家磯		8.05		18.55			
1 204	18.10	漢口江岸	8.15	8.17	19.05	19.07			
1 208	**18.15**	**漢口大智門**	**8.25**		**19.15**				
1 210	18.15	漢口循禮門							
1 213	18.20	漢口玉帶門							

續表

1	51		61		63		65		71	
並附掛廚車每日開行	石家莊至鄭縣普通客車頭二三等並附掛廚車每日開行		鄭縣至玉帶門普通客車頭二三等並附掛廚車每日開行		鄭縣至玉帶門普通客車頭二三等並附掛廚車每日開行		橫店至循禮門普通客車祇掛三等每日開行		北平至漢口客貨混合車祇掛三等每日開行	
開	到	開	到	開	到	開	到	開	到	開
			3.21	3.23	13.22	13.25			11.17	11.37
			3.42	3.43	13.44	13.45			12.02	12.05
			4.00	4.01	14.02	14.03			12.28	12.37
			4.21	4.31	14.23	14.33			13.05	13.25
			4.53	4.54	14.55	14.56			13.55	14.08
			5.10	5.11	15.12	15.13			14.30	14.45
			5.27	5.28	15.29	15.31			15.08	15.51
			5.47	5.48	15.50	15.53		12.00	16.16	16.31
			6.03	6.04	16.08	16.69	12.22	12.24	16.51	16.55
			6.15	6.16	16.20	16.21	12.41	12.47	17.11	17.15
			6.27	6.29	16.32	16.34	13.02	13.06	17.30	17.55
			6.37	**6.47**	**16.42**	**16.56**	**13.17**	**13.27**	**18.06**	**18.36**
			6.52	6.53	17.01	17.03	13.33		18.44	19.04
			7.00		17.10				19.13	

三、粤漢路

甲、上行車各站里程票價及行車時刻

廿六年四月十日起實行

廣州南至各站普通三等票價	廣州南至各站公里	各站間距離公里	車次		2	6	22	24
			站名		廣武直達快車(每逢星期二開行)	衡武特別快車	廣武直達客車(每逢星期四六開行)	廣樂旅客快車
			廣州南站	開	23.00		23.00	7.30
0.10	4.06	4.06	廣州西站	到	23.10		23.10	7.40
				開	23.13		23.13	7.45
0.15	11.56	7.50	小坪	到				
				開	23.27		23.27	7.58
0.20	15.72	4.16	大朗	到				
				開	23.34		23.34	8.05
0.30	20.48	4.76	江村	到				8.12
				開	23.41		23.41	8.14
0.35	26.09	5.61	郭塘	到				
				開	23.49		23.49	8.22
0.40	30.61	4.52	新街	到	23.56		23.56	8.30×83

72	74	76	78	80	82	84	86
長武混合列車	衡長混合列車	郴衡混合列車	樂郴混合列車	廣樂混合列車	岳武混合列車	廣源混合列車	廣英混合列車
				8.10		15.20	11.50
				8.21		15.30	12.00
				8.26		15.35	12.05
				8.40		15.49×23	12.19×85
				8.42		15.52×23	12.23×85
				8.50		16.00	12.32
				8.52		16.02	12.35
				9.00×83		16.10	12.44
				9.03×83		16.13	12.48
				9.11		16.21	12.57
				9.13		16.23	13.00
				9.22		16.32×79	13.09

廣州南至各站普通三等票價	廣州南至各站公里	各站間距離公里	車次		2	6	22	24
			站名		廣武直達快車(每逢星期二開行)	衡武特別快車	廣武直達客車(每逢星期四六開行)	廣樂旅客快車
0.40	30.61		新街	開	23.59		23.59	8.33×83
0.45	35.97	5.36	樂同	到				
				開	0.07		0.07	8.42
0.55	42.62	6.65	軍田	到				
				開	0.17		0.17	8.52
0.75	57.34	14.72	銀盞坳	到	0.43		0.43	9.19
				開	0.45		0.45	9.23
0.85	66.53	9.19	迎嘴	到				
				開	1.01		1.01	9.40
0.95	72.12	5.59	源潭	到	1.11W		1.11W	9.50×85
				開	1.31W		1.31W	10.15W
1.05	82.48	10.36	琶江口	到				10.33
				開	1.49		1.49	10.36
1.20	94.28	11.80	舊横石	到				

續表

72	74	76	78	80	82	84	86
長武混合列車	衡長混合列車	郴衡混合列車	樂郴混合列車	廣樂混合列車	岳武混合列車	廣源混合列車	廣英混合列車
				9.27		16.44×79	13.14
				9.36		16.55	13.25
				9.38		16.58	13.28
				9.50		17.09	13.39
				9.52		17.12	13.43
				10.20×85		17.41	14.11×23
				10.25×85		17.46	14.16×23
				10.43		18.05	14.34
				10.45		18.09	14.37
				10.55W		18.20	14.47×79
				11.20W			15.10W
				11.38			15.29
				11.42			15.34
				12.01			15.53

廣州南至各站普通三等票價	廣州南至各站公里	各站間距離公里	車次		2	6	22	24
			站名		廣武直達快車(每逢星期二開行)	衡武特別快車	廣武直達客車(每逢星期四六開行)	廣樂旅客快車
1.20	94.281		舊橫石	開	2.07		2.07	10.54
1.35	105.86	11.58	黎洞	到				
				開	2.27		2.27	11.16
1.50	119.48	13.62	連江口	到	2.50		2.50	11.38×23
				开	2.52		2.52	11.48×23
1.65	128.31	8.83	波羅坑	到				
				開	3.07		3.07	12.05
1.80	141.03	12.72	英德	到	3.27W		3.27W	12.25×79
				開	3.57W		3.57W	12.55W
1.95	153.61	12.58	河頭	到				
				開	4.17		4.17	12.15
2.20	115.98	22.37	沙口	到				
				開	4.51		4.51	13.49
2.40	190.76	14.78	大坑口	到	5.14		5.14	14.10

續表

72	74	76	78	80	82	84	86
長武混合列車	衡長混合列車	郴衡混合列車	樂郴混合列車	廣樂混合列車	岳武混合列車	廣源混合列車	廣英混合列車
				12.04			15.56
				12.26×23			16.18
				12.30×23			16.22
				12.55×79			16.41
				13.05×79			16.54
				13.23			17.13
				13.25			17.16
				13.45W			17.40
				14.25W			
				14.46			
				14.49			
				15.23			
				15.25			
				15.47			

廣州南至各站普通三等票價	廣州南至各站公里	各站間距離公里	車次		2	6	22	24
			站名		廣武直達快車(每逢星期二開行)	衡武特別快車	廣武直達客車(每逢星期四六開行)	廣樂旅客快車
2.40	190.76		大坑口	開	5.16		5.16	14.13
2.50	196.97	5.31	烏石	到				
				開	5.26		5.26	14.23
2.65	209.34	13.27	馬壩	到				14.47
				開	5.59		5.59	14.49
2.85	224.15	14.81	曲江	到	6.14W		6.14W	15.15W
				開	6.44W		6.44W	15.45W
3.00	236.83	12.68	河邊廠	到				
				開	7.03		7.03	16.03
3.05	241.51	4.68	黎舖頭	到				
				開	7.10×23		7.10×23	16.10
3.30	261.26	19.75	楊溪	到				
				開	7.38×79		7.38×79	16.38
3.40	273.91	12.65	樂昌	到	8.05		8.05	17.05

續表

72	74	76	78	80	82	84	86
長武混合列車	衡長混合列車	郴衡混合列車	樂郴混合列車	廣樂混合列車	岳武混合列車	廣源混合列車	廣英混合列車
				15.55			
				16.06×1			
				16.16×(21)			
				16.41			
				16.44			
				17.11W			
				17.41W			
				17.59			
				18.01			
				18.09			
				18.11			
				18.40			
				18.43			
				19.10			

廣州南至各站普通三等票價	廣州南至各站公里	各站間距離公里	車次 站名		2 廣武直達快車(每逢星期二開行)	6 衡武特別快車	22 廣武直達客車(每逢星期四六開行)	24 廣樂旅客快車
3.40	273.91		樂昌	開	8.29		8.29	
3.50	282.79	8.88	永濟橋	到				
3.50	282.79		永濟橋	開	8.50		8.50	
3.65	295.48	12.70	岐門	到				
3.65	295.48		岐門	開	9.20		9.20	
3.85	310.32	14.32	泗公坑	到				
3.85	310.32		泗公坑	開	9.59		9.59	
3.95	318.64	8.32	羅家渡	到				
3.95	318.64		羅家渡	開	10.19		10.19	
4.00	325.48	6.81	坪石	到	10.35×1		10.35×1	
4.00	325.48		坪石	開	11.08×(21)		11.08×(21)	
4.20	340.82	15.34	白石渡	到	12.09×77		12.09×77	
4.20	340.82		白石渡	開	12.11×77		12.11×77	
4.30	351.68	10.86	太平里	到	12.57		12.57	

續表

72	74	76	78	80	82	84	86
長武混合列車	衡長混合列車	郴衡混合列車	樂郴混合列車	廣樂混合列車	岳武混合列車	廣源混合列車	廣英混合列車
			5.15				
			6.06				
			6.08				
			6.37				
			6.39				
			7.18				
			7.20				
			7.40				
			7.42				
			7.58				
			8.20				
			9.23×1				
			9.46(21)				
			10.32×77				

廣州南至各站普通三等票價	廣州南至各站公里	各站間距離公里	車次		2	6	22	24
			站名		廣武直達快車(每逢星期二開行)	衡武特別快車	廣武直達客車(每逢星期四六開行)	廣樂旅客快車
4.30	351.68		太平里	開	12.59		12.59	
4.45	364.60	12.92	鄧家塘	到	13.51		13.51	
				開	14.10		14.10	
4.55	369.70	5.10	良田	到				
				開	11.30		11.30	
4.65	378.84	9.14	坳上	到	15.07		15.07	
				開	15.09		15.09	
4.85	396.73	17.80	郴縣	到	16.10W		16.10W	
				開	17.05W		17.05W	
4.95	408.01	11.28	許家洞	到	17.32×75		17.32×75	
				開	17.35×75		17.35×75	
5.15	425.73	17.72	樓鳳渡	到	18.19		18.19	
				開	18.21		18.21	
5.35	439.59	13.86	高司亭	到	18.54		18.54	

續表

72	74	76	78	80	82	84	86
長武混合列車	衡長混合列車	郴衡混合列車	樂郴混合列車	廣樂混合列車	岳武混合列車	廣源混合列車	廣英混合列車
			10.54×77				
			11.49				
			12.12				
			12.32				
			13.09				
			13.14				
			14.20				
		8.30					
		8.57					
		9.17					
		10.00					
		10.10					
		10.43					

廣州南至各站普通三等票價	廣州南至各站公里	各站間距離公里	車次		2	6	22	24
			站名		廣武直達快車(每逢星期二開行)	衡武特別快車	廣武直達客車(每逢星期四六開行)	廣樂旅客快車
5.35	439.59		高亭司	開	18.57		18.57	
5.55	456.41	16.82	公平墟	到				
				開	19.38		19.38	
5.65	468.37	11.96	小水舖	到				
				開	20.07		20.07	
5.80	481.07	12.70	耒陽	到	20.37		20.37	
				開	20.41		20.41	
5.90	489.53	8.46	哲橋	到				
				開	21.01		21.01	
6.10	505.25	15.72	瓦園	到	21.39		21.39	
				開	21.42		21.42	
6.20	519.61	14.36	觀音橋	到				
				開	22.12		22.06	
6.35	532.33	12.72	東陽渡	到	22.37		22.37	

續表

72	74	76	78	80	82	84	86
長武混合列車	衡長混合列車	郴衡混合列車	樂郴混合列車	廣樂混合列車	岳武混合列車	廣源混合列車	廣英混合列車
		11.10					
		11.50					
		11.54					
		12.23					
		12.25					
		12.55×75					
		13.55W					
		14.15					
		14.18					
		14.56					
		15.16					
		15.50					
		15.53					
		16.24					

廣州南至各站普通三等票價	廣州南至各站公里	各站間距離公里	車次 / 站名		2 廣武直達快車(每逢星期二開行)	6 衡武特別快車	22 廣武直達客車(每逢星期四六開行)	24 廣樂旅客快車
6.35	532.33		東陽渡	開	22.38		22.38	
		11.25						
6.45	513.58		衡陽	到	23.05W		23.05W	
				開	23.50W	11.10	23.50W	
		11.01						
6.55	554.59		茶山坳	到				
				開	0.14	11.33	0.14	
		11.14						
6.70	565.73		大堡	到	0.38	11.55	0.38	
				開	0.41	11.56	0.41	
		14.74						
6.85	580.47		霞流市	到		12.25		
				開	1.12	12.26	1.12	
		15.96						
7.00	596.43		衡山	到	1.43	12.59	1.46	
				開	1.50	13.01	1.50	
		11.04						
7.10	607.47		石灣	到		13.23×73		
				開	2.15	13.24×73	2.15	
		14.66						
7.25	622.13		朱亭	到	2.46	13.54×5	2.46	

續表

72	74	76	78	80	82	84	86
長武混合列車	衡長混合列車	郴衡混合列車	樂郴混合列車	廣樂混合列車	岳武混合列車	廣源混合列車	廣英混合列車
		16.28					
		16.55					
	6.15						
	6.41						
	6.44						
	7.10						
	7.28						
	8.03						
	8.06						
	8.45W						
	9.01W						
	9.27						
	9.30						
	10.05						

廣州南至各站普通三等票價	廣州南至各站公里	各站間距離公里	車次 站名		2 廣武直達快車(每逢星期二開行)	6 衡武特別快車	22 廣武直達客車(每逢星期四六開行)	24 廣樂旅客快車
7.25	622.13		朱亭	開	2.49	13.55×5	2.49	
7.40	638.79	16.66	淦田	到		14.29		
				開	3.25	14.30	3.25	
7.45	644.17	5.38	昭陵	到		14.40		
				開	3.36	14.41	3.36	
7.55	651.55	7.38	三門	到		14.55		
				開	3.52	14.56	3.52	
7.65	662.88	11.33	渌口	到	4.16	15.18	4.16	
				開	4.22	15.21	4.22	
7.80	679.80	17.01	株洲	到	4.56W	15.55×1	4.56W	
				開	5.17W	16.15(21)W	5.17W	
8.05	700.23	20.34	易家湾	到	5.56	16.54	5.56	
				開	5.58	16.56	5.58	
8.15	713.56	13.33	大汜舖	到				

續表

72	74	76	78	80	82	84	86
長武混合列車	衡長混合列車	郴衡混合列車	樂郴混合列車	廣樂混合列車	岳武混合列車	廣源混合列車	廣英混合列車
	10.36						
	11.16×73						
	11.19×73						
	11.32						
	11.35						
	11.53						
	11.56						
	12.22×5						
	12.41×5						
	13.15W						
	14.06W						
	14.56×1						
	15.19(21)						
	15.52						

廣州南至各站普通三等票價	廣州南至各站公里	各站間距離公里	車次		2	6	22	24
			站名		廣武直達快車(每逢星期二開行)	衡武特別快車	廣武直達客車(每逢星期四六開行)	廣樂旅客快車
8.15	713.56	11.29	大汛舖	開	6.24×73	17.22	6.24×73	
8.25	724.85		長沙南	到				
		5.72		開	6.46	17.44×353	6.46	
			新河	到				
				開				
	5.72		長沙北	到				
				開				
8.35	730.57		長沙東	到	6.57	17.55	6.57	
		2.27		開	7.27	18.15	7.27	
8.35	732.84		長沙北	到				
		1.92		開	7.35	18.23	7.35	
8.35	734.76		新河	到				
		14.77		開				
8.50	747.61		霞凝	到				

續表

72	74	76	78	80	82	84	86
長武混合列車	衡長混合列車	郴衡混合列車	樂郴混合列車	廣樂混合列車	岳武混合列車	廣源混合列車	廣英混合列車
	15.58						
	16.26						
	16.30						
12.30							
12.36							
12.42							
12.50×1	16.45×353						
13.20(21)	17.40×353						
	17.48						
13.28	17.54						
	18.00						
13.56							

廣州南至各站普通三等票價	廣州南至各站公里	各站間距離公里	車次		2	6	22	24
			站名		廣武直達快車(每逢星期二開行)	衡武特別快車	廣武直達客車(每逢星期四六開行)	廣樂旅客快車
8.50	747.61		霞凝	開	8.03×71	18.51	8.03×71	
8.60	755.37	7.76	橋頭驛	到	8.18×5		8.18×5	
				開	8.20×5	19.06	8.20×5	
8.70	768.98	13.61	高家坊	到	8.46		8.46	
				開	8.47	19.32	8.47	
8.90	787.88	18.90	白水	到	9.35	20.20	9.35	
				開	9.35	20.21	9.36	
9.10	805.06	17.18	汨羅	到	10.20×1	21.05W	10.20×1	
				開	10.40(21)W	21.25W	10.40(21)W	
9.25	820.31	15.25	桃林寺	到				
				開	11.19	22.04	11.19	
9.30	828.79	8.48	黄沙街	到				
				開	11.41	22.26	11.41	
9.45	843.96	15.17	榮家灣	到				

續表

72	74	76	78	80	82	84	86
長武混合列車	衡長混合列車	郴衡混合列車	樂郴混合列車	廣樂混合列車	岳武混合列車	廣源混合列車	廣英混合列車
13.58							
14.13							
14.15							
14.41							
14.44							
15.32							
15.36							
16.20W							
16.35W							
17.04							
17.06							
17.28							
17.31							
18.10							

廣州南至各站普通三等票價	廣州南至各站公里	各站間距離公里	車次		2	6	22	24
			站名		廣武直達快車(每逢星期二開行)	衡武特別快車	廣武直達客車(每逢星期四六開行)	廣樂旅客快車
9.45	843.96	12.81	榮家灣	開	12.20	23.05	12.20	
9.60	856.77		蘇塘	到				
		13.54		開	12.53	23.38	12.53	
9.75	870.31		岳陽	到	13.27W	0.12W	13.27W	
		8.58		開	13.57W	0.45W	13.57W	
9.80	878.89		城陵磯	到				
		13.74		開	14.08	0.56×71	14.08	
9.95	892.63		雲溪	到				
		11.54		開	14.26	1.14	14.26	
10.05	904.17		路口舖	到				
		12.04		開	14.41	1.29	14.41	
10.12	916.21		臨湘	到	14.57	1.45×5	14.57	
		13.92		開	14.58	1.46×5	14.58	
10.35	930.13		羊樓司	到	15.16	2.04	15.16	

續表

72	74	76	78	80	82	84	86
長武混合列車	衡長混合列車	郴衡混合列車	樂郴混合列車	廣樂混合列車	岳武混合列車	廣源混合列車	廣英混合列車
18.13							
18.46							
18.47							
19.21×81							
19.50W					7.00		
20.06					1.16		
20.08					7.21		
20.34					7.47		
20.36					7.52		
20.58					8.14		
21.00					8.19		
21.23W					8.42W		
21.39W					9.02W		

廣州南至各站普通三等票價	廣州南至各站公里	各站間距離公里	車次		2	6	22	24
			站名		廣武直達快車(每逢星期二開行)	衡武特別快車	廣武直達客車(每逢星期四六開行)	廣樂旅客快車
10.35	930.13		羊樓司	開	15.17	2.05	15.17	
		12.13						
10.45	942.26		趙李橋	到	15.33	2.21	15.33	
				開	15.34	2.22	15.34	
		10.28						
10.55	952.54		茶庵嶺	到				
				開	15.47	2.35	15.47	
		12.16						
10.65	964.70		蒲圻	到	16.03×81	2.51W	16.03×81	
				開	16.20W	3.11W	16.20W	
		14.33						
10.80	979.03		中伙舖	到				
				開	16.48	3.39(21)	16.48	
		17.50						
11.00	996.53		汀泗橋	到				
				開	17.22	4.13	17.22	
		12.82						
11.10	1 009.35		咸寧	到	17.47	4.38	17.47	
				開	17.48	4.39	17.48	
		4.83						
11.15	1 014.18		官埠橋	到				

續表

72	74	76	78	80	82	84	86
長武混合列車	衡長混合列車	郴衡混合列車	樂郴混合列車	廣樂混合列車	岳武混合列車	廣源混合列車	廣英混合列車
22.05					9.28		
22.08					9.38		
22.31×71					10.01		
22.34×71					10.11		
22.54					10.31		
22.55					10.36		
23.18					10.59		
23.23					11.19		
23.49×5					11.55		
23.52×5					12.00		
0.36					12.44		
0.38					12.54		
1.11					13.27×81		
1.36					13.46 W		

廣州南至各站普通三等票價	廣州南至各站公里	各站間距離公里	車次		2	6	22	24
			站名		廣武直達快車(每逢星期二開行)	衡武特別快車	廣武直達客車(每逢星期四六開行)	廣樂旅客快車
11.15	1 014.18		官埠橋	開	17.58	4.49	17.58	
		17.03						
11.35	1 031.21		賀勝橋	到	18.30×71	5.21×71	18.30×71	
				開	18.31×71	5.22	18.31×71	
		7.08						
11.40	1 038.29		山坡	到				
				開	18.45	5.34	18.45	
		13.13						
11.50	1 051.42		土地堂	到				
				開	19.10	6.01	19.10	
		16.16						
11.70	1 067.58		紙坊	到				
				開	19.31	6.22	19.31	
		17.49						
			余家灣	到				
				開	19.53	6.44	19.53	
11.90	1 087.96		鮎魚套	到				
				開				
		2.89						
11.90	1 085.07		余家灣	到				

續表

72	74	76	78	80	82	84	86
長武混合列車	衡長混合列車	郴衡混合列車	樂郴混合列車	廣樂混合列車	岳武混合列車	廣源混合列車	廣英混合列車
1.49×1					13.59		
2.07(21)					14.06		
2.50					14.49		
2.53					14.57		
3.11					15.15		
3.13					15.22		
3.46					15.55		
3.49					16.02		
4.20					16.33×71		
4.21					16.38×71		
4.54					17.11		
5.02					17.19		
5.40					18.28		

廣州南至各站普通三等票價	廣州南至各站公里	各站間距離公里	車次		2	6	22	24
			站名		廣武直達快車(每逢星期二開行)	衡武特別快車	廣武直達客車(每逢星期四六開行)	廣樂旅客快車
11.90	1 085.07		余家灣	開				
		2.82						
11.90	1 087.89		武昌總站	到	19.57	6.48	19.57	
				開	20.00	6.50	20.00	
		7.68						
12.00	1 095.59		武昌東站	到	20.10	7.00	20.10	
				開				

續表

72	74	76	78	80	82	84	86
長武混合列車	衡長混合列車	郴衡混合列車	樂郴混合列車	廣樂混合列車	岳武混合列車	廣源混合列車	廣英混合列車
5.48					18.36		
5.52					18.38		
5.58					18.44		
6.02					18.47		
6.15					19.00		

乙、下行車各站里程票價及行車時刻

廿六年四月十日起實行

武昌東至各站普通三等票價	武昌東至各站公里	各站間距離公里	車次		1	5	21	23
			站名		武廣直達快車(每逢星期五開行)	武衡特別快車	武廣直達客車(每逢星期一三開行)	樂廣旅客快車
			武昌東站	開	23.50	20.30	23.50	
0.10	7.68	7.68	武昌總站	到	24.00	20.40	24.00	
				開	0.05	20.42	0.05	
0.15	10.50	2.82	余家灣	到				
				開	0.09	20.46	0.09	
0.20	13.39	2.89	鮎魚套	到				
				開				
			余家灣	到				
				開				
0.35	27.99	17.49	紙坊	到				
				開	0.31	21.08	0.31	
0.60	44.15	16.16	土地堂	到				
				開	0.52	21.29	0.52	
0.75	57.28	13.13	山坡	到				

71	73	75	77	79	81	83	85
武長混合列車	長衡混合列車	衡郴混合列車	郴樂混合列車	樂廣混合列車	武岳混合列車	源廣混合列車	英廣混合列車
15.00					8.30		
15.13					8.44		
15.15					8.49		
15.21					8.55		
15.23					9.00		
15.31					9.08		
15.56					10.15		
16.04					10.23		
16.37×82					10.56		
16.41×82					11.01		
17.12					11.32		
17.20					11.37		
17.53					12.10		

武昌東至各站普通三等票價	武昌東至各站公里	各站間距離公里	車次		1	5	21	23
			站名		武廣直達快車(每逢星期五開行)	武衡特別快車	武廣直達客車(每逢星期一三開行)	樂廣旅客快車
0.75	57.28		山坡	開	1.17	21.54	1.17	
0.85	64.36	7.08	賀勝橋	到	1.31	22.08	1.31	
				開	1.34	22.09	1.34	
1.05	81.39	17.03	官埠橋	到				
				開	2.06×72	22.41	2.06×72	
1.10	86.22	4.83	咸寧	到	2.16W	22.51	2.16W	
				開	2.39W	22.52	2.39W	
1.25	99.04	12.82	汀泗橋	到				
				開	3.04	23.17	3.04	
1.50	116.54	17.50	中伙舖	到	3.38×6		3.38×6	
				開	3.40×6	23.51×72	3.40×6	
1.65	130.87	14.33	蒲圻	到	4.08	0.19W	4.08	
				開	4.16	0.39W	4.16	
1.80	143.03	12.16	茶庵嶺	到				

續表

71	73	75	77	79	81	83	85
武長混合列車	長衡混合列車	衡郴混合列車	郴樂混合列車	樂廣混合列車	武岳混合列車	源廣混合列車	英廣混合列車
17.59					12.15		
18.17×2					12.33		
18.31(22)					12.38		
19.14					13.21		
19.16					13.25		
19.29W					13.38×82		
19.44W					13.42×82		
20.17					14.15		
20.20					14.22		
21.04					15.06		
21.05					15.13		
21.40					15.49×2		
21.48					16.04(22)W		
22.11					16.27		

武昌東至各站普通三等票價	武昌東至各站公里	各站間距離公里	車次		1	5	21	23
			站名		武廣直達快車(每逢星期五開行)	武衡特別快車	武廣直達客車(每逢星期一三開行)	樂廣旅客快車
1.80	143.03	10.28	茶庵嶺	開	4.32	0.55	4.32	
1.95	153.31		趙李橋	到	4.45	1.08	4.45	
		12.13		開	4.47	1.09	4.47	
2.105	165.44		羊樓司	到	5.03	1.25	5.03	
		13.92		開	5.05	1.26	5.05	
2.25	179.36		臨湘	到	5.23W	1.44×6	5.23W	
		12.04		開	8.40W	1.46×6	8.40W	
2.40	191.40		路口舖	到				
		11.54		開	5.56	2.02	5.56	
2.55	202.04		雲溪	到				
		13.74		開	6.11	2.17	6.11	
2.75	216.68		城陵磯	到				
		8.58		開	6.29	2.35	6.29	
2.85	225.26		岳陽	到	6.40W	2.46W	6.40W	

續表

71	73	75	77	79	81	83	85
武長混合列車	長衡混合列車	衡郴混合列車	郴樂混合列車	樂廣混合列車	武岳混合列車	源廣混合列車	英廣混合列車
22.12					16.30		
22.32×72					16.50		
22.34×72					16.58		
22.57					17.21		
22.59					17.29		
23.25W					17.55		
23.40W					18.00		
0.03					18.23		
0.05					18.28		
0.27					18.50		
0.29					18.54		
0.55×6					19.20		
0.57×6					19.24		
1.13W					19.40		

武昌東至各站普通三等票價	武昌東至各站公里	各站間距離公里	車次		1	5	21	23
			站名		武廣直達快車(每逢星期五開行)	武衡特別快車	武廣直達客車(每逢星期一三開行)	樂廣旅客快車
2.85	225.26		岳陽	開	7.10W	3.15W	7.10W	
3.00	238.80	13.54	塘蘇	到				
				開	7.44	3.49	7.44	
3.15	251.61	12.81	榮家灣	到				
				開	8.17	4.22	8.17	
3.35	266.78	15.17	黄沙街	到				
				開	8.56	5.01	8.56	
3.45	275.26	8.48	桃林寺	到				
				開	9.18	5.23	9.18	
3.60	290.51	15.25	汨羅	到	9.57×2	6.02W	9.57×2	
				開	10.21(22)W	6.20 W	10.21(22)W	
3.80	307.69	17.18	白水	到	11.05	7.04	11.05	
				開	11.08	7.05	11.08	
4.05	326.59	18.90	高家坊	到	11.56		11.56	

續表

71	73	75	77	79	81	83	85
武長混合列車	長衡混合列車	衡郴混合列車	郴樂混合列車	樂廣混合列車	武岳混合列車	源廣混合列車	英廣混合列車
2.10W							
2.44							
2.46							
3.19							
3.25							
4.04							
4.08							
4.30							
4.32							
5.11W							
5.26W							
6.10							
6.16							
7.04							

武昌東至各站普通三等票價	武昌東至各站公里	各站間距離公里	車次		1	5	21	23
			站名		武廣直達快車(每逢星期五開行)	武衡特別快車	武廣直達客車(每逢星期一三開行)	樂廣旅客快車
4.05	326.59		高家坊	開	11.58	7.53	11.58	
		13.61						
4.20	340.20		橋頭驛	到				
				開	12.24	8.19(22)	12.24	
		7.76						
4.25	347.96		霞凝	到				
				開	12.39	8.34	12.39	
		14.77						
4.45	364.65		新河	到				
				開				
		1.92						
4.45	362.73		長沙北	到				
				開	13.07	9.02	13.07	
		2.27						
4.45	365.00		長沙東	到	13.15×72	9.10	13.15×72	
				開	13.55×72	9.45	13.55×72	
			長沙北	到				
				開				
			新河	到				

續表

71	73	75	77	79	81	83	85
武長混合列車	長衡混合列車	衡郴混合列車	郴樂混合列車	樂廣混合列車	武岳混合列車	源廣混合列車	英廣混合列車
7.15							
7.41							
7.45							
8.00×2							
8.04(22)							
	4.30						
	4.36						
8.32	4.42						
8.40	4.50						
9.20	5.35						
9.28							
9.34							
9.40							

武昌東至各站普通三等票價	武昌東至各站公里	各站間距離公里	車次 站名		1 武廣直達快車(每逢星期五開行)	5 武衡特別快車	21 武廣直達客車(每逢星期一三開行)	23 樂廣旅客快車
			新河	開				
		5.72						
4.55	370.72		長沙南	到				
				開	14.06×352	9.56	14.06×352	
		11.29						
4.65	382.01		大汜舖	到				
				開	14.28	10.18	14.28	
		13.33						
4.80	395.34		易家灣	到	14.54	10.44	14.54	
				開	14.57	10.46	14.57	
		20.34						
5.05	415.08		株州	到	15.36×6	11.25×352	15.36×6	
				開	16.10W	11.50W	16.10W	
		17.01						
5.25	432.69		渌口	到	16.44	12.24×74	16.44	
				開	16.50	12.26×74	16.50	
		11.33						
5.40	444.02		三門	到		12.48		
				開	17.14	12.49	17.14	
		7.38						
5.45	451.40		昭陵	到		13.03		

續表

71	73	75	77	79	81	83	85
武長混合列車	長衡混合列車	衡郴混合列車	郴樂混合列車	樂廣混合列車	武岳混合列車	源廣混合列車	英廣混合列車
	5.50						
	5.54						
	6.22×2						
	6.25(22)						
	6.58						
	7.18						
	8.08W						
	9.10W						
	9.44						
	10.09						
	10.35						
	10.40						
	10.58						

武昌東至各站普通三等票價	武昌東至各站公里	各站間距離公里	車次		1	5	21	23
			站名		武廣直達快車(每逢星期五開行)	武衡特別快車	武廣直達客車(每逢星期一三開行)	樂廣旅客快車
5.45	451.49	5.38	昭陵	開	17.30	13.04	17.30	
5.55	456.78		淦田	到		13.17		
		16.66		開	17.41	13.18	17.41	
5.70	473.44		朱亭	到	18.17	13.52×6	18.17	
		14.06		開	18.20	13.56×6	18.20	
5.90	488.10		石灣	到		14.26		
		11.04		開	18.51	14.27	18.51	
6.00	499.14		衡山	到	19.15	14.50△73	19.15	
		15.96		開	19.20	14.51△73	19.20	
6.20	515.10		霞流市	到		15.23		
		14.74		開	19.55	15.24	19.55	
6.30	529.84		大堡	到	20.26	15.54	20.26	
		11.14		開	20.30	15.55	20.30	
6.45	540.98		茶山坳	到				

續表

71	73	75	77	79	81	83	85
武長混合列車	長衡混合列車	衡郴混合列車	郴樂混合列車	樂廣混合列車	武岳混合列車	源廣混合列車	英廣混合列車
	11.01						
	11.14×74						
	11.20×74						
	12.00W						
	12.45W						
	13.20×6						
	13.26×6						
	13.53×5						
	15.31×5						
	16.09						
	16.12						
	16.47						
	17.06						
	17.32						

武昌東至各站普通三等票價	武昌東至各站公里	各站間距離公里	車次		1	5	21	23
			站名		武廣直達快車(每逢星期五開行)	武衡特別快車	武廣直達客車(每逢星期一三開行)	樂廣旅客快車
6.45	540.98		茶山坳	開	20.54	16.18	20.54	
6.55	551.99	11.04	衡陽	到	21.18W	16.40	21.18W	
				開	22.08W		22.08W	
6.65	563.24	11.25	東陽渡	到	22.35		22.35	
				開	22.39		22.39	
6.80	575.96	12.75	觀音橋	到				
				開	23.09		23.09	
6.95	590.32	14.36	瓦園	到	23.44		23.44	
				開	23.47		23.47	
7.10	606.40	15.72	哲橋	到				
				開	0.25		0.25	
7.15	614.50	8.46	耒陽	到	0.45		0.45	
				開	0.48		0.48	
7.30	627.20	12.70	小水舖	到				

續表

71	73	75	77	79	81	83	85
武長混合列車	長衡混合列車	衡郴混合列車	郴樂混合列車	樂廣混合列車	武岳混合列車	源廣混合列車	英廣混合列車
	17.34						
	18.00						
		9.00					
		9.27					
		9.37					
		10.08					
		10.11					
		10.45					
		10.55					
		11.34					
		11.37					
		11.57×76					
		12.59W					
		13.36					

武昌東至各站普通三等票價	武昌東至各站公里	各站間距離公里	車次		1	5	21	23
			站名		武廣直達快車(每逢星期五開行)	武衡特別快車	武廣直達客車(每逢星期一三開行)	樂廣旅客快車
7.30	627.20		小水舖	開	1.19		1.19	
7.40	639.16	11.96	公平墟	到				
				開	1.49		1.49	
7.60	655.98	16.82	高亭司	到	2.20		2.20	
				開	2.32		2.32	
7.70	669.84	13.86	樓鳳渡	到	3.05		3.05	
				開	3.08		3.08	
7.90	687.56	17.72	許家洞	到	3.52		3.52	
				開	3.55		3.55	
8.00	698.84	11.28	郴縣	到	4.21W		4.21W	
				開	5.21W		5.21W	
8.20	716.73	17.89	坳上	到	6.26		6.26	
				開	6.28		6.28	
8.30	725.87	9.14	良田	到				

續表

71	73	75	77	79	81	83	85
武長混合列車	長衡混合列車	衡郴混合列車	郴樂混合列車	樂廣混合列車	武岳混合列車	源廣混合列車	英廣混合列車
		13.39					
		14.08					
		14.11					
		14.51					
		15.40					
		16.13					
		16.20					
		17.04×2					
		17.33(22)					
		18.00					
			7.15				
			8.20				
			8.23				

武昌東至各站普通三等票價	武昌東至各站公里	各站間距離公里	車次		1	5	21	23
			站名		武廣直達快車(每逢星期五開行)	武衡特別快車	武廣直達客車(每逢星期一三開行)	樂廣旅客快車
8.30	725.87		良田	開	7.05		7.05	
8.35	730.87	5.10	鄧家塘	到	7.25		7.25	
				開	7.40		7.40	
8.45	743.89	12.92	太平里	到	8.35		8.35	
				開	8.36		8.36	
8.55	754.75	10.86	白石渡	到	9.22×78		9.22×78	
				開	9.24×78		9.24×78	
8.75	770.09	15.34	坪石	到	10.25×2		10.25×2	
				開	11.05(22)		11.05(22)	
8.80	776.93	6.84	羅家渡	到				
				開	11.21		11.21	
8.90	785.25	8.32	泗公坑	到				
				開	11.41		11.41	
9.05	800.08	14.83	岐門	到				

續表

71	73	75	77	79	81	83	85
武長混合列車	長衡混合列車	衡郴混合列車	郴樂混合列車	樂廣混合列車	武岳混合列車	源廣混合列車	英廣混合列車
			9.00				
			9.20				
			9.55				
			10.50×78				
			11.17×78				
			12.03×2				
			12.13(22)				
			13.15				
			13.45				
			14.01				
			14.04				
			14.24				
			14.27				
			15.06				

武昌東至各站普通三等票價	武昌東至各站公里	各站間距離公里	車次		1	5	21	23
			站名		武廣直達快車(每逢星期五開行)	武衡特別快車	武廣直達客車(每逢星期一三開行)	樂廣旅客快車
9.05	800.08		岐門	開	12.20		12.20	
9.15	812.78	12.70	永濟橋	到				
				開	12.50		12.50	
9.25	821.66	8.88	樂昌	到	13.11		13.11	
				開	13.40		13.40	6.15
9.35	834.31	12.65	楊溪	到				
				開	14.07		14.07	6.40
9.55	854.06	19.75	黎舖頭	到				7.08×2
				開	14.35		14.35	7.11(22)
9.60	858.74	4.68	河邊廠	到				
				開	14.42		14.42	7.18
9.75	871.42	12.68	曲江	到	15.01×24		15.01×24	7.36W
				開	15.30W		15.30W	8.10W
9.90	886.23	14.81	馬壩	到				8.33

續表

71	73	75	77	79	81	83	85
武長混合列車	長衡混合列車	衡郴混合列車	郴樂混合列車	樂廣混合列車	武岳混合列車	源廣混合列車	英廣混合列車
			15.09				
			15.38				
			15.39				
			16.00				
				7.10			
				7.37×2			
				7.40(22)			
				8.08			
				8.12			
				8.21			
				8.26			
				8.45W			
				9.15W			
				9.40			

武昌東至各站普通三等票價	武昌東至各站公里	各站間距離公里	車次		1	5	21	23
			站名		武廣直達快車(每逢星期五開行)	武衡特別快車	武廣直達客車(每逢星期一三開行)	樂廣旅客快車
9.90	886.23		馬壩	開	15.53		15.53	8.35
10.00	899.50	13.27	烏石	到				
				開	16.14×80		16.14×80	8.56
10.05	904.81	5.31	大坑口	到	16.24		16.24	9.06
				開	16.26		16.26	9.99
10.20	919.50	14.78	沙口	到				
				開	16.49		19.49	9.31
10.45	941.96	22.37	河頭	到				
				開	17.23		17.23	10.05
10.55	954.54	12.58	英德	到	17.43W		17.43W	10.25W
				開	18.10W		18.10W	11.05W
10.70	967.26	12.72	波羅坑	到				
				開	18.30		18.30	11.25
10.80	976.09	8.83	連江口	到	18.45		18.45	11.42×24

續表

71	73	75	77	79	81	83	85
武長混合列車	長衡混合列車	衡郴混合列車	郴樂混合列車	樂廣混合列車	武岳混合列車	源廣混合列車	英廣混合列車
				9.43			
				10.07			
				10.10			
				10.22			
				10.30			
				10.52			
				10.55			
				11.30			
				11.35			
				11.56×24			
				12.26W			7.00
				12.46			7.22
				12.47			7.25
				13.04×80			7.44

武昌東至各站普通三等票價	武昌東至各站公里	各站間距離公里	車次		1	5	21	23
			站名		武廣直達快車(每逢星期五開行)	武衡特別快車	武廣直達客車(每逢星期一三開行)	樂廣旅客快車
10.80	976.09		連江口	開	18.47		18.47	11.57×24
		13.62						
10.90	989.71		黎洞	到				12.17×80
				開	19.08		19.08	12.23×80
		11.58						
11.05	1 001.29		舊横石	到				
				開	19.29		19.29	12.49
		11.80						
11.15	1 013.09		琵江口	到				13.07
				開	19.47		19.47	13.10
		10.36						
11.25	1 023.45		源潭	到	20.05W		20.05W	13.28W
				開	20.25W		20.25W	13.48W
		5.59						
11.30	1 029.04		迎嘴	到				
				開	20.35		20.35	13.58
		9.10						
11.40	1 038.23		銀盞坳	到	20.52		20.52	14.15×86
				開	20.55		20.55	14.20×86
		14.72						
11.55	1 052.95		軍田	到				

續表

71	73	75	77	79	81	83	85
武長混合列車	長衡混合列車	衡郴混合列車	郴樂混合列車	樂廣混合列車	武岳混合列車	源廣混合列車	英廣混合列車
				13.14×80			7.54
				13.36			8.16
				13.40			8.20
				13.58			8.42
				14.01			8.45
				14.20			9.04
				14.25			9.09
				14.44×86			9.28×24
				15.09W		6.50	9.52W
				15.20		7.01	10.02
				15.23		7.06	10.05
				15.41		7.24	10.23×89
				15.46		7.29	10.28×89
				16.15		7.57	10.56

武昌東至各站普通三等票價	武昌東至各站公里	各站間距離公里	車次		1	5	21	23
			站名		武廣直達快車(每逢星期五開行)	武衡特別快車	武廣直達客車(每逢星期一三開行)	樂廣旅客快車
11.55	1 052.95		軍田	開	21.21		21.21	14.49
		6.65						
11.60	1 059.60		同樂	到				
				開	21.31		21.31	15.00
		5.36						
11.65	1 064.96		新街	到	21.39		21.39	15.10
				開	21.43		21.43	15.15
		4.52						
11.70	1 069.43		郭塘	到				
				開	21.50		21.50	15.23
		5.61						
11.80	1 075.09		江村	到				15.31
				開	21.58		21.58	15.34
		4.76						
11.80	1 079.85		大朗	到				
				開	22.05		22.05	15.42
		4.16						
11.85	1 084.01		小坪	到				
				開	22.12		22.12	15.50×84
		7.50						
11.95	1 091.51		廣州西站	到	22.24		22.24	16.03

續表

71	73	75	77	79	81	83	85
武長混合列車	長衡混合列車	衡郴混合列車	郴樂混合列車	樂廣混合列車	武岳混合列車	源廣混合列車	英廣混合列車
				16.18		8.00	11.00
				16.30		8.11	11.11
				16.33		8.14	11.14
				16.43×84		8.25×24	11.25
				16.48×84		8.32×24	11.30
				16.57		8.44	11.39
				17.00		8.47	11.42
				17.08		8.55×80	11.51
				17.11		9.01×80	11.55
				17.19		9.09	12.04
				17.21		9.11	12.07
				17.20		9.19	12.16×86
				17.32		9.22	12.21×86
				17.45		9.35	12.35

武昌東至各站普通三等票價	武昌東至各站公里	各站間距離公里	車次		1	5	21	23
			站名		武廣直達快車(每逢星期五開行)	武衡特別快車	武廣直達客車(每逢星期一三開行)	樂廣旅客快車
11.95	1 091.51	4.06	廣州西站	開	22.30		22.30	16.10
12.00	1 095.57		廣州南站	到	22.40		22.40	16.20
				開				

續表

71	73	75	77	79	81	83	85
武長混合列車	長衡混合列車	衡郴混合列車	郴樂混合列車	樂廣混合列車	武岳混合列車	源廣混合列車	英廣混合列車
				17.50		9.40	12.40
				18.00		9.50	12.50

叁、公　　路

一、概況

甲、全省公路概況

路线别	共計	已成	興築	計劃
總計	**7 217.08**	**4 016.49**	**382.40**	**2 818.19**
幹綫	**1 873.46**	**1 505.22**	**174.24**	**194.00**
汴粵	381.86	381.86		
京川	1 112.96	769.16	149.80	194.00
洛韶	378.64	354.20	24.44	
支綫	**4 555.11**	**1 722.76**	**208.16**	**2 624.19**
鄂東	467.00	177.00	55.0	235.00
鄂南	1 363.93	428.27	153.16	782.50
鄂西	654.32			654.32
鄂北	1 689.07	831.70		857.37
鄂中	380.79	285.79		95.00
縣道	**457.32**	**457.32**		
武漢近郊路	**331.19**	**331.19**		

附註：一、本表係核對公路工程處及公路管理局圖表編製。

二、本表資料截至二十五年底止。

三、本表以公里爲單位。

乙、全省已成公路歷年累計

年別	長度
民國十七年	776
民國十八年	827
民國十九年	885
民國二十年	1 277
民國廿一年	1 300
民國廿二年	2 422
民國廿三年	3 088
民國廿四年	3 642
民國廿五年	4 016

附註：一、本表根據建設廳圖表及案卷編製。

二、長度均係各年底數目。

三、本表以公里爲單位。

二、路綫

全省已成路綫

路綫名稱	起訖經過地點	里程（公里）	鋪築路面長度（公里）	路面種類
總計		**4 016.49**	**1 028.06**	
幹綫		**1 505.22**	**867.06**	
汴粵漢界段	由漢口經黄陂、麻城至小界嶺	183.90	41.50	碎石
汴粵武界段	由武昌經鄂城、大冶、辛潭舖至界牌	197.96	115.80	〃
京川京浠段	由廣濟至浠水	59.40		
京川柳漢段	由柳子港至漢口（與汴粵同綫）			
京川漢宜段	由漢口經應城、沙洋、當陽至宜昌	365.70	365.70	碎石及卵石
京川巴施	由巴東經建始至恩施	205.06	205.06	碎石
京川施黔	由恩施經宣恩、咸豐至石門坎	139.00	139.00	〃
洛韶老東段	由老河口經樊城、襄陽、宜城、江陵、沙市、公安至東嶽廟	354.20		
支綫		**1 722.76**	**106.50**	

續表

路綫名稱	起訖經過地點	里程（公里）	鋪築路面長度（公里）	路面種類
羅英段＊	由羅田至英山	46.00		
浠羅段	由浠水至羅田	52.20		
廣武段	由廣濟至武穴	36.20		
田蘄段	由田家鎮至蘄春	20.63		
浠蘭段	由浠水至蘭溪	21.97		
武鄭段	由武昌至鄭家店	25.25		
賀金段	由賀勝橋至金牛	30.00		
大黄段	由大冶至黄石港	23.00		
陽瑞段＊	由茶舖經陽新至界首通瑞昌	60.43		
陽田段	由陽新至田家鎮	30.00		
辛趙段	由辛潭舖經通山、崇陽至趙李橋	138.60	39.50	碎石
崇平段	由崇陽經通城至界上通平江	67.00	67.00	〃
岳皂段	由岳口经潛江至皂市	53.99		
樊花段＊	由樊城經棗陽、隨縣、安陸至花園	258.80		
安長段	由安陸至長江埠	51.60		
隔孝段	由隔蒲潭至孝感	24.17		
樊新段	由樊城至黄渠河通新野	50.00		
鍾皂段＊	由鍾祥至皂市	114.23		
老白段	由老河口經穀城、草店、十堰至白河	230.20		

續表

路綫名稱	起訖經過地點	里程（公里）	舖築路面長度（公里）	路面種類
草均段	由草店至均縣	19.10		
十鄖段 *	由十堰至隕縣	34.00		
宜南段	由宜城至南漳	49.60		
中經段	由中舘驛至中途店通經扶	57.03		
宋河段 *	由宋埠經黄安至河口	65.60		
黄廣段	由黄陂經禮山至廣水	116.26		
夏花段 *	由夏店經小溪河至花園	46.90		
縣道		**457.32**		
龍燕段	由龍港至燕廈	10.60		
咸高段 *	由咸寧至高橋	25.56		
煙玉段	由煙墩堡至玉泉寺	7.00		
荆消段 *	由荆門至消溪河	33.70		
荆沙段 *	由荆門至沙洋	57.30		
應陳段	由應城至陳家集	24.72		
曹湯段	由曹家場至湯池	5.50		
應宋段	由應城至宋河	52.40		
應臨段 *	由應城至臨江口	10.00		
隔郎段	由隔蒲潭至郎君橋	5.90		
隨環段 *	由隨縣至環潭	46.00		

續表

路綫名稱	起訖經過地點	里程（公里）	鋪築路面長度（公里）	路面種類
安平段 *	由安陸至平壩	40.50		
河宣段	由河口至宣化店	46.15		
黄邏段 *	由黄安經靠山舖至陽邏	91.99		
武漢近郊路		**331.19**	**54.50**	
武葛段	由武昌經青山至葛店	46.00	46.00	碎石
武珞段	由武昌至珞珈山	8.50	8.50	〃
武金段	由武昌至金口	36.50		
金五段	由金口至五里界	33.78		
武蓮段	由武昌经鳳凰山至蓮台洲	56.01		
鳳北段	由鳳凰山至北咀	28.40		
武豹段	由武昌至豹子澥	37.00		
蔡漢段 *	由漢陽至蔡甸	30.00		
蔡黄段 *	由蔡甸至黄陵磯	25.00		
漢大段 *	由漢陽至大軍山	30.00		

附註：本省公路截至二十五年底止建築完成者累計達 4 016 公里，其中被水毁壞尚未修復及未通車者計 642 公里（附有 * 號者係未修復及未通車路綫，惟宋河僅黄安至河口 23.95 公里，夏花段僅小溪河至花園 29.50 公里，陽瑞段僅陽新至界首 47 公里未通車），實際行車者僅 3 374 公里。

三、里　　程

甲、鄂東

單位：公里

漢麻綫

站名	漢口東站													
戴家山	8.70	戴家山												
灄口	17.10	8.40	灄口											
橫店	26.50	18.10	9.70	橫店										
高廟	34.20	25.50	17.10	7.40	高廟									
黄陂	39.10	30.40	22.00	12.30	4.90	黄陂								
普安寨	53.50	44.80	36.40	26.70	19.30	14.40	普安寨							
靠山店	64.80	56.10	47.70	38.00	30.60	25.70	11.30	靠山店						
李家集	70.20	61.50	53.10	43.40	36.00	31.10	16.70	5.40	李家集					
柳子港	79.80	71.10	62.70	53.00	45.60	40.70	26.30	15.00	9.60	柳子港				
歧亭	89.40	80.70	72.30	62.60	55.20	50.30	35.90	24.60	19.20	9.60	歧亭			
宋埠	97.60	88.90	80.50	70.80	63.40	58.50	44.10	32.80	27.40	17.80	8.20	宋埠		
中舘驛	109.50	100.80	92.40	82.70	75.30	70.40	56.00	44.70	39.30	29.70	20.10	11.90	中舘驛	
麻城	127.40	118.70	110.30	100.60	93.20	88.30	73.90	62.60	57.20	47.60	38.00	29.80	17.90	麻城

（漢口東站至總站加 2.40 公里）

漢界綫麻界段

站名	麻城					
武家河	13.70	武家河				
黄土崗	23.60	9.90	黄土崗			
福田河	35.00	21.30	11.40	福田河		
兩路口	47.08	33.38	23.48	12.08	兩路口	
小界嶺	54.10	40.40	30.50	19.10	7.02	小界嶺

黄廣綫

站名	漢口總站									
黄陂	41.50	黄陂								
研子崗	58.80	17.30	研子崗							
長軒嶺	67.55	26.05	8.75	長軒嶺						
姚家集	85.55	41.05	23.75	15.00	姚家集					
河口	97.25	55.75	38.45	29.70	14.70	河口				
夏店	115.58	74.08	56.78	48.03	33.03	18.33	夏店			
禮山	127.66	86.16	68.86	60.11	45.11	30.41	12.08	禮山		
二郎店	146.52	105.02	87.72	78.97	63.97	49.27	30.94	18.86	二郎店	
廣水	157.76	116.26	98.96	90.21	75.21	60.51	42.18	30.10	11.24	廣水

宋安綫

站名	漢口東站				
宋埠	97.60	宋埠			
永佳河	114.09	16.49	永佳河		
桃花店	122.51	24.91	8.42	桃花店	
黄安	139.25	41.65	25.16	16.74	黄安

（漢口總站至東站加 2.40 公里）

中經綫

站名	漢口總站					
中舘驛	111.90	中舘驛				
林店	136.13	24.23	林店			
西張店	150.90	39.00	14.77	西張店		
中途店	168.93	57.03	32.80	18.03	中途店	
經扶	180.20	69.00	44.77	30.00	11.97	經扶

安倉綫

站名	黄安							
詹店	17.05	詹店						
杜家亭	31.25	14.20	杜家亭					
八里灣	39.77	22.72	8.52	八里灣				
太平橋	50.00	32.95	18.75	10.23	太平橋			
徐家寨	56.25	39.20	25.00	16.48	6.25	徐家寨		
靠山店	63.64	46.59	32.39	23.87	13.64	7.39	靠山店	
倉子埠	68.19	51.14	36.94	28.42	18.19	11.94	4.55	倉子埠

羅蘭綫

站名	羅田						
駱駝坳	13.73	駱駝坳					
胡家河	24.78	11.05	胡家河				
關口	35.71	21.98	10.93	關口			
浠水	52.20	35.47	27.42	16.49	浠水		
六神港	63.18	49.45	38.40	27.47	10.98	六神港	
蘭溪	74.17	60.44	49.39	38.46	21.97	10.99	蘭溪

武浠綫

站名	武穴	官橋	石佛寺	大金舖	塔水橋	游家堖	廣濟	松陽橋	漕河	横車橋	石頭嘴
官橋	6.80										
石佛寺	14.80	8.00									
大金舖	19.80	13.00	5.00								
塔水橋	26.70	19.90	11.90	6.90							
游家堖	31.60	24.80	16.80	11.80	4.90						
廣濟	36.20	29.40	21.40	16.40	9.50	4.60					
松陽橋	42.60	35.80	27.80	22.80	15.90	11.00	6.40				
漕河	61.60	54.80	46.80	41.80	34.90	30.00	25.40	19.00			
横車橋	71.40	64.60	56.60	51.60	44.70	39.80	35.20	28.80	9.80		
石頭嘴	82.50	75.70	67.70	62.70	55.80	50.90	46.30	39.90	20.90	11.10	
浠水	95.60	88.80	80.80	75.80	68.90	64.00	59.40	53.00	34.00	24.20	13.10

乙、鄂南

單位:公里

武陽綫

平湖門																					
2.10	東廠口																				
8.50	6.40	卓刀泉																			
11.70	9.60	3.20	魯家巷																		
15.90	13.80	7.40	4.20	牛路口																	
19.70	17.60	11.20	8.00	3.80	王家店																
21.90	19.80	13.40	10.20	6.00	2.20	九峯															
25.30	23.20	16.80	13.60	9.40	5.60	3.40	蘇家墩														
30.10	28.00	21.60	18.40	14.20	10.40	8.20	4.80	新店													
34.60	32.50	26.10	22.90	18.70	14.90	12.70	9.30	4.50	葛店												
45.57	43.47	37.07	33.87	29.67	25.87	23.67	20.27	15.47	10.97	華容											
49.87	47.77	41.37	38.17	33.97	30.17	27.97	24.57	19.77	15.27	4.30	段家店										
67.67	65.57	59.17	55.97	51.77	47.97	45.77	42.37	37.57	33.07	22.10	17.80	樊口									
75.80	73.70	67.30	64.10	59.90	56.10	53.90	50.50	45.70	41.20	30.23	25.93	8.13	鄂城								
87.80	85.70	79.30	76.10	71.90	68.10	65.90	62.50	57.70	53.20	42.23	37.92	20.13	12.00	碧石渡							
96.10	94.00	87.60	84.40	80.20	76.40	74.20	70.80	66.00	61.50	50.53	46.23	28.43	20.30	8.30	鐵山						
99.85	97.75	91.35	88.15	83.95	80.15	77.95	74.55	69.75	65.25	54.28	49.98	32.18	24.50	12.05	3.75	盛洪卿					
115.80	113.70	107.30	104.10	99.90	96.10	93.90	90.50	85.70	81.20	70.23	65.93	48.13	40.00	28.00	19.70	15.95	大冶				
127.50	125.40	119.00	115.80	116.60	107.80	105.60	102.20	97.40	92.90	81.93	77.62	59.83	51.70	39.70	31.40	27.65	11.70	小箕舖			
135.60	133.50	127.10	123.90	119.70	115.90	113.70	110.30	105.50	101.00	90.03	85.73	67.93	59.80	47.80	39.50	35.75	19.80	8.10	白沙舖		
150.80	148.70	142.30	139.10	134.90	131.10	128.90	125.50	120.70	116.20	105.23	100.93	83.13	75.00	63.00	54.70	50.95	35.30	23.30	15.20	荻田橋	
162.50	160.40	154.00	150.80	146.60	142.80	140.60	137.20	132.40	127.90	116.93	112.63	94.83	86.70	74.70	66.40	62.56	46.70	35.00	26.90	11.70	陽新

武珞綫

站名	漢陽門				
東廠口	2.40	東廠口			
博中	4.40	2.00	博中		
洪山	5.60	3.20	1.20	洪山	
珞珈山	8.50	3.10	4.10	2.90	珞珈山

武金綫

站名	平湖門					
望山門	3.10	望山門				
花園	17.63	14.53	花園			
石嘴	22.00	18.90	4.37	石嘴		
嚴碼頭	27.50	24.40	9.37	5.50	嚴碼頭	
金口	36.50	33.40	18.87	14.50	9.00	金口

武北綫

站名	平湖門							
明倫街	4.46	明倫街						
茅店	17.96	13.50	茅店					
油坊嶺	24.96	20.50	7.00	油坊嶺				
鳳凰山	33.46	29.00	15.50	8.50	鳳凰山			
五里界	44.86	40.40	26.90	19.90	11.40	五里界		
羅家橋	53.36	48.90	35.40	28.40	19.90	8.50	羅家橋	
北嘴	61.88	57.40	43.90	36.90	28.40	17.00	8.50	北嘴

辛燕綫

站名	辛潭舖		
龍港	10.60	龍港	
燕廈	21.16	10.56	燕廈

武青綫

站名	漢陽門				
中新河	3.20	中新河			
徐家棚	6.30	3.10	徐家棚		
任家路	11.60	8.40	5.30	任家路	
青山	17.40	14.20	11.10	5.80	青山

大黄綫

站名	大冶		
下陸	11.00	下陸	
黄石港	23.00	12.00	黄石港

金五綫

站名	金口						
海口	5.70	海口					
仰山廟	9.45	3.75	仰山廟				
鄭家店	16.95	11.25	7.50	鄭家店			
石洞	20.70	15.00	11.25	3.75	石洞		
紙坊	24.45	18.75	15.00	7.50	3.75	紙坊	
五里界	33.83	28.13	24.83	16.88	13.13	9.38	五里界

陽趙綫

站名	陽新													
茶舖	13.42	茶舖												
沿埠頭	16.04	2.62	沿埠頭											
滓洲	25.72	12.30	9.68	滓洲										
辛潭舖	41.15	27.73	25.11	15.43	辛潭舖									
羊興鎮	48.84	35.42	32.80	23.12	7.69	羊興鎮								
慈口	56.53	43.11	49.49	30.81	15.38	7.69	慈口							
大畈	69.35	55.93	53.31	43.62	28.20	20.51	12.82	大畈						
通山	89.85	79.43	73.81	64.13	48.70	41.01	33.32	20.50	通山					
南林橋	106.25	92.83	90.21	80.53	65.10	57.41	49.72	36.90	16.40	南林橋				
白霓橋	130.45	116.98	114.36	104.68	89.25	81.56	73.87	61.05	40.55	24.10	白霓橋			
崇陽	140.25	126.83	124.21	114.53	99.10	91.41	83.72	70.90	50.40	34.00	9.85	崇陽		
羊樓洞	175.15	161.73	159.11	149.43	134.00	126.31	118.62	105.80	85.30	68.90	44.75	34.90	羊樓洞	
趙李橋	179.75	166.33	163.71	154.03	138.60	130.91	123.22	110.40	89.90	73.50	49.35	39.50	4.60	趙李橋

金賀綫

站名	金牛					
高家河	5.68	高家河				
烏家橋	8.25	2.84	烏家橋			
麥地嶺	11.36	5.68	2.84	麥地嶺		
湖泗橋	17.04	11.36	8.55	5.68	湖泗橋	
賀勝橋	28.40	21.72	19.88	17.04	11.36	賀勝橋

武蓮綫

站名	平湖門							
明倫街	4.46	明倫街						
茅店	17.96	13.50	茅店					
油坊嶺	24.96	20.50	7.00	油坊嶺				
鳳凰山	33.46	29.00	15.50	8.50	鳳凰山			
覃公廟	43.12	38.66	25.16	18.16	9.66	覃公廟		
高峯寺	47.22	42.76	29.26	12.26	13.76	4.10	高峯寺	
蓮台洲	55.72	51.26	37.76	30.76	22.26	12.60	8.50	蓮台洲

武鄭五綫

站名	平湖門							
望山門	3.10	望山門						
青蓮寺	9.38	6.28	青蓮寺					
龔家舖	16.88	13.78	7.50	龔家舖				
鄭家店	26.20	23.10	16.88	9.38	鄭家店			
石洞	30.01	26.91	20.63	13.13	3.75	石洞		
紙坊	33.76	30.66	24.38	16.88	7.50	3.75	紙坊	
五里界	43.14	40.04	33.76	26.26	16.88	3.13	9.38	五里界

丙、鄂西

單位:公里

漢宜綫

漢口西站																					
10.25	舵落口																				
34.50	24.25	新溝																			
41.45	31.20	6.95	辛安渡																		
49.67	39.42	15.17	8.22	滿家崗																	
54.07	43.82	19.57	12.62	4.40	下新集																
62.75	52.50	28.25	21.30	13.08	8.68	長江埠															
70.30	60.05	35.80	28.85	20.63	16.23	7.55	郎君橋														
83.56	73.31	49.06	42.11	33.89	29.40	20.81	13.26	應城													
95.31	85.06	60.81	53.86	45.64	41.24	32.56	25.01	11.75	雷家灣												
108.71	98.46	74.21	67.26	59.04	54.64	45.96	38.41	25.15	13.40	皂市											
138.14	127.89	103.64	96.69	88.47	84.07	75.39	67.84	54.58	42.83	29.43	瓦廟集										
163.05	152.80	128.55	121.60	113.38	108.98	100.30	92.75	79.49	67.74	54.34	24.91	楊家淬									
187.21	276.96	152.71	145.76	137.54	133.14	124.46	116.91	103.65	91.90	78.50	49.07	24.16	沙洋								
219.14	208.89	184.64	177.69	169.47	165.07	156.39	148.84	135.58	123.83	110.43	81.00	56.09	31.93	后港							
230.71	220.46	196.21	189.26	181.04	176.64	167.96	160.41	147.15	135.40	122.00	92.57	67.66	43.50	11.57	拾迴橋						
241.60	231.35	207.10	200.15	191.93	187.53	178.85	171.30	158.04	146.29	132.89	103.46	78.55	54.39	22.46	10.89	十里舖					
269.00	258.75	233.50	277.55	219.33	211.93	206.25	198.70	185.44	173.69	160.29	130.86	105.95	81.79	49.89	38.29	27.40	河溶				
296.42	286.17	261.92	254.97	246.75	242.35	233.67	226.12	212.86	201.11	187.71	158.28	133.37	109.21	77.28	65.71	54.82	27.42	當陽			
326.50	316.25	292.00	285.05	276.83	272.43	263.75	256.20	242.94	231.19	217.79	188.36	163.45	139.29	107.36	95.79	84.90	57.50	30.08	鴉雀嶺		
346.40	336.15	311.90	304.95	296.73	292.33	233.65	276.10	262.84	251.09	237.69	208.26	183.25	159.19	127.26	115.69	104.80	77.40	49.98	19.90	土門埡	
364.10	353.85	329.65	322.65	314.43	310.03	301.35	293.80	280.54	268.79	255.39	225.96	201.05	176.89	144.96	133.39	122.50	95.10	67.68	37.60	17.70	宜昌

（漢口總站至漢口西站加 1.60 公里）

楊鍾綫

站名	楊家洚			
舊口	14.98	舊口		
鄭家集	33.00	18.02	鄭家集	
鍾祥	60.44	45.46	27.44	鍾祥

皂岳綫

站名	皂市				
柳河	16.33	柳河			
天門	35.17	18.84	天門		
新堰口	44.58	28.25	9.41	新堰口	
岳口	53.99	37.66	18.82	9.41	岳口

應宋綫

站名	宋河						
賈店	9.79	賈店					
羅店	17.59	7.80	羅店				
馬店	27.74	17.95	10.15	馬店			
田店	30.64	20.85	13.05	2.90	田店		
巡店	39.34	29.55	21.75	11.60	8.70	巡店	
應城	52.40	42.61	34.81	24.66	21.76	13.06	應城

巴施綫

站名	巴東						
珠沙土	30.78	珠沙土					
龍潭坪	65.21	34.43	龍潭坪				
長梁子	132.00	101.22	66.79	長梁子			
建始	148.00	117.22	82.79	16.00	建始		
鳳凰壩	189.50	158.72	124.29	57.50	41.50	鳳凰壩	
恩施	205.06	174.28	139.85	73.06	57.06	15.56	恩施

曹湯綫

站名	曹家場	
湯池	5.50	湯池

洋荆綫

站名	沙洋		
沈家集	27.00	沈家集	
荆門	57.30	30.30	荆門

京鍾綫

站名	京山				
孫橋	16.48	孫橋			
官橋	30.00	13.52	官橋		
陳家集	35.71	19.23	5.71	陳家集	
東橋	46.70	30.22	16.70	10.99	東橋
鍾祥	81.26	64.78	51.56	45.55	34.56	鍾祥

宜漳綫

站名	宜城		
武安堰	25.6	武安堰	
南漳	49.6	24	南漳

皂京綫

站名	皂市				
曹家場	9.57	曹家場			
永興鎮	19.62	10.05	永興鎮		
屈家場	24.73	15.16	5.11	屈家場	
京山	32.97	23.40	13.35	8.24	京山

應陳綫

站名	應城								
灣上鎮	3.50	灣上鎮							
五行廟	6.43	2.93	五行廟						
潘家集	10.50	7.00	4.07	潘家集					
張家廟	11.76	8.26	5.33	1.26	張家廟				
丁家崗	13.76	10.26	7.33	3.26	2.00	丁家崗			
棉花田	15.49	11.99	9.06	4.99	3.73	1.73	棉花田		
龍王集	17.94	14.44	11.51	7.44	6.18	4.18	2.45	龍王集	
陳家河	24.72	21.22	18.29	14.22	12.96	10.96	9.23	6.78	陳家河

應孝綫

站名	應城			
郎君橋	13.26	郎君橋		
隔蒲潭	18.85	5.59	隔蒲潭	
孝感	43.02	29.76	24.17	孝感

荆湋綫

站名	荆門	
湋溪河	33.70	湋溪河

埠東綫

站名	埠河						
彌陀寺	13	彌陀寺					
戴家場	22	9	戴家場				
黄金口	33	20	11	黄金口			
黑狗壋	48	35	26	15	黑狗壋		
公安縣	52	39	30	19	4	公安縣	
東嶽廟	75	62	53	42	27	23	東嶽廟

襄沙綫

站名	襄陽												
小河	24.1	小河											
宜城	39.7	15.6	宜城										
孔市	54.2	30.1	14.5	孔市									
快市	64.4	40.3	24.7	10.2	快市								
欒鄉	87.7	63.6	48	33.5	23.3	欒鄉							
南橋	104.4	80.3	64.7	50.2	40	23.3	南橋						
荆門	121.5	97.4	81.8	67.3	57.1	40	17.1	荆門					
園林	138.1	114.0	98.4	83.9	73.7	50.4	33.7	16.6	園林				
建陽驛	161.1	137.0	121.4	106.9	96.7	73.4	56.7	39.6	23	建陽驛			
十里舖	168.9	114.8	129.2	114.7	104.5	81.2	64.5	47.4	30.8	7.8	十里舖		
龍會橋	189.1	165	149.4	134.9	124.7	101.4	84.7	67.6	51	28	20.2	龍會橋	
江陵	199.1	175	159.4	144.9	134.7	111.4	94.7	77.6	61	38	30.2	10	江陵
沙市	204.9	180.8	165.2	150.7	140.5	117.2	100.5	83.4	66.8	43.8	36	15.8	5.8	沙市

丁、鄂北

單位:公里

花老綫

站名	花園																	
陳家店	15.7	陳家店																
安陸	27.6	11.9	安陸															
三陂港	38.6	22.9	11	三陂港														
平林	46.7	31	19.1	8.1	平林													
馬坪	71.6	55.9	44	33	24.9	馬坪												
淅河	85.1	69.4	57.8	46.5	38.4	13.5	淅河											
隨縣	95.4	79.7	67.8	56.8	48.7	23.8	10.3	隨縣										
厲山	113.5	97.8	85.9	74.9	66.8	41.9	28.4	18.1	厲山									
唐縣鎮	137.5	121.6	109.7	98.7	90.6	65.7	52.2	41.9	238	唐縣鎮								
興隆集	161.1	145.4	133.5	122.5	114.4	89.5	76	65.7	47.6	23.8	興隆集							
棗陽	182.4	166.7	154.8	143.8	135.7	110.8	97.3	87	68.9	45.1	21.3	棗陽						
雙溝	227.6	211.9	200	189	180.9	156	142.5	132.3	114.1	90.3	66.5	45.2	雙溝					
樊城	258.8	243.1	231.3	220.2	212.1	187.2	173.7	168.4	145.3	121.5	97.7	76.4	31.2	樊城				
牛首	278.4	262.7	250.8	239.8	231.7	206.8	193.3	183	164.9	141.1	117.3	96	50.8	19.6	牛首			
太平店	298.2	282.5	270.6	259.6	251.5	226.6	213.1	202.8	184.7	160.9	137.1	115.8	70.6	39.4	19.8	太平店		
仙人渡	316.3	300.6	288.7	277.7	269.6	244.7	231.5	220.9	202.8	179	155.2	133.9	88.7	57.5	37.9	18.1	仙人渡	
老河口	333.1	317.4	305.5	294.5	286.4	261.5	248	237.7	219.6	195.8	172	150.7	105.5	74.3	54.7	34.9	16.8	老河口

花夏綫

站名	花園			
松林崗	8.7	松林崗		
小河溪	17.4	8.7	小河溪	
夏店	46.9	38.2	29.5	夏店

隨澴綫

站名	隨縣		
安居	23	安居	
環潭	46	23	環潭

安平綫

站名	安陸			
雷公店	20.2	雷公店		
河水店	31.8	11.6	河水店	
平壩	40.5	20.3	8.7	平壩

南老綫

站名	南陽				
穰東鎮	38	穰東鎮			
鄧縣	71	33	鄧縣		
孟家樓	109	71	38	孟家樓	
老河口	136	98	65	27	老河口

十鄖綫

站名	老河口		
十堰	133.8	十堰	
鄖陽	167.8	34	鄖陽

草均綫

站名	草店	
均縣	19.1	均縣

漢老綫

站名	漢口總站					
安陸	114.35	安陸				
隨縣	182.15	67.8	隨縣			
棗陽	269.15	154.8	87	棗陽		
樊城	345.55	231.1	163.4	76.4	樊城	
老河口	419.85	305.5	237.7	150.7	74.3	老河口

漢安綫

站名	漢口西站												
舵落口	10.25	舵落口											
走馬嶺	21.65	11.40	走馬嶺										
新溝	34.50	24.25	12.85	新溝									
辛安渡	41.45	31.20	19.80	6.95	辛安渡								
滿家崗	49.67	39.42	28.02	15.17	8.22	滿家崗							
下新集	54.07	43.82	32.42	19.57	12.62	4.40	下新集						
長江埠	62.75	52.50	41.10	28.25	21.30	13.08	8.68	長江埠					
護子潭	67.90	57.65	46.25	33.40	26.45	18.23	13.83	5.15	護子潭				
隔蒲潭	74.95	64.70	53.30	40.45	33.50	25.28	20.88	12.20	7.05	隔蒲潭			
雲夢	84.18	73.93	62.53	49.68	42.73	34.51	30.11	21.43	16.28	9.23	雲夢		
義堂鎮	93.60	83.35	71.95	59.10	52.15	43.93	39.58	30.85	25.70	18.65	9.42	義堂鎮	
安陸	114.35	104.10	92.70	79.85	72.90	64.68	60.28	51.60	46.45	39.40	30.17	20.75	安陸

老白綫

站名	老河口										
谷城	19.8	谷城									
石花街	37.5	17.7	石花街								
戴家灣	70	50.2	32.5	戴家灣							
草店	91.6	71.8	54.1	21.6	草店						
六里坪	109	89.2	71.5	39	17.4	六里坪					
十堰	133.8	114	96.3	63.8	42.2	24.8	十堰				
黄龍灘	165.2	145.4	127.7	95.2	73.6	56.2	31.4	黄龍灘			
鮑家店	193	173.2	155.5	123	101.4	84	59.2	27.8	鮑家店		
羊尾山	222	202	184	152	130.4	113	88.2	56.8	29	羊尾山	
白河	230.2	210.4	192.7	160.2	138.6	121.2	96.4	65	37.2	8.2	白河

四、營業收支

民國二十四年

月別	營業收入				
	共計	客運	貨運	郵運	雜項
總計	**1 137 920.00**	**987 424.54**	**134 821.44**	**7 340.45**	**8 333.57**
一	129 615.96	116 715.20	12 260.73		640.03
二	88 534.51	80 463.39	5 699.19		2 371.93
三	122 130.65	109 551.93	11 398.24	470.79	709.69
四	110 173.76	96 510.38	12 755.46		907.92
五	110 466.96	95 320.93	14 357.06	366.84	422.13
六	87 398.70	78 411.59	8 755.88		231.23
七	50 286.95	43 815.27	4 724.08	632.16	1 115.44
八	80 175.98	72 143.82	6 048.68	1 270.33	713.15
九	94 678.62	81 623.45	12 210.15	468.62	376.40
十	86 957.50	71 312.56	14 091.44	1 387.50	166.00
十一	71 788.53	57 598.17	12 369.13	1 203.08	618.15
十二	105 711.88	83 957.85	20 151.40	1 541.13	61.50

附註：本省公路在民國二十四年上半年係由漢宜、鄂東、襄花三局及省會公共汽車管理處分別管理，至同年七月一日方合併改組爲湖北省公路管理局統一管理，故本表資料係根據湖北省漢宜、鄂東、襄花各管理局及湖北省會公共汽車管理處《民國二十四年一月至六月收支計算書》暨湖北省公路管理局《民國二十四年七月至十二月收支計算書》編造。

營業支出				盈或虧	月別
共計	俸給	事務費	營業費		
1 166 874.53	**548 537.85**	**110 806.42**	**507 530.26**	**−28 954.53**	**總計**
105 710.65	48 205.36	15 838.05	41 667.24	23 905.31	一
99 970.91	49 472.23	13 120.96	37 377.72	−11 436.34	二
107 986.72	49 980.12	17 033.44	40 973.16	14 143.93	三
96 129.91	49 416.54	10 635.77	36 077.60	14 043.85	四
112 291.28	50 138.73	14 193.72	47 958.83	−1 824.32	五
100 136.56	51 462.92	12 171.91	36 501.73	−12 737.86	六
105 104.80	51 510.02	5 844.02	47 750.76	−54 817.85	七
76 224.46	42 128.70	4 912.73	29 183.03	3 951.52	八
85 146.81	40 670.55	4 209.11	40 267.15	9 531.81	九
88 578.99	38 021.36	3 907.74	46 649.89	−1 621.49	十
92 578.69	38 102.40	3 902.12	50 574.17	−20 790.16	十一
97 014.75	39 428.92	5 036.85	52 548.98	8 697.13	十二

五、行車里程及油類零件消耗

民國二十四年

月別	行車里程（公里）	金額總計（元）	油類			
			汽油		機油	
			數量(加侖)	金額(元)	數量(加侖)	金額(元)
總計	**4 456 202.41**	**396 244.32**	**300 072.25**	**294 349.86**	**17 295.75**	**25 379.47**
一	406 797.00	20 119.45	19 152.25	17 620.07	1 236.00	2 138.28
二	306 090.00	21 201.88	20 470.25	18 832.63	1 207.00	2 088.11
三	441 797.00	21 674.64	21 127.00	19 436.84	1 109.50	1 919.44
四	405 534.00	35 537.94	35 060.00	32 605.80	1 733.50	2 513.58
五	538 148.00	46 695.21	33 842.75	31 473.76	1 603.00	2 212.14
六	421 683.00	39 535.32	26 825.00	23 606.00	1 480.00	2 456.80
七	237 585.22	28 683.61	17 791.50	18 681.08	1 098.75	1 483.31
八	323 307.12	34 582.65	22 748.50	23 885.93	1 502.25	2 028.04
九	376 680.19	39 985.59	27 902.75	29 297.89	1 638.50	2 211.98
十	323 684.30	36 261.87	23 975.00	25 173.75	1 224.75	1 653.41
十一	259 055.32	28 677.60	20 063.00	21 066.15	1 269.50	1 713.83
十二	415 841.26	43 288.56	31 114.25	32 669.96	2 193.00	2 960.55

附註：一、本表資料根據《湖北省公路管理局二十四年份統計年報》。

二、一月至四月車胎零件五金消耗無卷可查，故未填入。

三、每加侖汽油平均行車 14.85 公里。

四、平均每加侖汽油價 0.98 元。

消耗				修理費用			月别
黄油		黑油		車胎（元）	零件（元）	五金（元）	
數量(磅)	金額(元)	數量(磅)	金額(元)				
18 833.00	**4 362.92**	**6 036.00**	**1 341.88**	**36 051.60**	**29 861.33**	**4 897.23**	**總計**
1 263.00	303.12	223.00	57.98				一
990.50	237.72	167.00	43.42				二
878.00	210.72	414.00	107.64				三
1 093.00	240.46	685.00	178.10				四
1 604.00	320.80	501.00	130.26	6 806.32	5 373.28	378.65	五
1 774.50	354.90	382.00	91.68	8 985.41	3 677.70	362.83	六
2 506.00	601.44	488.00	97.60	3 503.64	3 388.54	928.00	七
1 901.00	456.24	649.00	129.80	3 611.95	3 600.97	869.72	八
2 491.00	597.84	720.00	144.00	4 499.28	2 902.60	332.00	九
1 028.00	246.72	354.00	70.80	5 276.10	3 150.74	690.35	十
1 043.00	250.32	483.00	96.60	1 240.30	3 783.47	526.93	十一
2 261.00	542.64	970.00	194.00	2 128.60	3 984.03	808.78	十二

肆、航　業

一、全省輪船及民船航程

單位:公里

河流	共計	大輪船航程	小輪船航程	民船航程
總計	**5 300**	**1 100**	**1 700**	**2 500**
長江				
共計	**3 200**	**1 100**	**900**	**1 200**
幹流	1 100	1 100		
支流	2 100		900	1 200
漢水				
共計	**2 100**		**800**	**1 300**
幹流	800		600	200
支流	1 300		200	1 100

附註：一、大輪船航程係按江輪上自巴東，下至九江之里程計算。

二、小輪船航程係根據内河航輪管理局之航綫圖計算，凡通大輪船處不重計小輪船航程。

三、民船航程係根據江漢工程局及内河航輪管理局關於長江與漢水在本省境内之重要支流實地調查測量之材料計算，凡通大小輪船處不重計民船航程。

四、大輪船及小輪船均包含淺水汽船在内。

五、表内所列里程概係約數。

二、内河航輪

甲、里程（公里）

子、下江綫

漢口——武穴

漢口																		
32	陽邏																	
47	15	葛店																
58	26	11	趙家磯															
73	41	26	15	團風														
81	49	34	23	8	西河埠													
84	52	37	26	11	3	唐家渡 三江口												
95	63	48	37	22	14	11	黄州											
100	68	53	42	27	19	16	5	鄂城										
114	82	67	56	41	33	30	19	14	巴河									
126	94	79	68	53	45	42	31	26	12	蘭溪								
138	106	91	80	65	57	54	43	38	24	12	黄石港							
143	111	96	85	70	62	59	48	43	29	17	5	石灰窰 袁家湖						
153	121	106	95	80	72	69	58	53	39	27	15	10	毛山					
163	131	116	105	90	82	79	68	63	49	37	35	20	10	湋源口				
175	143	128	117	102	94	91	80	75	61	49	37	32	22	12	蘄州			
195	163	148	137	122	114	111	100	95	81	69	57	52	42	32	20	田家鎮		
202	170	155	144	129	121	118	107	102	88	76	64	59	49	39	27	7	富池口	
214	182	167	156	141	133	130	119	114	100	88	76	71	61	51	39	19	12	武穴

漢口——陸指店

漢口					
19	五通口				
27	8	窰頭			
37	18	10	介埠		
39	20	12	2	過牛埠	
63	44	36	26	24	陸指店

漢口——倉子埠

漢口						
19	五通口					
27	8	窰頭				
37	18	10	介埠			
39	20	12	2	過牛埠		
57	38	30	20	18	石頭咀	
65	46	38	28	26	8	倉子埠

姑嫂樹——三汊埠

姑嫂樹						
20	黄花滂					
29	9	石頭埠				
38	16	9	馬溪河			
48	28	19	10	姜家窰	涂家店	
55	35	26	17		7	三汊埠

武穴——九江

武穴			
17	龍坪		
52	35	二套口	
58	41	6	九江

姑嫂樹——孝感

姑嫂樹							
20	黄花澇						
29	9	石頭埠					
38	18	9	馬溪河				
44	24	15	6	北京咀			
49	29	20	11	5	王母院		
53	33	24	15	9	4	毛陳渡	
62	42	33	24	18	13	9	孝感

武穴——辛潭舖

武穴					
12	富池口				
42	30	陽新			
68	56	26	滓州		
75	63	33	7	排市	
85	73	43	17	10	辛潭舖

丑、上江綫

漢口——宜昌

漢口																	
17	石渚																
30	13	金口															
47	30	17	大咀														
63	46	33	16	窰頭溝													
77	60	47	30	14	簰州												
119	102	89	72	56	42	燕子窩											
125	108	95	78	62	48	6	嘉魚										
138	121	103	91	75	61	19	13	邱家灣龍口									
144	127	114	97	81	67	25	19	6	寶塔州								
147	130	117	100	84	70	28	22	9	3	陸溪口							
160	143	130	113	97	83	41	35	22	16	13	太平口						
173	156	143	126	110	96	54	48	35	29	26	13	新堤					
261	244	231	214	198	184	142	136	123	117	114	101	88	熊家洲洪水港				
278	261	248	231	215	201	159	153	140	134	131	118	105	17	上車灣			
317	300	287	270	256	240	198	192	179	173	170	157	144	56	39	監利		
328	311	298	281	265	251	209	203	190	184	181	168	155	67	50	11	塔市驛	
365	348	335	318	302	288	246	240	227	221	218	205	192	104	87	48	37	

調弦口

422	405	392	375	359	345	303	297	284	278	275	262	249	161	144	105	94
425	408	395	378	362	348	306	300	287	281	278	265	252	164	147	108	97
434	417	404	387	371	357	315	309	296	290	287	274	261	173	156	117	106
453	436	423	406	390	376	334	328	315	309	306	293	280	192	175	136	125
467	450	437	420	404	390	348	342	329	323	320	307	294	206	189	150	139
482	465	452	435	419	405	363	357	344	338	335	322	309	221	204	165	154
488	471	458	441	425	411	369	363	350	344	341	328	315	227	210	171	160
507	490	477	460	444	430	388	382	369	363	360	347	334	246	229	190	179
519	502	489	472	456	442	400	394	381	375	372	359	346	258	241	202	191
542	526	513	496	480	466	424	418	405	399	396	383	370	282	265	226	215
566	549	536	519	503	489	447	441	428	422	419	406	393	305	288	249	238
582	565	552	535	519	505	463	457	444	438	435	422	409	321	304	265	254
596	579	566	549	533	519	477	471	458	452	449	436	423	335	318	279	268
603	586	573	556	540	526	484	478	465	459	456	443	430	342	325	286	275
613	596	583	566	550	536	494	488	475	469	463	453	440	352	335	296	285
618	601	588	571	555	541	499	493	480	476	471	458	445	357	340	301	290
631	614	601	584	568	554	512	506	493	487	484	471	458	370	353	314	303
633	616	603	586	570	556	514	508	495	489	486	473	460	372	355	316	305
656	639	626	609	593	579	537	531	518	512	509	496	483	395	378	339	328

續表

57	石首																		
60	3	三義寺																	
69	12	9	藕池																
88	31	28	19	新廠															
102	45	42	33	14	郝穴														
117	60	57	48	29	5	馬林咀													
123	66	63	54	35	21	6	㪷湖堤												
142	85	82	73	54	40	25	19	觀音寺											
154	97	94	85	66	52	37	31	12	沙市										
178	121	118	109	90	76	61	55	36	24	涴市									
201	144	141	132	113	99	84	78	59	17	23	江口								
217	160	157	148	129	115	100	94	75	63	39	16	董市							
231	174	171	162	143	129	114	108	89	77	53	30	14	洋溪						
238	181	178	169	150	136	121	115	96	84	60	37	21	7	枝江					
248	191	188	179	160	146	131	125	106	94	70	47	31	17	10	白洋鎮				
253	196	193	184	165	151	136	130	111	99	75	52	36	22	15	5	宜都			
266	209	206	197	178	164	149	143	124	112	88	65	49	35	28	18	13	紅花套		
268	211	208	199	180	1666	151	145	126	114	90	67	51	37	30	20	15	2	古老背	
291	234	231	222	203	189	174	168	149	137	113	90	74	60	53	43	38	25	23	宜昌

沙市——公安

沙市								
13	太平口							
19	6	彌陀寺						
32	19	13	戴家場					
36	23	17	4	李家口				
45	32	26	13	9	黄金口			
55	42	36	23	19	10	夾竹園		
62	49	43	30	26	17	7	黑狗壋	
70	57	51	38	34	25	15	8	公安

沙市——松滋

沙市						
13	太平口					
24	11	涴市				
34	21	10	大口			
47	34	23	13	江口		
63	50	39	29	16	董市	
32	69	58	48	35	19	松滋

公安——閘口

闸口			
5	壋子岗		
7	2	黑狗壋	
15	10	8	公安

沙市——新江口

沙市									
24	涴市								
42	18	采穴							
48	24	6	高家套						
50	26	8	2	新口					
52	28	10	4	2	新陽				
66	42	24	18	16	14	張家港			
74	50	32	26	24	22	8	沙道觀		
86	62	44	38	36	34	20	12	老咀	
101	77	59	53	51	49	35	27	15	新江口

漢口——彭家場

漢口										
16	沌口									
22	6	蕭家灣								
31	15	9	黄陵磯							
46	30	24	15	三羊頭						
75	59	53	44	29	湘口					
91	75	69	60	45	16	純良嶺				
103	87	81	72	57	28	12	沙湖			
113	97	91	82	67	38	22	10	太陽腦		
123	107	101	92	77	48	32	20	10	尤拔	
135	119	113	104	89	60	44	32	22	12	彭家場

漢口——汀泗橋

漢口									
17	石渚								
30	13	金口							
37	20	7	金水閘						
59	42	29	22	法泗洲					
89	72	59	52	30	静堡咀韓家磯				
97	80	67	60	38	8	王家莊			
105	88	75	68	46	16	8	甘塘角郭家潭		
110	93	80	73	51	21	13	5	梅子頭	
120	103	90	83	61	31	23	15	10	汀泗橋

沙湖——新溝咀

沙湖									
26	楊林尾								
34	8	楊水峯							
42	16	8	白廟						
46	20	12	4	宋興埸					
54	28	20	12	8	施家港				
62	36	28	20	16	8	郭家口			
70	44	36	28	24	16	8	北口		
78	52	44	36	32	24	16	8	姚家咀	
86	60	52	44	40	32	24	16	8	新溝咀

漢口——毛家口

漢口																		
17	石渚																	
30	13	金口																
47	30	17	大咀															
63	46	33	16	窑頭溝														
77	60	47	30	14	簰州													
84	67	54	37	21	7	清灘口												
100	83	70	53	37	23	16	坪坊											
127	110	97	80	64	50	43	27	鍋底灣										
139	122	109	92	76	62	55	39	12	黄蓬山									
151	134	121	104	88	74	67	51	24	12	小港								
162	145	132	115	99	85	78	62	35	23	11	汉河口							
174	157	144	127	111	97	90	74	47	35	23	12	簡家口						
180	163	150	133	117	103	96	80	53	41	29	18	6	峯口					
189	172	159	142	126	112	105	89	62	50	38	27	15	9	沙口				
195	178	165	148	132	118	111	95	68	56	44	33	21	15	6	瞿家灣			
211	194	181	164	148	134	127	111	84	72	60	49	37	31	22	16	柳關		
221	204	191	174	158	144	137	121	94	82	70	59	47	41	32	26	10	福田寺	
240	223	210	193	177	163	156	140	113	101	89	78	66	60	51	45	29	19	毛家口

漢口——朱家河

漢口											
17	石渚										
30	13	金口									
47	30	17	大咀								
63	46	33	16	窰頭溝							
77	60	47	30	14	簰州						
84	67	54	37	21	7	清灘口					
100	83	70	53	37	23	16	坪坊				
127	110	97	80	64	50	43	27	鍋底灣			
139	122	109	92	76	62	55	39	12	黄蓬山		
161	144	131	114	98	84	77	61	34	22	楊家咀	
193	176	163	146	130	116	109	93	66	54	32	朱河

漢口——長沙

漢口							
173	新堤						
224	51	城陵磯					
234	61	10	岳州				
322	149	98	88	蘆林			
335	162	111	101	13	湘陰		
368	195	144	134	46	33	靖港	
406	233	182	172	84	71	38	長沙

漢口——常德

漢口										
173	新堤									
224	51	城陵磯								
234	61	10	岳州							
322	149	98	88	蘆林潭						
337	164	113	103	15	臨資口					
363	190	739	129	41	26	南湖州				
385	212	161	151	63	48	22	茈湖口			
405	232	181	171	83	68	42	20	沅江		
493	320	269	259	171	156	130	108	88	漢壽	
540	367	316	306	218	203	177	155	135	47	常德

藕池——南縣

藕池					
7	老山咀				
15	8	江波渡			
22	15	7	梅田湖		
35	28	20	13	扇子拐	
45	38	30	23	10	南縣

漢口——咸寧

漢口								
17	石渚							
30	13	金口						
37	20	7	金水閘					
59	42	39	22	法泗洲				
75	58	45	38	16	廟咀			
100	83	70	63	41	25	窖咀		
105	88	75	68	46	30	5	雲頂寺	
120	103	90	83	61	45	20	15	咸寧

寅、襄河綫

漢口——沙洋

漢口										
17	舵落口									
32	15	蔡甸								
54	37	22	新溝							
77	60	45	23	漢川						
88	71	56	34	11	擊馬口					
116	99	84	62	39	28	城隍港				
130	113	98	76	53	42	14	分水咀			
142	125	110	88	65	54	26	12	脈旺咀		
154	137	122	100	77	66	38	24	12	雞鳴場	
168	151	136	114	91	80	52	38	26	14	仙桃鎮
178	161	146	124	101	90	62	48	36	24	10
188	171	156	134	111	100	72	58	46	34	20
199	182	167	145	122	111	83	69	57	45	31
219	202	187	165	142	131	103	89	77	65	51
235	218	203	181	158	147	119	105	93	81	67
242	225	210	188	165	154	126	112	100	88	74
257	240	225	203	180	169	141	127	115	103	89
270	253	238	216	193	182	154	140	128	116	102
286	269	254	232	209	198	170	156	144	132	118
297	280	265	243	220	209	181	167	155	143	129

多祥河									
10	蔴洋潭								
21	11	彭市河							
41	31	29	岳口						
57	47	36	16	黑南鎮					
64	54	43	23	7	張磯港				
79	69	58	38	22	15	澤口			
92	82	71	51	35	28	13	長陀院		
108	98	87	67	51	44	29	16	多寶灣	
119	109	98	78	62	55	40	27	11	沙洋

漢口——天門

漢口															
17	舵落口														
32	15	蔡甸													
54	37	22	新溝												
63	46	31	9	濠子口											
67	50	35	13	4	高閣廟										
74	57	42	20	11	7	辛家渡									
82	65	50	28	19	15	8	神靈口								
90	73	58	36	27	23	16	8	劉家隔							
92	75	60	38	29	25	18	10	2	府河口						
103	86	71	49	40	36	29	21	13	11	蔴湖渡					
135	118	103	81	72	68	61	53	45	43	32	吕家港				
146	129	114	92	83	79	72	64	56	54	43	11	净潭			
154	137	122	100	91	87	80	72	64	62	51	19	8	盧家口		
166	149	134	112	103	99	92	84	76	74	63	31	20	12	大蔴港	
183	166	151	129	120	116	100	101	93	91	80	48	37	29	17	天門

漢口——長江埠

漢口											
17	舵落口										
32	15	蔡甸									
54	37	22	新溝								
63	46	31	9	濠子口							
67	50	35	13	4	高閣廟						
74	57	42	20	11	7	辛家渡					
82	65	50	28	19	15	8	神靈口				
90	73	58	36	27	23	16	8	劉家隔			
92	75	60	38	29	25	18	10	2	府河口		
105	88	73	51	42	38	31	23	15	13	道人橋	
111	94	79	57	48	44	37	29	21	19	6	長江埠

乙、船隻

民國二十五年十月調查

船名	船質	總噸數（公噸）	客位	每小時速
				上水
鼎盛	鋼	177.29	360	15
益和	〃	176.54	340	16
平珍	〃	92.22	180	14
源豐	〃	411.95	400	15
萬達	〃	250.32	360	13
新漢陽	〃	237.19	360	13
武揚	〃	131.82	220	15
林襄	〃	67.79	100	15
襄平	〃	96.62	280	12
長林	〃	43.72	80	12
興茂	木	169.60	100	20
福東	〃	164.70	200	14
致遠	〃	157.46	200	19
鄂東	〃	149.28	220	13
新義泰	〃	146.69	200	15
湘鄂	〃	141.65	300	8

度（公里）	吃水深度（公尺）	價值（元）	造船		行駛航綫
下水			年	月	
22	1.88	30 000	20	7	下江綫
23	1.77	30 000	19	5	〃
21	1.22	15 000	14	8	〃
22	1.98	75 800	22	9	上江綫
20	1.98	47 000	18	9	〃
19	1.98	34 300	21	10	〃
22	1.82	41 500	23	8	〃
22	0.70	10 000	17	10	〃
18	1.22	12 000	17	5	襄河綫
18	1.10	5 500	13	11	〃
27	1.52	12 000	12	10	下江綫
21	1.83	12 000	19	9	〃
25	1.70	9 000	11	9	〃
20	1.52	12 700	10	4	〃
22	1.52	9 500	19	1	〃
15	1.80	9 000	18	7	〃

船名	船質	總噸數（公噸）	客位	每小時速
				上水
漢蘄	木	138.47	180	14
新萬安	〃	135.18	160	11
新大利	〃	116.54	200	12
漢東	〃	104.19	200	14
泰興	〃	99.14	200	15
華明	〃	98.85	180	15
瑞安	〃	97.85	200	13
漢池	〃	96.88	200	16
新保和	〃	78.01	220	14
沔陽	〃	173.54	300	12
江通	〃	172.21	300	16
泰運	〃	172.16	300	15
常豐	〃	169.34	250	15
民泰	〃	168.51	340	8
精義	〃	168.43	160	15
和豐	〃	168.16	250	15
新三江	〃	166.03	220	15

續表

度（公里）	吃水深度（公尺）	價值（元）	造船		行駛航綫
下水			年	月	
21	1.68	10 000	18	2	下江綫
18	1.82	13 500	19	10	〃
19	1.40	8 000	18	8	〃
20	1.22	8 500	20	7	〃
22	1.52	7 000	18	12	〃
22	1.22	12 000	17	7	〃
19	1.52	13 000	24	4	〃
23	1.22	7 500	18	7	〃
20	1.52	18 000	22		〃
19	1.77	8 000	15	4	上江綫
23	2.01	14 300	20	6	〃
22	1.83	10 000	11	11	〃
22	1.10	15 000	20	4	〃
15	1.52	16 000	24		〃
22	1.22	12 000	18	11	〃
22	1.22	21 000	20	6	〃
22	1.52	12 500	18	7	〃

船名	船質	總噸數（公噸）	客位	每小時速
				上水
德安	木	163.96	180	14
裕通	〃	157.46	220	12
三益	〃	145.63	200	19
新蔡甸	〃	133.76	200	11
綏遠	〃	133.20	200	16
德和	〃	127.26	200	16
利民	〃	121.88	100	20
漢福	〃	115.97	200	15
福泰	〃	111.46	200	12
保隆	〃	107.82	220	16
枝江	〃	106.97	180	18
元新	〃	105.99	200	15
鎮江	〃	99.20	160	20
璧源	〃	97.41	200	12
林友	〃	94.35	200	13
萬福	〃	93.12	100	12
新乾泰	〃	88.43	200	17

续表

度（公里）	吃水深度（公尺）	價值（元）	造船		行駛航綫
下水			年	月	
21	1.52	6 500	4	5	上江綫
19	1.52	7 100	13	5	〃
26	1.22	9 100	20	5	〃
18	1.40	10 900	17	10	〃
23	1.52	10 000	18	8	〃
23	1.52	9 500	22	5	〃
27	1.52	5 000	12	10	〃
22	1.52	7 500	19	2	〃
18	0.98	8 000	20	8	〃
23	1.52	18 000	18	8	〃
25	1.71	8 000	18	2	〃
21	1.37	7 300	19	8	〃
27	1.40	8 000	19	8	〃
19	1.52	8 000	16	5	〃
19	0.85	7 000	25	2	〃
18	1.22	6 000	15	3	〃
24	1.22	8 000	19	10	〃

船名	船質	總噸數（公噸）	客位	每小時速
				上水
甬和	木	85.61	100	12
森泰	〃	85.17	180	13
淑光	〃	84.40	200	18
利國	〃	84.29	100	13
永平	〃	78.16	80	12
新保瑞	〃	78.01	220	14
保全	〃	76.00	160	10
寰川	〃	61.45	120	15
華利	〃	59.82	100	18
江泰	〃	58.20	100	15
協茂	〃	57.86	150	11
鈞和	〃	50.62	150	14
順利	〃	49.78	150	14
林安	〃	47.89	80	14
江利	〃	47.19	150	14
永安	〃	45.60	100	15
鴻泰	〃	44.40	100	14

續表

度（公里）	吃水深度（公尺）	價值（元）	造船		行駛航綫
下水			年	月	
18	1.22	7 700	15	3	上江綫
19	1.37	8 400	17	6	〃
25	1.52	7 100	未詳		〃
20	1.22	6 600	20	3	〃
19	1.37	3 000	13	3	〃
20	1.52	17 500	12		〃
16	1.22	7 300	20	5	〃
22	1.22	12 350	22	8	〃
24	1.22	7 300	未詳		〃
22	1.07	6 000	12	5	〃
18	0.98	10 000	22	7	〃
21	0.91	10 400	21	10	〃
20	1.22	8 600	22	10	〃
20	0.85	4 500	19	6	〃
20	1.22	7 600	21	3	〃
22	1.22	5 000	18	5	〃
20	1.22	7 800	未詳		〃

船名	船質	總噸數（公噸）	客位	每小時速
				上水
明星	木	42.67	130	13
公平	〃	36.72	60	10
利川	〃	25.85	45	13
利襄	〃	157.17	180	15
新瀛江	〃	130.45	200	13
漢和	〃	122.05	180	13
天裕	〃	107.98	200	12
精華	〃	95.48	280	15
福新	〃	94.82	260	9
啓星	〃	91.61	180	13
漢强	〃	81.80	100	12
順大	〃	81.60	160	19
新裕順	〃	79.35	80	14
新錦華	〃	78.15	80	13
福綏	〃	76.53	180	3
鈞盛	〃	76.48	120	7
新漢南	〃	72.90	160	14

續表

度（公里）	吃水深度（公尺）	價值（元）	造船		行駛航綫
下水			年	月	
19	0.91	3 500	20	5	上江綫
16	1.19	4 500	20	6	〃
20	0.91	3 400	20	5	〃
22	1.52	10 000	18	7	襄河綫
19	1.52	10 000	17	10	〃
20	1.10	8 000	14	10	〃
19	1.40	11 500	21	1	〃
22	1.22	14 500	21	6	〃
16	1.52	7 500	22	5	〃
19	1.22	8 500	18		〃
18	1.52	6 000	13		〃
26	1.40	10 800	17	8	〃
21	0.80	6 000	19	7	〃
19	1.52	7 500	20	8	〃
9	1.16	8 600	22	10	〃
14	1.15	14 000	未詳		〃
20	1.40	6 000	13		〃

船名	船質	總噸數（公噸）	客位	每小時速
				上水
武林	木	70.34	140	15
愼安	〃	66.04	80	8
永利	〃	60.84	100	8
德源	〃	60.49	150	16
美壽	〃	59.82	150	10
旭東	〃	58.28	160	16
襄利	〃	56.66	150	15
裕源	〃	56.13	100	14
德昌	〃	53.53	80	8
協新	〃	50.04	80	12
聯安	〃	49.85	100	10
春陽	〃	43.28	80	12
鴻源	〃	40.51	140	10
襄濟	〃	36.38	70	15
春安	〃	35.50	50	13

附註：一、本表資料根據湖北省内河航輪管理局船隻一覽表。

二、三益、湘鄂兩輪未勘估，價值一欄係比照致遠之價，壁源比照福泰之價，林友比照武林之價，鴻源比照愼安之價填列。

續表

度（公里）	吃水深度（公尺）	價值（元）	造船		行駛航綫
下水			年	月	
22	1.10	7 000	18	10	襄河綫
15	1.22	7 000	21	2	〃
15	0.91	7 000	20	8	〃
23	0.94	9 800	17	10	〃
17	1.16	5 500	18	1	〃
23	1.22	9 000	24	1	〃
22	0.85	5 500	19	5	〃
20	1.10	5 500	20	6	〃
15	1.22	5 500	22	7	〃
19	0.91	6 000	19	11	〃
16	1.22	5 400	15	12	〃
19	1.10	6 000	18	3	〃
17	1.19	7 000	17	8	〃
22	0.78	4 500	19	3	〃
19	0.85	4 600	17	7	〃

丙、營業收支

子、收支概況

民國二十四年

月別	營業				
	共計	客運			
		小計	下江綫	上江綫	襄河綫
總計	**1 412 500.11**	**1 034 933.45**	**413 494.77**	**349 955.76**	**271 482.92**
一	131 019.76	98 463.95	41 378.65	34 450.05	22 635.25
二	78 778.56	66 665.37	28 404.15	20 469.37	17 791.85
三	121 424.73	88 558.39	37 248.61	30 111.13	21 198.65
四	100 976.87	77 207.77	30 031.40	26 239.12	20 937.25
五	87 477.10	65 862.75	24 498.05	23 740.35	17 624.35
六	90 967.22	70 506.04	25 602.90	25 126.24	19 776.90
七	106 497.02	81 592.52	29 901.22	25 669.49	26 021.81
八	120 994.49	91 235.85	34 778.36	30 440.39	26 017.10
九	135 007.03	97 304.50	40 240.91	31 882.11	25 181.48
十	145 441.32	99 807.72	41 038.07	34 621.16	24 148.49
十一	142 337.87	93 235.13	37 837.88	30 985.99	24 411.26
十二	151 578.14	104 493.46	42 534.57	36 220.36	25 738.53

收入(元)					月别
貨運				雜欵	
小計	下江綫	上江綫	襄河綫		
336 869.00	**97 314.80**	**179 528.41**	**60 025.79**	**40 697.66**	**總計**
27 679.73	9 377.24	12 831.57	5 470.92	4 876.08	一
11 985.48	3 626.83	6 122.37	2 236.28	127.71	二
25 642.32	5 626.26	15 879.99	4 136.07	7 224.02	三
20 689.87	3 908.04	13 705.15	3 076.68	3 079.23	四
19 922.13	3 463.06	13 590.62	2 868.45	1 692.22	五
17 266.14	3 984.23	9 963.33	3 318.58	3 195.04	六
22 054.94	6 679.42	10 627.11	4 748.41	2 849.56	七
26 574.67	9 102.03	13 133.41	4 339.23	3 183.97	八
32 403.89	10 068.95	16 085.16	6 249.78	5 298.64	九
41 241.20	12 928.67	22 056.14	6 257.69	4 391.70	十
45 816.55	16 077.75	21 070.21	8 668.59	3 286.19	十一
45 591.38	12 472.32	24 463.35	8 655.71	1 493.30	十二

月别	營業支		
	共計	經常支出	利息
總計	**1 188 068.27**	**1 079 264.45**	**58 797.64**
一	87 041.60	80 018.48	3 644.82
二	75 464.78	68 854.33	3 330.88
三	89 727.77	82 639.22	3 732.34
四	88 408.47	81 263.72	4 021.26
五	81 640.05	73 865.97	4 267.76
六	84 706.44	76 941.26	4 501.09
七	99 805.51	91 021.31	5 045.70
八	100 657.65	90 907.83	5 231.04
九	113 728.78	103 646.83	5 544.90
十	118 113.56	108 382.70	5 407.57
十一	119 295.10	109 317.94	5 417.76
十二	129 478.56	112 404.86	8 652.52

附註：一、本表係根據廿四年份内河航輪收支計算書編造，十種概況表中之營業收支數目係根據該局造送之報告表編列，數目略有變動，應以此表爲準。

二、全年盈餘 224 431.84 元，除祥安輪失慎賠償費 10 158.93 元，公益捐 6 000.00 元，分配各輪業主红利 125 383.87 元外，計凈盈餘 82 889.04 元。

出(元)		
新舊	盈或虧(元)	月別
50 006.18	**224 431.84**	**總計**
3 378.20	43 978.16	一
3 279.57	3 313.78	二
3 356.21	31 696.96	三
3 123.49	12 568.40	四
3 506.32	5 837.05	五
3 264.09	6 260.78	六
3 738.50	6 691.51	七
4 518.78	20 336.84	八
4 537.05	21 278.25	九
4 323.29	27 327.76	十
4 559.40	23 042.77	十一
8 421.18	22 099.58	十二

丑、二十四年下江綫客運收入分地統計

單位:元

碼頭	共計	一月	二月	三月	四月	五月
總計	**413 494.72**	**41 378.60**	**28 404.15**	**37 248.61**	**30 031.40**	**24 498.05**
漢口	155 350.16	16 594.80	11 516.95	14 716.70	12 554.65	10 732.35
陽邏	26 011.47	3 502.65	2 253.20	2 919.45	2 453.85	1 683.30
葛店	19 991.56	1 836.40	1 445.40	1 602.70	1 583.15	1 159.60
趙家磯	12 254.65	1 203.15	927.20	1 104.30	878.05	608.05
團風	50 805.53	6 125.20	4 560.70	5 940.30	4 559.35	3 205.75
西河埠　三江口	3 040.41	280.05	242.20	284.35	271.00	168.10
黄州	13 502.12	1 494.55	908.10	1 298.31	1 012.95	911.20
鄂城	22 205.90	2 390.50	1 497.40	2 179.15	1 719.65	1 476.95
巴河	6 698.04	810.90	414.50	770.75	469.70	335.65
蘭溪	10 900.20	1 643.50	878.40	1 409.85	835.70	663.35
黄石港	11 568.27	1 329.70	925.25	1 198.25	864.40	787.70
石灰窰　袁家湖	16 669.67	1 775.80	1 429.05	1 647.55	1 314.20	1 198.25
毛山	368.29	10.50		0.35		14.45
漳源口	3 096.55	294.05	289.75	249.25	204.65	228.95
蘄州	7 824.25	846.35	495.50	862.15	596.10	562.70

六月	七月	八月	九月	十月	十一月	十二月
25 602.90	**29 901.22**	**34 778.36**	**40 240.91**	**41 038.07**	**37 837.88**	**42 534.57**
9 897.65	1 458.85	10 441.56	12 895.94	13 958.00	13 789.02	16 793.69
1 584.60	1 698.96	1 837.84	2 140.62	1 934.98	2 030.61	1 971.41
1 351.70	1 245.98	1 866.10	2 072.12	1 977.31	1 871.15	1 979.95
709.30	639.37	1 201.87	1 215.15	1 336.62	1 126.45	1 305.14
3 309.10	3 095.55	3 507.91	4 114.34	4 074.64	4 013.49	4 299.20
185.20	151.65	269.04	278.65	347.61	247.75	314.81
952.55	902.69	1 111.26	1 210.35	1 243.69	1 149.20	1 307.27
1 417.75	1 397.83	1 894.16	1 986.42	2 128.73	2 017.16	2 100.20
433.25	444.95	538.06	557.32	706.70	560.59	655.67
663.80	571.52	748.15	786.93	928.05	848.16	922.79
882.45	718.35	822.19	972.36	1 048.10	930.25	1 089.27
120.30	1 320.15	1 222.45	1 496.79	1 345.69	1 251.24	1 467.20
41.75	36.55	48.15	52.45	57.63	57.40	49.06
227.10	202.15	224.90	345.90	283.45	295.30	251.10
578.45	564.65	609.92	621.80	728.73	580.79	777.11

碼頭	共計	一月	二月	三月	四月	五月
田家鎮	1 325.26	169.05	84.15	152.40	113.80	138.10
富池口	304.76					
武穴	12 684.81	1 071.45	536.40	912.80	600.20	623.60
姑嫂樹	18 552.40					
黄花滂	712.82					
石頭埠	426.41					
馬溪河	1 103.09					
涂家店	1 066.89					
三汊埠	7 150.96					
北京嘴	599.46					
	867.73					
孝感	5 045.26					
陽新	2 206.65					
滓洲	163.70					
排市	192.30					
辛潭舖	805.15					

续表

六月	七月	八月	九月	十月	十一月	十二月
90.50	85.43	78.08	81.52	125.69	86.57	119.97
	4.75	53.95	61.70	67.27	54.75	62.34
678.10	721.50	1 189.63	1 587.84	1 698.64	1 228.70	1 835.95
706.60	2 562.78	2 828.65	3 112.65	3 215.38	2 929.28	3 197.06
29.65	85.70	100.74	108.70	197.35	160.68	30.00
7.15	46.80	64.66	71.25	133.61	76.19	26.75
73.40	203.17	182.85	182.65	213.76	161.45	85.81
82.30	144.95	205.90	210.25	264.56	94.03	64.90
499.25	1 100.09	1 598.43	1 778.43	974.00	920.92	279.84
	40.95	128.65	128.85	116.41	91.50	93.10
	53.30	236.90	241.75	125.42	110.83	99.53
	312.30	1 075.31	1 226.53	1 061.45	605.27	764.40
	73.00	424.85	425.45	504.00	381.10	398.25
	0.10	32.35	35.25	38.45	24.40	33.15
	1.80	34.30	35.30	40.80	45.55	34.55
	15.40	199.55	205.05	161.35	98.10	125.10

寅、二十四年下江綫貨運收入分地統計

單位:元

碼頭	共計	一月	二月	三月	四月	五月
總計	**97 314.80**	**9 377.24**	**3 626.83**	**5 626.26**	**3 908.04**	**3 463.06**
漢口	33 931.36	4 782.86	1 813.13	2 881.55	1 899.36	1 901.32
陽邏	683.32	133.44	34.08	52.61	42.41	43.79
葛店	609.07	94.51	13.39	23.39	16.05	13.09
趙家磯	298.99	34.20	6.89	10.81	8.79	9.41
團風	9 113.16	1 555.51	755.17	885.38	861.00	319.42
西河埠　三江口	110.64	54.30	2.10	23.70	1.35	1.60
黄州	190.55	44.73	2.70	11.60	3.55	6.59
鄂城	6 832.78	606.40	329.20	500.02	351.40	250.81
巴河	658.61	139.25	32.28	96.43	66.85	48.76
蘭溪	2 736.51	701.70	79.19	454.34	135.82	69.41
黄石港	4 707.71	362.35	210.55	218.81	139.04	114.73
石灰窑　袁家湖	1 903.25	133.73	64.25	79.71	82.35	55.94
毛山	165.84					1.10
漳源口	14 745.86	21.87	2.63	4.99	5.05	4.70

六月	七月	八月	九月	十月	十一月	十二月
3 984.23	**6 679.42**	**9 102.03**	**10 068.95**	**12 928.67**	**16 077.75**	**12 472.32**
1 764.77	1 970.07	2 508.78	3 389.57	3 880.17	3 757.92	3 381.86
35.16	23.45	38.00	41.20	66.17	106.10	66.91
15.35	10.90	67.91	71.36	80.53	137.36	65.23
7.06	8.81	26.56	28.42	37.68	88.76	31.60
304.97	384.71	534.77	526.31	810.66	1 284.16	891.10
4.84		3.30	5.30	4.85	5.10	4.20
2.54	4.69	11.27	12.36	39.18	22.88	28.46
280.75	744.90	583.86	563.23	786.18	1 137.70	698.33
51.73	51.65	27.20	28.73	36.57	46.48	32.68
59.85	56.07	169.12	175.24	236.92	307.59	291.26
311.37	655.62	417.76	425.27	543.44	797.41	511.36
80.92	213.25	171.96	179.27	227.38	406.58	207.91
40.39	99.85	3.55	5.50	4.30	6.25	4.90
130.68	1 307.66	2 132.23	2 036.33	2 814.64	3 511.81	2 773.27

碼頭	共計	一月	二月	三月	四月	五月
蘄州	5 692.08	169.83	39.93	92.78	82.74	244.19
田家鎮	44.84	20.17	1.45	8.19	0.50	2.12
富池口	2.10					
武穴	11 183.90	522.39	239.89	281.95	211.78	376.08
姑嫂樹	1 061.82					
黄花滂						
石頭埠						
馬溪河						
涂家店	0.40					
三汊埠	1 155.41					
北京嘴						
孝感	398.20					
陽新	842.63					
滗洲	96.07					
排市	70.74					
辛潭舖	78.96					

续表

六月	七月	八月	九月	十月	十一月	十二月
683.53	511.18	665.71	672.40	856.50	924.49	748.80
4.65	2.71	0.15	0.85	0.30	2.65	1.10
		0.25	0.55	0.55	0.75	
129.47	310.86	937.90	1 030.10	1 865.70	2 946.15	2 331.63
27.95	60.40	104.40	112.30	243.65	323.36	189.76
0.40						
47.85	154.30	311.10	328.36	188.40	95.40	30.00
	12.70	76.60	84.40	73.30	58.40	92.80
	92.45	251.28	258.37	98.68	83.24	58.61
		34.00	38.68	9.09	2.73	11.57
	2.49	7.56	36.28	3.65	12.51	8.25
	0.70	16.81	18.57	20.18	11.97	10.73

卯、二十四年上江綫客運收入分地統計(元)

碼頭	共計	一月	二月	三月	四月	五月
總計	**349 955.76**	**34 450.05**	**20 469.37**	**30 111.13**	**26 239.12**	**23 740.35**
漢口	103 809.73	10 926.00	6 287.25	9 507.20	8 269.15	7 340.80
金口	9 612.35	1 052.25	807.10	920.90	971.65	697.75
大嘴	1 430.45	140.65	99.35	141.50	128.30	120.40
窰頭溝	1 169.74	120.85	88.65	105.70	104.50	95.50
簰州	8 334.95	967.50	635.85	859.90	776.80	727.45
蕭家洲						
嘉魚	8 010.75	796.75	477.80	711.60	531.20	487.85
龍口	1 457.09	153.50	80.90	133.95	93.95	79.90
寶塔州	777.30	79.75	47.45	81.70	56.20	52.90
陸溪口	2 668.43	295.70	141.65	230.10	184.65	175.05
太平口	4.95			1.20	0.15	
新堤	13 719.63	1 630.25	924.55	1 234.75	923.05	981.65
洪水港	98.65	4.20	2.85	3.60	5.80	7.20
上車灣	80.50	7.80	2.45	7.55	6.00	6.30
監利	2 236.26	134.00	65.15	124.45	78.20	119.75
塔市驛	203.33	0.95	2.60	1.05	1.65	30.95

六月	七月	八月	九月	十月	十一月	十二月
25 126.24	**25 669.49**	**30 440.39**	**31 882.11**	**34 621.16**	**30 985.99**	**36 220.36**
7 474.69	7 826.81	8 333.15	8 959.63	9 398.26	8 641.05	10 845.74
570.45	595.60	750.77	786.83	799.98	744.05	915.02
100.70	84.00	114.43	119.25	124.67	105.95	151.25
73.50	106.04	84.80	95.30	94.55	92.55	107.80
673.55	607.56	573.97	629.35	623.62	572.00	687.40
443.90	537.41	722.16	827.46	799.64	738.49	936.49
81.70	99.50	131.63	135.38	156.50	128.25	181.93
54.80	50.25	61.10	67.80	75.85	62.35	87.15
152.90	224.10	239.13	250.36	261.92	230.50	282.37
	3.60					
809.80	1 015.41	1 038.78	1 384.50	1 088.91	989.68	1 698.30
15.00	11.70	8.40	9.70	9.60	9.50	11.10
4.00	8.00	6.55	7.25	8.00	7.10	9.50
146.80	201.70	237.66	255.75	275.03	244.24	353.53
8.00	8.60	26.60	28.48	31.30	28.15	35.00

碼頭	共計	一月	二月	三月	四月	五月
調絃口	1 424.52	182.75	81.10	147.85	96.25	102.90
石首	12.70	3.30	0.65	3.20	0.20	3.10
藕池口	16 292.95	1 589.75	835.65	1 434.00	1 030.50	1 027.75
清灘口	887.79	51.45	48.80	49.40	94.00	75.80
坪坊	789.94	74.20	49.65	62.95	57.45	57.80
鍋底灣	330.15	22.70	8.75	22.90	10.20	15.30
黄篷山	262.70	37.55	26.00	33.10	29.50	17.15
小港	31.39	9.55	0.65	9.95		
汉河口	281.00	42.20	30.35	40.80	38.90	28.35
簡家口	49.15	3.10	3.90	2.95	9.00	3.20
峯口	4 846.69	635.70	239.15	478.25	342.45	347.30
瞿家灣	194.18	34.90	23.25	27.30	25.55	18.35
柳關	381.57	56.35	35.37	58.05	36.60	65.00
福田寺	118.30	17.60	10.50	14.25	15.85	11.05
毛家口	1 161.45	284.55	118.10	206.75	166.10	143.60
楊家嘴	93.65	19.55	12.60	15.60	10.30	8.40
朱河	1 592.21	72.80	62.25	64.60		

续表

六月	七月	八月	九月	十月	十一月	十二月
98.20	132.42	128.45	31.35	140.00	126.45	156.80
	2.25					
1 027.75	1 451.38	1 438.15	1 823.13	1 608.87	1 486.30	1 539.72
51.60	67.20	80.00	83.15	89.05	96.95	100.29
62.40	49.25	73.75	78.25	77.15	58.46	88.63
17.75	20.55	38.60	42.70	44.70	33.10	52.90
20.25	8.30	16.10	17.80	19.15	14.05	23.75
5.40	3.90	0.15	0.30	0.30	0.60	0.55
25.90	15.45	10.40	11.20	12.30	11.10	14.05
8.85	1.40	2.95	3.10	3.95	1.85	4.90
384.25	296.35	365.30	481.70	423.15	350.54	502.55
19.65	3.10	8.75	9.85	10.05	10.88	2.55
42.10	13.10	12.70	13.30	15.90	15.10	18.00
19.70	6.05	3.90	4.15	4.55	4.80	5.90
87.35	32.90	21.40	22.80	25.95	20.25	31.70
	12.60	2.40	2.80	3.25	2.00	4.15
	154.15	209.73	223.65	268.75	174.83	361.45

碼頭	共計	一月	二月	三月	四月	五月
沌口	1 696.79	87.90	45.10	75.90	81.55	75.35
蕭家灣	558.23	42.90	29.35	33.45	57.70	45.80
黄陵磯	13 684.64	737.75	548.70	716.55	893.00	708.15
三羊頭	1 137.83	80.60	76.30	87.20	135.50	108.25
湘口	311.40	54.10	30.65	49.55	43.15	35.15
純良嶺	2 420.16	220.90	126.70	204.20	184.00	148.55
沙湖	3 824.48	425.10	238.85	375.70	349.95	318.30
彭家場	6 302.45	252.35	119.20	204.60	190.85	96.25
新廠	0.60					0.60
郝穴	8 494.00	783.05	499.00	708.75	663.05	586.95
馬林嘴	2.60			2.60		
斗湖堤	5 712.77	545.90	314.85	494.15	451.05	420.00
觀音寺						
沙市	45 595.00	4 386.60	2 920.60	4 044.28	3 729.92	3 515.45
太平口	0.10					
涴市	6 722.90	742.80	493.55	630.30	575.75	577.80
大口						

续表

六月	七月	八月	九月	十月	十一月	十二月
97.80	92.56	101.56	98.75	114.82	102.70	122.80
60.85	29.65	42.60	48.60	47.03	36.85	83.45
882.30	1 034.22	1 440.58	1 928.90	1 465.71	1 398.43	1 930.35
119.00	65.10	87.25	92.75	95.28	84.00	96.60
39.00	20.40	6.55	7.85	7.50	8.30	9.20
162.20	124.66	288.99	253.76	256.92	225.21	273.47
248.90	216.10	245.55	272.35	338.70	303.75	491.23
455.90	510.25	785.05	896.15	804.50	773.60	1 213.75
601.90	610.30	755.85	818.45	950.85	794.90	720.95
332.75	333.40	506.75	521.20	650.06	530.78	611.88
3 715.90	3 522.75	4 035.40	1 885.75	4 863.06	4 234.19	4 741.10
0.10						
487.45	434.05	512.75	572.75	630.84	533.90	530.96

碼頭	共計	一月	二月	三月	四月	五月
江口	8 586.45	843.75	474.40	756.80	660.00	579.60
董市	7 178.40	739.60	396.35	657.00	571.55	470.30
松滋	434.00	81.20	34.50	86.50	25.20	52.70
洋溪	3 318.62	413.50	225.75	301.85	281.75	208.50
枝江	5 731.12	895.15	374.85	645.60	495.65	396.65
宜都	13 434.17	1 324.90	828.75	1 160.10	1 038.70	966.25
紅花套	984.52	111.55	52.50	99.45	60.05	45.40
古老背	2 749.80	204.45	154.90	186.10	183.95	150.80
宜昌	19 354.18	2 017.85	1 234.20	1 853.45	1 472.00	1 383.95
彌陀市	1 146.76					
戴家灣①	392.80					
李家口	440.53					
黄金口	1 031.90					0.20
夾竹園	376.58					
鬧口	406.70					0.30
渣子崗	4.55					
黑狗壋	677.87					

① 即戴家場。

续表

六月	七月	八月	九月	十月	十一月	十二月
649.35	570.65	781.85	793.45	851.40	732.38	892.82
490.05	422.35	606.05	707.65	737.30	620.70	759.50
27.80					54.85	71.25
214.60	190.45	277.25	298.55	320.75	261.86	323.81
389.90	267.20	429.65	468.95	481.30	456.30	429.92
953.40	895.87	1 149.70	1 476.45	1 232.55	1 212.00	1 195.50
60.90	53.85	88.30	92.30	117.07	95.00	108.15
149.15	208.10	272.35	297.50	346.90	296.90	298.70
1 459.70	1 188.25	1 542.65	1 998.48	1 684.62	1 537.33	1 981.70
146.25	162.80	199.95	214.25	241.05	182.46	
49.30	51.45	66.10	72.25	86.00	67.70	
62.55	61.00	72.80	81.10	81.35	81.73	
136.60	144.10	182.70	197.85	206.10	164.35	
47.20	47.50	68.10	73.35	78.73	61.70	
20.75	58.95	83.75	64.60	103.80	74.55	
0.30	0.65	0.10	1.30	2.20		
23.30	63.80	153.10	179.80	162.02	95.85	

碼頭	共計	一月	二月	三月	四月	五月
公安	2 384.85					
采穴	116.80					
高家套	118.30					
新口	228.70					
新場	147.70					
張家港	11.00					
沙道觀	1 334.95					0.60
老嘴	253.75					
新江口	607.85					
楊林尾	25.10					
楊水峯	27.30					
宋興場	26.95					
施家港	18.60					
北口	15.75					
新溝嘴	160.85					

續表

六月	七月	八月	九月	十月	十一月	十二月
341.30	325.75	420.25	453.25	451.90	392.40	
3.20	13.30	22.25	21.05	27.70	29.30	
8.65	9.15	21.70	29.15	25.45	24.20	
9.90	19.50	45.15	48.70	50.75	54.70	
10.00	24.90	24.60	29.85	27.95	30.40	
	1.75	1.65	2.15	2.15	3.30	
116.85	160.20	255.35	280.05	292.90	229.00	
15.35	18.80	50.90	59.85	55.50	53.35	
54.90	65.10	123.40	136.70	137.80	89.95	
				5.20	4.70	15.20
				6.00	3.90	17.40
				8.40	9.35	9.20
				6.35	3.20	9.05
				5.80	2.35	7.60
				64.00	32.50	64.35

辰、二十四年上江綫貨運收入分地統計(元)

碼頭	共計	一月	二月	三月	四月	五月
總計	**179 528.41**	**12 831.57**	**6 122.37**	**15 879.99**	**13 705.15**	**13 590.62**
漢口	77 876.30	5 919.54	2 768.90	7 706.67	5 281.48	5 691.03
金口	238.26	21.57	13.53	13.29	11.40	10.77
大嘴	5.75					
窰頭溝	13.49	0.35	11.79	0.45		
簰州	425.92	34.39	14.91	41.29	37.86	39.94
蕭家洲						
嘉魚	2 485.74	76.08	68.99	73.97	108.05	63.67
龍口	101.53	23.47	12.26	27.03	19.17	9.70
寶塔洲	45.44	7.17	7.32	4.13	10.99	3.98
陸溪口	3 347.85	31.97	22.23	38.04	52.03	28.61
太平口	8.96			8.78		
新堤	4 301.91	343.28	136.04	439.83	483.60	486.29
洪水港						
上車灣	1.11					
監利	498.08	5.18	1.12	4.41	6.60	6.60
塔市驛	65.42					

六月	七月	八月	九月	十月	十一月	十二月
9 963.33	**10 627.11**	**13 133.41**	**16 085.16**	**22 056.14**	**21 070.21**	**24 463.35**
4 857.46	4 628.80	5 907.47	7 353.42	9 874.68	8 401.14	9 485.71
2.94	2.50	19.31	16.31	38.94	37.38	50.32
0.40	0.40	0.40	0.70	1.10	0.80	1.95
	0.90					
38.81	36.36	27.91	32.40	34.21	49.54	38.30
144.91	212.44	413.51	373.84	398.69	297.87	253.72
6.10	0.63	0.35	0.55	0.50	0.87	0.90
0.95	0.95	0.95	1.15	2.80	1.90	3.15
114.49	520.01	500.70	565.90	583.25	393.14	497.48
	0.18					
241.63	231.09	211.44	394.76	638.98	315.80	379.17
	0.37				0.74	
8.50	38.99	68.21	92.30	86.85	85.64	93.68
0.70	2.30	8.31	8.96	13.10	18.05	14.00

碼頭	共計	一月	二月	三月	四月	五月
調絃口	518.37	12.10	8.64	10.00	14.55	
石首						
藕池口	20 148.55	1 584.61	735.51	1 773.60	2 002.00	2 337.70
清灘口	5.62	1.10	1.77	1.10	1.65	
坪坊	9.30	2.30		2.10		
鍋底灣						
黄篷山	119.13	18.28	16.84	17.27	27.97	35.24
小港						
汊河口	371.60	72.64	24.78	72.55	91.05	81.05
簡家口						
峯口	5 041.56	436.70	223.45	559.61	577.34	739.80
瞿家灣	181.00	4.84	19.64	5.76	43.20	74.40
柳關	422.47	70.36	44.89	78.29	110.96	95.71
福田寺	231.08	32.14	36.81	39.64	74.55	46.19
毛家口	1 186.54	144.83	110.07	166.21	336.41	342.01
楊家嘴	194.36	30.22	23.26	36.46	76.84	26.38
朱河	4 604.78	28.37	11.34	25.15		

续表

六月	七月	八月	九月	十月	十一月	十二月
19.41	16.98	75.63	82.88	93.80	91.43	92.95
1 070.68	850.31	989.06	1 601.21	1 716.59	2 635.42	2 851.81
		0.70	0.90	1.20		2.10
1.32	2.21					
23.87	5.66					
470.15	240.10	226.14	398.24	410.75	332.55	426.73
12.96		1.60	2.10	2.25	12.30	1.95
22.26						
1.75						
28.86	2.70	6.75	7.85	7.45	25.25	8.15
	1.20					
	22.54	219.99	1 039.43	1 140.57	1 127.80	989.59

碼頭	共計	一月	二月	三月	四月	五月
沌口	18.53	3.10	1.28	1.05	1.06	0.90
蕭家灣	2.75		0.45	0.20		
黄陵磯	179.73	7.08	5.83	6.78	8.17	8.18
三羊頭	15.88		1.20	0.80	0.80	1.20
湘口	3.97	0.75		0.62	0.60	
純良嶺	10.40	0.65	0.45		0.65	
沙湖	629.71	40.28	14.77	35.39	36.43	50.81
彭家場	2 026.77	8.95	6.45	2.20	8.78	13.95
新廠						
郝穴	1 568.13	196.86	113.81	238.20	367.27	179.94
馬林嘴						
斗湖堤	219.73	26.01	25.23	2.64	56.39	13.43
觀音寺						
沙市	24 417.50	1 487.62	1 019.07	1 979.02	2 432.62	1 712.67
太平口						
涴市	146.47	2.10	1.00	1.40	2.68	0.45
大口						

续表

六月	七月	八月	九月	十月	十一月	十二月
0.25	9.99			0.30	0.60	
					1.40	0.70
14.74	15.73	16.53	19.36	22.00	22.75	32.58
0.80		1.60	2.18	2.20	1.60	3.50
2.00						
3.55		0.65	0.85	0.95	1.30	1.35
20.68	40.10	53.95	59.75	92.76	82.16	102.63
85.98	87.71	300.14	340.36	453.95	347.82	370.48
50.68	75.79	49.29	52.38	62.16	104.38	77.37
8.77	2.27	10.35	12.35	18.62	21.85	21.82
1 767.30	1 817.20	1 800.98	708.90	2 831.08	2 814.15	4 046.89
4.15	1.45	9.76	13.67	19.85	32.86	57.10

碼頭	共計	一月	二月	三月	四月	五月
江口	712.72	24.03	13.76	28.42	35.41	41.29
董市	2 976.55	307.84	126.42	410.63	163.77	168.48
松滋	4.23		0.55		2.18	0.70
洋溪	460.11	26.20	18.69	35.51	32.07	24.83
枝江	628.46	89.19	45.32	109.42	77.18	37.33
宜都	5 511.58	612.55	197.11	717.94	444.92	295.88
紅花套	44.53		0.86		3.03	1.79
古老背	177.84	12.53	1.24	19.66	14.18	15.52
宜昌	16 169.37	1 084.34	214.79	1 144.48	649.26	904.20
彌陀市	16.06					
戴家場	3.30					
李家口	0.90					
黄金口	20.61					
夾竹園	4.00					
鬧口	17.82					
渣子崗						
黑狗壋	23.18					

續表

六月	七月	八月	九月	十月	十一月	十二月
55.36	40.27	78.41	82.37	91.54	112.86	109.00
193.24	171.82	235.47	248.53	331.55	312.40	306.40
						0.80
23.16	18.67	44.45	48.87	50.81	71.83	65.02
34.27	22.60	33.16	39.36	38.48	59.70	42.45
180.98	194.17	363.97	382.43	627.11	618.54	875.98
4.04	0.30	3.18	4.26	5.05	12.47	9.55
20.60	10.20	12.19	13.46	13.97	26.74	17.55
403.71	1 266.37	1 379.47	2 009.34	2 123.42	2 187.04	2 802.95
1.35	1.80	0.85	1.36	1.30	9.40	
1.00	0.45	0.25	0.35	0.50	0.75	
0.60	0.30					
1.25	3.42	2.91	4.11	3.40	5.82	
1.00		0.50	0.90	1.10	0.50	
		5.60	4.59	7.63		
0.55	0.55	5.46	7.26	7.45	1.91	

碼頭	共計	一月	二月	三月	四月	五月
公安	165.55					
采穴	9.60					
高家套	3.95					
新口	7.60					
新場	4.75					
張家港						
沙道觀	52.28					
老嘴	27.23					
新江口	28.74					
楊林尾	3.25					
楊水峯						
宋興場	1.00					
施家港	0.30					
北口						
新溝嘴	762.96					

續表

六月	七月	八月	九月	十月	十一月	十二月
8.42	8.40	27.03	32.05	31.45	58.20	
		1.80	2.10	2.10	3.60	
		0.70	0.90	1.40	0.95	
	2.00	0.80	1.25	2.70	0.85	
	1.35	0.60	0.70	1.20	0.90	
4.50	8.74	7.33	7.88	10.15	13.68	
0.65	0.65	4.35	6.03	5.40	10.15	
1.60	7.19	3.25	4.36	3.10	9.24	
				1.40		1.85
				1.00		
					0.30	
				143.35	293.89	325.72

巳、二十四年襄河綫客運收入分地統計(元)

碼頭	共計	一月	二月	三月	四月	五月
總計	**271 482.92**	**22 635.25**	**17 791.85**	**21 198.65**	**20 937.25**	**17 624.35**
漢口	140 030.04	12 131.75	9 251.30	11 832.85	11 595.20	9 578.80
蔡甸	32 489.55	3 135.10	2 557.05	2 932.50	3 000.50	2 477.15
新溝	4 766.91	462.80	363.70	401.35	384.40	334.60
漢川	6 860.77	775.70	619.30	676.90	662.60	616.70
繫馬口	6 580.32	618.25	540.50	514.45	560.80	457.60
城隍港	1 117.62	132.40	67.05	121.20	82.15	112.50
分水嘴	1 734.90	124.40	131.10	133.70	128.25	124.15
脈旺嘴	4 444.10	450.60	345.80	441.40	391.05	434.65
雞鳴場	196.35	7.30	4.25	4.00	12.60	11.30
仙桃鎮	11 386.42	1 047.05	755.70	888.65	917.30	843.15
多詳河	134.15	17.50	12.65	19.00	8.50	10.30
蔴洋潭	787.89	74.40	42.95	62.00	66.80	43.90
彭市河	2 277.30	245.00	188.35	202.00	200.40	172.80
岳口	14 159.71	1 384.00	1 303.20	1 185.00	1 077.05	946.50
張磯港	2 401.56	215.95	139.60	174.70	152.40	158.70
長陀垸	1 297.55	100.15	82.45	98.30	97.75	90.10

六月	七月	八月	九月	十月	十一月	十二月
19 776.90	**26 021.81**	**26 017.10**	**25 181.48**	**24 148.49**	**24 411.26**	**25 738.53**
10 804.85	13 371.42	11 980.48	12 742.07	12 043.52	12 037.35	12 660.45
2 633.65	3 263.40	2 704.22	2 618.78	2 272.89	2 334.77	2 559.54
364.85	404.75	354.90	307.25	537.96	310.55	539.80
586.70	589.95	558.75	513.70	327.62	548.73	384.12
383.65	490.33	629.40	632.31	580.74	611.50	560.79
90.50	76.50	85.45	86.55	84.92	88.20	90.20
146.25	170.23	165.95	166.75	150.99	141.40	151.73
419.25	434.10	324.85	339.65	272.95	321.70	268.10
24.80	22.40	19.90	21.50	17.70	29.35	21.25
718.15	894.35	1 185.80	805.15	1 055.45	1 089.20	1 186.47
8.05	11.45	8.10	10.10	9.75	10.00	8.75
47.15	81.95	74.70	81.40	73.30	60.10	79.24
133.70	140.25	215.95	213.35	186.70	194.40	184.40
650.45	1 350.95	1 360.55	1 171.15	1 192.70	1 212.46	1 325.70
154.85	216.85	263.65	272.05	205.05	222.20	225.56
68.65	72.65	144.85	148.85	121.10	113.50	159.20

碼頭	共計	一月	二月	三月	四月	五月
多寶灣	1 080.95	81.20	73.35	85.45	67.30	57.20
沙洋	13 16239	792.80	649.95	677.65	571.70	491.75
濠子口	97.50	1.30	2.50	2.15	3.35	3.30
高閣廟	89.63	1.10	3.20	1.15	3.20	3.35
辛家渡	190.25	14.60	4.65	9.20	4.70	6.25
神靈口	264.83	7.15	74.50	7.25	16.70	8.05
劉家隔	1 231.08	96.20	10.70	90.70	108.80	85.25
府河口	11.50			0.50		
道人橋	2 876.68	195.25	150.15	154.05	153.70	186.75
長江埠	14 454.41	523.30	417.90	482.55	670.05	369.55
蔴湖渡	262.35					
禹家港	454.80					
净潭	456.55					
盧家口	865.35					
大蔴港	234.53					
天門	4 989.54					
隔蒲潭	95.45					

續表

六月	七月	八月	九月	十月	十一月	十二月
63.20	97.70	117.70	121.30	103.65	97.15	115.75
499.00	1 407.25	1 840.65	1 352.37	1 526.05	1 598.26	1 754.95
12.45	16.10	12.45	14.10	7.95	10.25	11.60
16.20	17.43	8.80	9.35	8.60	6.05	11.20
14.50	21.65	27.20	8.25	22.75	29.80	27.20
22.85	21.28	26.45	7.85	21.05	28.50	23.20
148.25	117.50	109.85	111.55	98.95	130.13	123.20
0.85	2.55	1.30	2.15	1.70		2.45
268.45	371.68	329.65	328.20	263.40	236.15	239.25
698.55	1 416.10	2 221.20	1 989.25	1 923.50	1 874.31	1 868.15
21.60	17.20	44.70	45.30	40.40	46.45	46.70
49.25	38.85	77.95	81.45	66.15	55.55	85.60
48.05	58.50	78.85	80.30	52.80	54.15	83.90
83.40	84.85	150.45	153.70	120.40	130.95	141.60
51.25	11.05	35.05	39.20	27.00	27.25	43.73
543.55	730.59	857.35	706.55	676.75	721.10	753.65
				54.05	40.30	1.10

午、二十四年襄河綫貨運收入分地統計(元)

碼頭	共計	一月	二月	三月	四月	五月
總計	**60 025.79**	**5 470.92**	**2 236.28**	**4 136.07**	**3 076.68**	**2 868.45**
漢口	51 856.44	4 763.62	2 002.95	3 597.84	2 755.17	2 617.38
蔡甸	312.51	40.82	14.92	28.02	19.00	13.80
新溝	46.59	5.36	0.45	3.93	0.50	2.70
漢川	61.97	3.40	2.10	4.50	2.40	3.50
繫馬口	44.32	3 30	2.47	2.30	5.70	4.20
城隍港	1.50			0.40		0.50
分水嘴	15.40	2.60	1.40	1.40	1.60	1.30
脈旺嘴	302.21	3.48	3.32	1.68	21.75	72.23
雞鳴場						
仙桃鎮	787.94	25.13	4.06	16.61	5.87	13.45
多詳河	50			0.50		
蕪洋潭	26.64					
彭市河	168.87	53.61	10.83	41.33	13.80	0.60
岳口	2 175.06	350.74	93.55	255.35	110.79	103.90
張磯港	256.70	4.40	1.80	2.20	2.40	1.63
長陀垸	1.65					

六月	七月	八月	九月	十月	十一月	十二月
3 318.58	**4 748.41**	**4 339.23**	**6 249.78**	**6 257.09**	**8 668.59**	**8 655.71**
2 854.79	4 251.33	3 797.56	5 495.41	5 740.41	7 355.93	6 624.05
16.17	22.77	21.32	29.44	22.08	45.55	38.62
1.00	2.64	3.80	5.60	6.45	7.01	7.15
2.15	6.70	7.20	9.30	2.70	14.92	3.10
3.68	6.59	2.32	3.46	1.90	5.60	2.80
		0.10	0.30	0.20		
5.80	1.30					
89.81	39.27	8.42	10.20	6.85	18.80	26.40
33.04	58.68	70.49	115.76	66.68	163.67	214.50
1.50		3.18	3.89	3.05	11.82	3.20
15.69	5.23	3.35	3.96	3.45	12.37	4.65
98.15	141.71	98.33	131.66	101.77	267.01	422.10
39.45	13.22	19.47	21.23	15.70	52.40	82.80
0.50						1.15

碼頭	共計	一月	二月	三月	四月	五月
多寶灣	40.90					
沙洋	2 754.53	201.98	91.77	176.96	126.97	33.01
濠子口						
高閣廟	0.65				0.65	
辛家渡						
神靈口	0.75					
劉家隔	35.07	2.10	0.43	1.05	0.80	0.25
府河口						
道人橋	4.66					
長江埠	570.67	10.38	6.23	2.00	9.28	
蔴湖渡	6.55					
禹家港	16.76					
净潭						
盧家口	0.40					
大蔴港						
天門	536.35					
隔蒲潭	0.20					

續表

六月	七月	八月	九月	十月	十一月	十二月
7.80	2.20	3.20	4.10	1.90	19.50	2.20
86.19	159.55	201.84	279.88	191.55	374.68	830.15
0.75						
	0.90	1.80	2.10	3.65	17.14	5.15
		0.80	1.16	0.60	1.20	0.90
8.50	12.80	41.48	57.36	35.95	159.15	227.54
		0.90	0.70	0.70	3.10	1.15
	0.30	2.40	2.90	2.10	6.31	2.75
						0.40
53.61	23.22	51.27	71.37	49.50	132.43	154.95
				0.20		

丁、乘客

民國二十四年

月別	共計	下江綫	上江綫	襄河綫
總計	**2 459 724**	**1 102 189**	**806 897**	**550 638**
一	233 824	105 720	76 967	51 137
二	163 409	74 499	45 932	42 978
三	206 583	94 579	65 859	46 145
四	188 380	78 883	62 110	47 387
五	159 037	65 020	54 964	39 053
六	170 395	68 994	59 298	42 103
七	194 679	83 400	60 371	50 908
八	209 812	91 077	73 216	45 519
九	227 982	108 683	74 646	44 653
十	241 351	114 003	81 431	45 917
十一	221 002	102 703	71 320	46 969
十二	243 270	114 628	80 773	47 869

三、輪渡

甲、航綫里程及票價

綫	碼頭	起訖	里程（公里）	票價
一	武上 漢一	↓ 武昌漢陽門上碼頭 ↑ 漢口江漢關一碼頭	3.27	200 文(折合 0.033 元)
二	武下 清佳	↓ 武昌漢陽門下碼頭 ↑ 漢口王家巷上碼頭	2.50	180 文(折合 0.03 元)

續表

綫	碼頭	起訖	里程（公里）	票價
三	武平 陽東 陽一 漢王 武曾	↓ 武昌平湖門碼頭 漢陽東門碼頭 漢陽川主宫碼頭 漢口王家巷下碼頭 武昌曾家巷碼頭 ↑	1.35 1.45 1.40 1.18	180 文(折合 0.03 元)
四	漢清 武文 武鮎	↓ 漢口王家巷上碼頭 武昌文昌門碼頭 武昌鮎魚套碼頭 ↑	4.50 1.10	300 文(折合 0.05 元)
五	漢徐 武徐	↓ 漢口王家巷下碼頭 武昌徐家棚碼頭 ↑	4.08	300 文(折合 0.05 元)

附註：各碼頭通用票每本一元計三十五張。

乙、船隻

民國二十五年十月調查

船名	船質	總噸數（公噸）	客位	每小時速度（公里）		吃水深度（公尺）	價值（元）	造值		行駛航綫
				上水	下水			年	月	
建陽	鋼	135.64	900	20.74	26.50	1.68	59 520	25	2	第一航綫
建夏	〃	133.10	900	19.58	25.34	1.83	59 520	24	8	〃
建鄂	〃	193.21	1.100	18.43	24.77	2.29	41 314	18	9	〃
建漢	〃	147.59	850	20.16	25.92	1.83	32 656	18	9	第一、二航綫
建華	〃	141.03	900	19.58	25.34	1.83	45 696	21	10	〃
普安	〃	137.15	600	16.13	23.04	1.83	25 406	15	7	第一、二、三航綫

續表

船名	船質	總噸數（公噸）	客位	每小時速度（公里）		吃水深度（公尺）	價值（元）	造值		行駛航綫
				上水	下水			年	月	
武安	鋼	111.88	600	13.82	20.74	1.68	18 336	11	12	第二、三航綫
建黄	木	61.19	400	12.67	18.43	1.52	11 398	11	12	第三、四航綫
建德	〃	65.31	300	13.82	18.43	1.52	11 031	17	9	〃
建荆	〃	66.04	300	13.82	18.43	1.52	10 151	12	10	第四航綫
建襄	〃	39.39	200	9.79	16.70	1.22	7 060	17	9	第四、五航綫
祥雲	〃	29.62	60	8.06	13.82	1.07	4 013	11	9	第五航綫

附註：本表資料根據湖北省政府建設廳航政處輪渡船隻一覽表。

丙、二十四年營業收支

月别	營業收入（元）		
	共計	輪渡	雜款
總計	**476 058.47**	**474 875.35**	**1 183.12**
一	43 770.45	42 665.76	1 104.69
二	36 642.30	36 635.30	7.00
三	41 600.86	41 600.86	
四	39 654.17	39 654.17	
五	37 241.68	37 239.68	2.00
六	38 042.08	38 042.08	
七	41 691.61	41 689.37	2.24
八	38 888.36	38 888.36	

續表

月別	營業收入(元)		
	共計	輪渡	雜款
九	42 407.98	42 400.51	7.47
十	40.993.73	40 993.72	
十一	37 404.26	37 346.04	58.22
十二	37 720.99	37 719.49	1.50

月別	營業支出(元)				盈或虧(元)
	共計	俸薪	事務費	營業費	
總計	**339 991.17**	**132 142.48**	**46 817.51**	**161 031.18**	**136 067.30**
一	26 235.47	11 644.51	2 783.28	11 807.68	17 534.98
二	27 073.01	11 118.26	3 012.25	12 942.50	9 569.29
三	27 854.48	11 876.62	3 250.70	12 727.16	13 746.38
四	26 925.91	11 915.26	3 142.02	11 868.63	12 728.26
五	29 806.93	11 930.77	3 963.92	13 912.24	7 434.75
六	27 602.32	12 100.88	3 447.42	12 054.02	10 439.76
七	31 659.57	11 414.86	4 603.96	15 640.75	10 032.04
八	27 037.45	9 456.76	3 607.16	13 973.53	11 850.91
九	30 973.42	9 929.79	4 928.73	16 114.90	11 434.56
十	30 148.69	10 327.96	4 064.68	15 756.05	10 845.04
十一	26 979.16	10 029.18	5 333.60	11 616.72	10 425.10
十二	27 694.76	10 397.63	4 680.13	12 617.00	10 026.23

附註：本表資料根據湖北省政府建設廳航政處報告表。

丁、二十四年售出票數

航綫及碼頭	共計	一月	二月	三月	四月	五月
總計	**15 451 980**	**1 393 239**	**1 201 400**	**1 359 320**	**1 295 835**	**1 216 663**
第一航綫	**7 111 569**	**645 344**	**592 603**	**679 608**	**621 632**	**591 430**
武上	3 525 325	323 417	294 682	338 519	308 487	294 026
漢一	3 586 244	321 927	297 921	341 089	313 145	297 404
第二航綫	**3 383 098**	**321 121**	**254 181**	**299 698**	**295 433**	**264 973**
武下	1 576 734	156 700	119 649	141 051	139 015	124 380
清佳	1 806 364	164 421	134 532	158 647	156 418	140 593
第三航綫	**4 051 100**	**348 680**	**301 598**	**313 550**	**311 243**	**297 712**
武平	790 618	67 404	57 430	62 223	60 202	57 319
陽東	953 175	84 747	79 437	75 977	76 323	72 430
陽一	214 883	16 097	14 845	16 367	17 950	17 243
漢王	1 569 948	136 164	113 207	120 550	119 653	114 190
武曾	522 476	44 268	36 679	38 433	37 115	36 530
第四航綫	**618 966**	**63 611**	**42 796**	**55 705**	**56 850**	**51 950**
漢清	347 915	34 742	22 758	31 796	32 589	29 287
武文	127 119	11 976	8 267	9 622	10 377	9 949

六月	七月	八月	九月	十月	十一月	十二月
1 248 265	**1 386 599**	**1281 645**	**1 389 644**	**1 342 951**	**1 167 750**	**1 168 669**
560 980	**580 322**	**567 266**	**635 303**	**606 081**	**545 849**	**485 151**
275 587	285 052	285 819	310 836	297 800	272 900	238 200
285 393	295 270	281 447	324 467	308 281	272 949	246 951
267 553	**277 350**	**274 430**	**300 028**	**293 108**	**226 373**	**308 850**
125 515	127 079	120 270	137 995	134 049	104 523	146 508
142 038	150 271	154 160	162 033	159 059	121 850	162 342
340 490	**464 728**	**369 015**	**367 586**	**357 395**	**288 047**	**291 056**
68 748	76 673	72 742	72 296	72 736	59 300	63 545
79 060	105 140	87 670	84 640	77 455	63 865	66 431
19 532	27 716	19 580	19 892	18 353	13 695	13 613
127 937	190 627	138 533	142 868	141 451	112 957	111 811
45 213	64 572	50 490	47 890	47 400	38 230	35 656
51 643	**41 610**	**52 832**	**58 418**	**57 870**	**40 860**	**44 821**
29 739	23 264	29 888	32 729	32 809	22 956	25 358
9 670	11 850	12 414	12 947	12 084	8 825	9 138

航綫及碼頭	共計	一月	二月	三月	四月	五月
武鮎	143 932	16 893	11 771	14 287	13 884	12 714
第五航綫	**120 472**	**14 483**	**10 222**	**10 759**	**10 677**	**10 598**
漢徐	56 428	6 700	4 822	5 229	5 149	4 995
武徐	64 044	7 783	5 400	5 530	5 528	5 603
通用票	166 775					

附註：一、本表資料根據湖北省政府建設廳航政處報告表。

二、本年份乘客每日平均約 42 330 人，每逢星期六及星期日或節序例假日期平均約 57 000 人，本年中最多人爲九月十三日，約 65 500 人。

續表

六月	七月	八月	九月	十月	十一月	十二月
12 234	6 496	10 530	12 742	12 977	9 079	10 325
10 974	**4 774**	**3 857**	**12 209**	**12 642**	**9 886**	**9 391**
4 798	2 367	1 654	5 525	5 907	4 693	4 589
6 176	2 407	2 203	6 684	6 735	5 193	4 802
16 625	17 815	14 245	16 100	15 855	56 735	29 400

戊、二十四年售價票銀數

單位:元

航綫及碼頭	共計	一月	二月	三月	四月	五月
總計	**474 875.35**	**42 665.76**	**36 635.36**	**41 600.86**	**39 654.17**	**37 239.68**
第一航綫	**224 141.02**	**20 167.00**	**18 518.82**	**21 237.77**	**19 426.01**	**18 582.19**
武上	111 109.31	10 106.77	9 208.78	10 578.71	9 640.22	9 188.29
漢一	113 031.71	10 060.23	9 310.04	10 659.06	9 785.79	9 293.90
第二航綫	**96 085.01**	**9 031.52**	**7 148.84**	**8 429.02**	**8 309.06**	**7 452.35**
武下	44 784.97	4 407.18	3 365.11	3 967.07	3 909.80	3 498.17
清佳	51 300.04	4 624.34	3 783.73	4 461.95	4 399.26	3 954.18
第三航綫	**114 922.32**	**9 806.62**	**8 582.47**	**8 818.59**	**8 753.75**	**8 373.14**
武平	22 445.57	1 895.70	1 615.24	1 750.02	1 693.20	1 612.07
陽東	27 029.16	2 383.51	2 234.15	2 136.86	2 146.58	2 037.10
陽一	6 090.45	452.74	417.52	460.32	504.83	484.96
漢王	44 536.30	3 829.62	8 183.96	3 390.48	3 365.27	3 211.60
武曾	14 820.84	1 245.05	1 031.60	1 080.91	1 043.87	1 027.41
第四航綫	**29 259.22**	**2 981.76**	**2 006.00**	**2 611.15**	**2 664.85**	**2 435.16**
漢清	16 447.34	1 628.57	1 066.77	1 490.45	1 527.62	1 372.82

六月	七月	八月	九月	十月	十一月	十二月
38 042.08	**41 689.37**	**38 888.36**	**42 400.51**	**40 993.73**	**37 346.04**	**37 719.49**
17 530.63	**18 135.11**	**17 727.13**	**19 853.34**	**18 940.15**	**17 951.16**	**16 171.71**
8 612.08	8 907.89	8 931.87	9 713.70	9 306.34	9 974.67	7 939.99
8 918.55	9 227.22	8 795.26	10 139.64	9 633.81	8 976.49	8 231.72
7 524.92	**7 800.48**	**7 718.32**	**8 438.20**	**8 243.69**	**6 713.01**	**9 265.50**
3 530.10	3 574.10	3 382.59	3 881.14	3 700.16	3 104.31	4 395.24
3 994.82	4 226.38	4 335.73	4 557.16	4 473.53	3 618.70	4 870.26
9 576.37	**13 070.57**	**10 378.60**	**10 338.27**	**10 051.69**	**8 540.57**	**8 731.68**
1 933.54	2 156.43	2 045.88	2 033.30	2 045.71	1 758 13	1 906.35
2 223.58	2 957.08	2 465.74	2 380.49	2 178.40	1 892.74	1 992.93
549.37	779.53	550.69	559.43	516.16	406.51	408.39
3 598.23	5 361.40	3 896.25	4 013.15	3 978.27	3 348.74	3 354.33
1 271.65	1 816.13	1 420.04	1 346.90	1 333.15	1 134.45	1 069.68
2 420.74	**1 950.44**	**2 476.52**	**2 738.28**	**2 712.60**	**2 020.67**	**2 241.05**
1 394.02	1 090.52	1 400.99	1 534.18	1 537.90	1 135.60	1 267.90

航綫及碼頭	共計	一月	二月	三月	四月	五月
武文	6 009.73	561.36	387.48	450.99	486.42	466.36
武鲇	6 802.15	791.83	551.75	669.71	650.81	595.98
第五航綫	**5 702.78**	**678.86**	**579.17**	**504.83**	**500.50**	**496.84**
漢徐	2 671.81	314.05	226.05	245.09	241.37	234.17
武徐	3 030.97	364.81	253.12	259.24	259.13	292.67
通用票	4 765.00					

附註：本表資料根據湖北省政府建設廳航政處報告表。

續表

六月	七月	八月	九月	十月	十一月	十二月
453.27	555.43	581.94	606.85	566.40	436.33	456.90
573.45	304.49	493.59	597.25	608.30	448.74	516.25
514.42	**223.77**	**180.79**	**572.32**	**592.60**	**489.63**	**496.55**
224.91	110.95	77.53	258.97	276.89	232.38	229.45
289.51	112.82	103.26	313.35	315.71	257.25	240.10
475.00	509.00	407.00	460.00	453.00	1 621.00	840.00

四、輪駁

甲、船隻

船名	船質	噸數（公噸）	每小時速度(公里)	
			上水	下水
漢平輪	鋼	900	16.13	20.16
漢興輪	〃	1 000	20.16	25.92
楚富輪	〃	900	14.40	20.16
楚强輪	〃	900	14.40	20.16
萍福輪	〃	800	16.13	23.04
萍富輪	〃	700	16.13	23.04
漢利輪	〃	400	17.28	25.92
樂平輪	〃	100	8.64	13.82
萍亨輪	〃	200	10.37	14.40
亨利輪	〃	150	17.28	25.92
運利輪	木	360	17.28	25.92
祥臨輪	〃	200	12.67	17.28
振源輪	〃	120	16.13	20.16
二號駁	鋼	360		

吃水深度（公尺）	價值（元）	每日租金（元）	租用機關
3.53	130 500	226	軍政部差輪管理所
2.90	47 000	90	〃
2.90	21 700	75	〃
2.90	21 700	75	〃
2.29	33 333	75	〃
1.91	13 900	75	〃
2.29	26 640	40	
1.37	13 900	15	漢宜路局
1.07	10 000	20	〃
1.83	10 000	15	
1.83	10 000	40	象鼻山鐵鑛管理處,航政處
1.83	10 000	20	漢宜路局,航政處
1.83	12 900	15	
1.83	10 000	41	軍政部差輪管理所

船名	船質	噸數（公噸）	每小時速度(公里)	
			上水	下水
三號駁	鋼	360		
四號駁	〃	360		
八號駁	〃	360		
九號駁	〃	360		
十號駁	〃	360		
十三號駁	〃	360		
十六號駁	〃	360		
十七號駁	〃	360		
十八號駁	〃	360		
十九號駁	〃	360		
二十號駁	〃	360		
二一號駁	〃	360		
二二號駁	〃	360		
二四號駁	〃	360		
六一號駁	〃	600		
六二號駁	〃	600		

續表

吃水深度（公尺）	價值（元）	每日租金（元）	租用機關
1.83	10 000	41	軍政部差輪管理所，象鼻山鐵鑛管理處
1.96	10 000	41	軍政部差輪管理所
1.96	10 750	41	〃
1.96	10 750	41	軍政部差輪管理所，航政處
1.96	10 750	41	軍政部差輪管理所
1.96	10 750	41	〃
1.96	11 944	41	〃
1.96	11 944	41	〃
1.96	11 944	41	〃
1.96	11 944	41	〃
1.96	11 944	41	〃
1.96	11 944	41	〃
1.96	11 944	41	〃
1.96	13.138	41	〃
2.44	21 400	81	〃
2.44	21 400	81	〃

船名	船質	噸數（公噸）	每小時速度(公里)	
			上水	下水
六三號駁	鋼	600		
六六號駁	〃	360		
六七號駁	〃	240		
一號駁	木	100		
二號駁	〃	100		
三號駁	〃	100		
四號駁	〃	100		
五號駁	〃	100		
六號駁	〃	100		
七號駁	〃	100		
八號駁	〃	100		

附註：一、本表材料根據湖北省政府建設廳管理漢冶萍輪駁事務所報告表。

二、本表内所列各輪概係拖輪，其噸數則係拖力，此外鋼駁木駁之噸數則係載重噸數。

續表

吃水深度（公尺）	價值（元）	每日租金（元）	租用機關
2.44	21 400	81	軍政部差輪管理所
2.34	9 550	41	
2.18	9 550	30	航政處
	2 000	8	〃
	2 000	8	〃
	2 000	8	〃
	2 000	8	〃
	2 000	8	〃
	2 000	8	〃
	2 000	8	
	2 000	8	

乙、營業收支

民國二十四年

月别	收入(元)				
	共計	輪駁租金	躉船租金	運費	雜項收入
總計	**234 517.61**	**217 728.22**	**330.00**	**12 549.09**	**3 910.30**
一	26 455.31	26 262.00			193.31
二	30 115.10	29 922.40			192.70
三	23 652.92	23 262.22			390.70
四	21 487.27	16 630.00		4 500.00	357.27
五	20 196.12	17 440.40		2 492.90	262.82
六	25 602.58	20 435.20		4 516.19	651.19
七	14 165.49	13 041.60	30.00	800.00	292.89
八	8 993.49	8 669.60	30.00		293.89
九	11 209.49	10 885.60	30.00		293.89
十	8 250.89	7 712.00	80.00	120.00	293.89
十一	17 745.89	17 252.00	80.00	120.00	293.89
十二	26 688.06	26 215.20	30.00		392.86

月別	支出(元)						盈或虧(元)
	共計	俸給費	辦公費	購置費	營造費	特別費	
總計	**106 148.89**	**77 994.55**	**3 310.91**	**5 733.32**	**17 862.17**	**1 247.94**	**128 368.72**
一	9 268.47	7 038.96	195.06	413.87	1 566.56	54.02	17 186.84
二	9 408.98	7 543.30	197.56	408.62	1 198.90	60.60	20 706.12
三	9 619.67	7 764.17	220.18	403.95	1 198.33	33.04	14 033.25
四	9 762.19	6 676.44	244.50	424.76	2 392.07	24.42	11 725.08
五	10 653.77	7 061.05	267.79	576.71	2 655.12	93.10	9 542.35
六	9 949.21	7 520.23	255.13	593.11	1 487.02	93.72	15 653.37
七	11 288.03	7 311.64	535.76	638.73	2 592.88	209.02	2 877.46
八	7 826.11	5 908.22	284.09	532.07	936.81	164.92	1 167.38
九	7 832.21	6 075.44	227.66	548.43	814.94	165.74	3 377.28
十	7 466.91	5 566.29	357.35	411.47	988.09	143.71	738.98
十一	6 729.92	4 988.94	273.54	360.38	1 013.74	93.32	11 015.97
十二	6 343.42	4 539.87	252.29	421.22	1 017.71	112.33	20 344.64

附註：本表材料根據湖北省政府建設廳管理漢冶萍輪駁事務所民國二十四年份各月收支計算書。

五、各埠輪船客票價目

甲、國營招商局

子、特等艙（元）

滬漢綫

江順　江安　江華　江新

上海至													
通州	12	通州											
江陰	16	9	江陰										
鎮江	20	16	14	鎮江									
南京	25	20	18	12	南京								
蕪湖	33	28	26	18	12	蕪湖							
大通	40	33	30	24	20	12	大通						
安慶	40	40	40	33	28	20	11	安慶					
九江	55	45	44	40	40	33	22	16	九江				
武穴	55	55	46	40	40	33	24	20	9	武穴			
黄石港	61	61	55	46	44	40	33	31	14	12	黄石港		
黄州	66	61	55	50	44	40	33	31	16	14	9	黄州	
漢口	66	66	61	55	50	44	38	33	18	16	12	9	漢口

上海至

建國

通州	9	通州										
江陰	12	7	江陰									
鎮江	16	12	11	鎮江								
南京	20	16	14	9	南京							
蕪湖	26	22	20	14	9	蕪湖						
大通	32	26	24	19	16	9	大通					
安慶	35	32	32	26	22	16	8	安慶				
九江	44	36	35	32	32	26	17	12	九江			
武穴	44	44	36	32	32	26	19	16	7	武穴		
黄石港	48	48	44	36	35	32	26	24	11	9	黄石港	
黄州	52	48	44	40	35	32	25	24	12	11	7	黄州
漢口	25	25	48	44	40	35	30	26	14	12	9	7	漢口

上海至　　　　江大　江靖

通州	8	通州											
江陰	10	6	江陰										
鎮江	13	10	8	鎮江									
南京	17	13	10	8	南京								
蕪湖	22	19	14	10	8	蕪湖							
大通	26	22	21	15	12	9	大通						
安慶	29	25	23	20	17	13	7	安慶					
九江	33	30	28	24	22	20	15	10	九江				
武穴	35	32	30	25	24	21	18	12	6	武穴			
黄石港	40	35	33	28	26	23	20	15	8	6	黄石港		
黄州	40	40	34	30	29	25	22	18	10	8	6	黄州	
漢口	40	40	35	33	31	28	22	20	12	10	8	6	漢口

上列票價以八折計

漢宜綫

漢口至 快利

新堤	定價	16	新堤				
	八折	13					
岳州	定價	20	7	岳州			
	八折	16	6				
監利	定價	32	18	12	監利		
	八折	25	14	10			
沙市	定價	45	32	24	14	沙市	
	八折	36	26	19	11		
宜昌	定價	50	40	32	26	15	宜昌
	八折	40	32	26	21	12	

來回票加倍計算

滬漢綫各輪特等艙票價八折實價(元)

上海至 江順 江安 江華 江新

通州	9	通州											
江陰	12	7	江陰										
鎮江	16	12	11	鎮江									
南京	20	16	14	9	南京								

續表

蕪湖	26	22	20	14	9	蕪湖						
大通	32	26	24	19	16	9	大通					
安慶	35	32	32	26	22	16	8	安慶				
九江	44	36	35	32	32	26	17	12	九江			
武穴	44	44	36	32	32	26	19	16	7	武穴		
黄石港	48	48	44	36	35	32	26	24	11	9	黄石港	
黄州	52	48	44	40	35	32	26	24	12	11	7	黄州
漢口	52	52	48	44	40	35	30	26	14	12	9	7	漢口

上海至　　建國

通州	7	通州										
江陰	10	6	江陰									
鎮江	13	10	9	鎮江								
南京	16	13	11	7	南京							
蕪湖	21	18	16	11	7	蕪湖						
大通	26	21	19	15	13	7	大通					
安慶	28	26	26	21	18	13	6	安慶				
九江	35	29	28	26	26	21	14	10	九江			
武穴	35	35	29	26	26	21	15	13	6	武穴			

续表

黄石港	38	38	35	29	28	26	21	19	9	7	黄石港		
黄州	42	38	35	32	28	26	21	19	10	9	6	黄州	
漢口	42	42	38	35	32	28	24	21	11	10	7	6	漢口

滬漢綫

上海至　　江大　江靖

通州	6	通州										
江陰	8	4	江陰									
鎮江	10	8	6	鎮江								
南京	13	10	8	6	南京							
蕪湖	17	15	11	8	6	蕪湖						
大通	20	17	16	12	9	7	大通					
安慶	23	20	18	16	13	10	5	安慶				
九江	26	24	22	19	17	16	12	8	九江			
武穴	28	25	24	20	19	16	14	9	4	武穴		
黄石港	30	28	26	22	20	18	16	12	6	4	黄石港	
黄州	32	32	27	24	23	20	17	14	8	6	4	黄州	
漢口	32	32	28	26	24	22	17	16	9	8	6	4	漢口

僕票價目（元）

滬漢綫

上海至

通州	2.00	通州										
江陰	2.00	2.00	江陰									
鎮江	2.00	2.00	2.00	鎮江								
南京	3.00	3.00	2.00	2.00	南京							
蕪湖	3.00	3.00	3.00	3.00	2.00	蕪湖						
大通	4.00	4.00	3.00	3.00	3.00	2.00	大通					
安慶	4.00	4.00	3.00	3.00	3.00	2.00	2.00	安慶				
九江	4.00	4.00	4.00	3.00	3.00	3.00	3.00	2.00	九江			
武穴	4.00	4.00	4.00	3.00	3.00	3.00	3.00	2.00	2.00	武穴		
黄石港	5.00	5.00	5.00	4.00	3.00	3.00	3.00	3.00	2.00	2.00	黄石港		
黄州	5.00	5.00	5.00	4.00	4.00	3.00	3.00	3.00	2.00	2.00	2.00	黄州	
漢口	5.00	5.00	5.00	4.00	4.00	3.00	3.00	3.00	3.00	2.00	2.00	2.00	漢口

漢宜綫

漢口至

新堤	2	新堤				
岳州	2	1	岳州			
監利	3	2	2	監利		
沙市	5	4	4	2	沙市	
宜昌	6	5	5	4	2	宜昌

丑、頭二三四等艙(元)

滬漢綫

上海　　　　　　　　　　　　　　　　　　　　　江順　江安　江華　江新

南通	四等	0.40	南通				
	三等	0.60					
	二等	1.40					
	頭等	2.80					
江陰	四等	0.50	0.30	江陰			
	三等	0.75	0.40				
	二等	1.80	1.00				
	頭等	3.00	2.00				
泰興	四等	0.50	0.40	0.30	泰興		
	三等	0.75	0.50	0.40			
	二等	1.80	1.20	1.00			
	頭等	3.20	2.40	2.00			
口岸	四等	0.60	0.50	0.40	0.30	口岸	
	三等	0.80	0.60	0.50	0.40		
	二等	2.00	1.40	1.20	1.00		
	頭等	3.60	2.80	2.20	2.00		
鎮江	四等	0.80	0.80	0.60	0.60	0.40	鎮江
	三等	1.20	1.10	0.80	0.80	0.60	
	二等	2.40	2.20	2.00	1.80	1.20	
	頭等	4.40	4.00	3.60	3.40	2.40	

南京	四等	1.20	1.20	1.00	0.90	0.80	0.40	南京
	三等	1.70	1.70	1.40	1.30	1.20	0.60	
	二等	3.20	3.00	2.80	2.60	2.40	1.60	
	頭等	6.40	6.00	5.60	5.20	4.60	3.00	
蕪湖	四等	2.10	2.00	1.80	1.80	1.60	1.30	0.80
	三等	3.00	2.80	2.50	2.50	2.30	1.80	1.20
	二等	5.80	5.40	4.80	4.40	4.00	3.40	2.60
	頭等	10.80	10.00	9.40	8.60	7.80	6.60	4.60
大通	四等	2.60	2.50	2.20	2.20	2.10	1.80	1.50
	三等	3.70	3.50	3.20	3.10	3.00	2.50	2.10
	二等	7.20	6.80	6.20	5.80	5.40	4.80	4.00
	頭等	12.80	12.00	11.20	11.00	10.80	9.00	6.80
安慶	四等	3.00	2.90	2.70	2.70	2.60	2.20	1.80
	三等	4.30	4.10	3.80	3.80	3.70	3.10	2.50
	二等	8.00	7.60	7.20	7.00	6.60	6.00	4.80
	頭等	14.60	13.80	12.80	12.40	12.00	11.60	9.00
九江	四等	3.40	3.30	3.20	3.10	3.00	2.70	2.50
	三等	4.90	4.70	4.50	4.40	4.30	3.80	3.60
	二等	9.40	9.00	8.40	8.20	8.80	7.40	6.60
	頭等	16.80	15.80	15.00	14.60	14.20	13.60	12.00

續表

蕪湖							
0.60	大通						
0.80							
1.60							
3.20							
0.90	0.50	安慶					
1.30	0.70						
2.60	1.40						
4.80	2.80						
1.80	1.30	0.90	九江				
2.50	1.80	1.30					
4.60	3.40	2.40					
8.60	5.60	4.40					

武穴	四等	3.50	3.40	3.30	3.20	3.10	2.90	2.70
	三等	5.00	4.90	4.70	4.60	4.50	4.10	3.80
	二等	10.00	9.80	9.20	9.00	8.80	8.20	7.00
	頭等	17.20	16.40	15.60	15.40	15.00	14.40	13.00
黄石港	四等	3.60	3.50	3.40	3.40	3.30	3.10	2.90
	三等	5.20	5.10	4.80	4.30	4.80	4.40	4.10
	二等	10.80	10.40	9.60	9.40	9.20	8.60	8.00
	頭等	18.20	17.60	17.00	16.80	16.40	15.40	14.00
黄州	四等	3.70	3.60	3.50	3.50	3.40	3.20	3.00
	三等	5.30	5.20	5.10	5.00	4.90	4.60	4.30
	二等	11.40	10.80	10.40	10.00	9.80	9.20	8.40
	頭等	18.60	18.00	17.40	17.20	17.00	16.20	15.00
漢口	四等	3.80	3.70	3.60	3.50	3.50	3.40	3.20
	三等	5.40	5.30	5.20	5.10	5.00	4.80	4.50
	二等	12.00	11.60	11.00	10.80	10.60	10.20	9.20
	頭等	19.00	18.60	18.20	18.00	17.80	17.60	16.80

续表

2.00	1.50	1.10	0.40	武穴			
2.80	2.10	1.60	0.50				
5.00	4.00	2.80	1.00				
9.20	6.40	5.20	2.00				
2.20	1.80	1.50	0.70	0.40	黄石港		
3.20	2.60	2.10	1.00	0.60			
6.20	5.00	3.80	2.00	1.20			
11.60	8.80	6.80	3.60	2.40			
2.50	2.00	1.60	0.90	0.60	0.40	黄州	
3.60	2.80	2.30	1.30	0.90	0.50		
6.80	5.40	4.20	2.60	1.80	1.00		
12.40	9.20	7.40	4.40	3.20	2.00		
2.70	2.20	2.00	1.30	0.90	0.50	0.40	漢口
3.80	3.20	2.80	1.80	1.30	0.70	0.50	
7.60	6.20	5.00	3.40	2.60	1.40	1.00	
13.00	10.40	9.00	6.00	4.80	2.80	2.00	

寅、頭二三等艙(元)

上海　　　　建國　江大　江靖

南通	四等	0.40	南通					
	三等	0.60						
	二等	1.20						
	頭等	2.40						
江陰	四等	0.50	0.30	江陰				
	三等	0.75	0.40					
	二等	1.60	0.80					
	頭等	2.80	1.60					
泰興	四等	0.50	0.40	0.30	泰興			
	三等	0.75	0.50	0.40				
	二等	1.60	1.20	0.80				
	頭等	2.80	2.20	1.60				
口岸	四等	0.60	0.50	0.40	0.30	口岸		
	三等	0.80	0.60	0.50	0.40			
	二等	1.80	1.40	1.00	0.80			
	頭等	3.00	2.40	2.00	1.60			
鎮江	四等	0.80	0.80	0.60	0.60	0.40	鎮江	
	三等	1.20	1.00	0.80	0.80	0.60		
	二等	2.40	2.20	1.60	1.40	1.20		
	頭等	3.80	3.20	2.60	2.40	2.00		

南京	四等	1.20	1.10	0.90	0.80	0.80	0.40	南京
	三等	1.70	1.60	1.30	1.20	1.10	0.60	
	二等	3.00	2.80	2.60	2.40	2.20	1.40	
	頭等	5.40	4.60	4.00	3.80	3.60	2.40	
蕪湖	四等	2.10	2.00	1.80	1.70	1.60	1.30	0.70
	三等	3.00	2.80	2.50	2.40	2.30	1.80	1.20
	二等	5.40	5.00	4.40	4.20	3.80	3.20	2.40
	頭等	9.00	7.40	6.80	6.40	6.00	5.20	3.60
大通	四等	2.60	2.50	2.20	2.20	2.10	1.80	1.50
	三等	3.70	3.50	3.20	3.10	3.00	2.50	2.10
	二等	6.60	6.20	5.80	5.40	5.00	4.40	3.60
	頭等	10.00	8.60	7.60	7.40	7.20	6.80	5.40
安慶	四等	3.00	2.90	2.70	2.70	2.60	2.20	1.80
	三等	4.30	4.10	3.80	3.80	3.70	3.10	2.50
	二等	7.60	7.20	6.80	6.60	6.20	5.60	4.60
	頭等	11.00	10.00	9.60	9.40	9.00	8.00	7.00
九江	四等	3.30	3.10	3.00	3.00	2.90	2.60	2.50
	三等	4.70	4.50	4.40	4.30	4.20	3.70	3.50
	二等	9.00	8.40	7.80	7.60	7.40	6.80	6.40
	頭等	13.00	12.00	11.40	11.00	10.80	9.80	8.60

续表

蕪湖							
0.60	大通						
0.80							
1.60							
2.80							
0.90	0.40	安慶					
1.20	0.60						
2.60	1.20						
4.40	2.40						
1.70	1.20	0.90	九江				
2.40	1.70	1.30					
4.40	3.20	2.20					
6.40	4.80	4.00					

武穴	四等	3.30	3.20	3.10	3.00	3.00	2.80	2.60
	三等	4.80	4.60	4.50	4.40	4.30	4.00	3.70
	二等	9.40	9.00	8.60	8.40	8.20	7.80	6.80
	頭等	13.40	12.80	12.20	11.80	11.40	10.80	9.60
黄石港	四等	3.40	3.30	3.20	3.20	3.10	3.00	2.80
	三等	4.90	4.70	4.60	4.60	4.50	4.30	4.00
	二等	10.00	9.60	9.20	9.00	8.80	8.20	7.60
	頭等	14.40	13.80	13.20	13.00	12.80	12.00	10.80
黄州	四等	3.40	3.40	3.30	3.30	3.20	3.10	2.90
	三等	4.90	4.80	4.70	4.70	4.60	4.50	4.20
	二等	10.40	10.00	9.60	9.40	9.20	8.80	8.00
	頭等	15.00	14.00	13.60	13.40	13.20	12.80	11.40
漢口	四等	3.50	3.50	3.40	3.40	3.30	3.20	3.10
	三等	5.00	4.90	4.80	4.80	4.70	4.60	4.40
	二等	11.00	10.60	10.20	10.00	9.80	9.60	8.80
	頭等	16.00	15.00	14.40	14.00	13.80	13.40	13.00

续表

1.90	1.40	1.10	0.40	武穴			
2.70	2.00	1.60	0.50				
4.80	3.80	2.60	1.00				
7.40	5.60	4.80	2.00				
2.20	1.80	1.50	0.70	0.40	黄石港		
3.10	2.50	2.10	1.00	0.60			
6.00	4.80	3.60	1.80	1.20			
8.80	6.80	5.60	3.20	2.20			
2.50	1.90	1.60	0.90	0.60	0.40	黄州	
3.50	2.70	2.30	1.30	0.90	0.50		
6.60	5.20	4.00	2.40	1.60	1.00		
9.40	7.40	6.20	3.60	2.80	2.00		
2.60	2.20	2.00	1.20	0.90	0.50	0.40	汉口
3.70	3.20	2.80	1.70	1.30	0.70	0.50	
7.20	5.80	4.80	3.20	2.40	1.20	1.00	
10.40	8.40	7.20	4.80	4.20	2.40	2.00	

漢宜綫

漢口至　　　　快利　上水價目

四等	1.40	新堤				
三等	2.00					
二等	4.00					
四等	2.10	0.90	城陵磯			
三等	3.00	1.20				
二等	6.00	2.40				
四等	2.80	2.80	1.70	監利		
三等	4.00	4.00	2.40			
二等	8.00	8.00	4.80			
四等	3.50	3.20	2.80	2.10	沙市	
三等	5.00	4.60	4.00	3.00		
二等	10.00	9.20	8.00	6.00		
四等	4.20	3.90	3.50	2.80	1.40	宜昌
三等	6.00	5.60	5.00	4.00	2.00	
二等	12.00	11.20	10.00	8.00	4.00	

宜昌至　　快利　下水價目

<table>
<tr><td>四等</td><td>1.40</td><td rowspan="3">沙市</td><td rowspan="3"></td><td rowspan="3"></td><td rowspan="3"></td><td rowspan="3"></td></tr>
<tr><td>三等</td><td>2.00</td></tr>
<tr><td>二等</td><td>4.00</td></tr>
<tr><td>四等</td><td>2.80</td><td>1.70</td><td rowspan="3">監利</td><td rowspan="3"></td><td rowspan="3"></td><td rowspan="3"></td></tr>
<tr><td>三等</td><td>4.00</td><td>2.40</td></tr>
<tr><td>二等</td><td>8.00</td><td>4.80</td></tr>
<tr><td>四等</td><td>3.10</td><td>2.10</td><td>1.70</td><td rowspan="3">城陵磯</td><td rowspan="3"></td><td rowspan="3"></td></tr>
<tr><td>三等</td><td>4.40</td><td>3.00</td><td>2.40</td></tr>
<tr><td>二等</td><td>8.80</td><td>6.00</td><td>4.80</td></tr>
<tr><td>四等</td><td>3.40</td><td>2.50</td><td>2.20</td><td>0.70</td><td rowspan="3">新堤</td><td rowspan="3"></td></tr>
<tr><td>三等</td><td>4.80</td><td>3.60</td><td>3.20</td><td>1.00</td></tr>
<tr><td>二等</td><td>9.60</td><td>7.20</td><td>6.40</td><td>2.00</td></tr>
<tr><td>四等</td><td>4.20</td><td>3.50</td><td>2.80</td><td>1.70</td><td>1.40</td><td rowspan="3">漢口</td></tr>
<tr><td>三等</td><td>6.00</td><td>5.00</td><td>4.00</td><td>2.40</td><td>2.00</td></tr>
<tr><td>二等</td><td>12.00</td><td>10.00</td><td>8.00</td><td>4.80</td><td>4.00</td></tr>
</table>

乙、民生實業公司

渝申綫特等艙(元)

西餐

				重慶
			萬縣	48.00 28.00
		宜昌	48.00 28.00	96.00 56.00
	漢口	52.00 48.00	100.00 72.00	148.00 100.00
上海	52.00 48.00	104.00 88.00	152.00 120.00	200.00 144.00

統艙(元)

重慶							
2.40 1.20	長壽						
4.80 2.40	2.40 1.20	涪陵					
7.20 3.60	4.80 2.40	2.40 1.20	酆都				
9.60 4.80	7.20 3.60	4.80 2.40	2.40 1.20	忠縣			

中餐

重慶				
40.00	萬縣			
24.00				
80.00	40.00	宜昌		
48.00	24.00			
120.00	80.00	40.00	漢口	
84.00	60.00	36.00		
160.00	120.00	80.00	40.00	上海
120.00	96.00	72.00	36.00	

12.00	9.60	7.20	4.80	2.40	萬縣		
6.00	4.80	3.60	2.40	1.20			
12.00	10.00	8.00	6.00	4.00	2.00	雲陽	
7.00	6.00	4.80	3.60	2.40	1.20		
14.00	12.00	10.00	8.00	6.00	4.00	2.00	奉節
8.40	7.20	6.00	4.80	3.60	2.40	1.20	
16.00	14.00	12.00	10.00	8.00	6.00	4.00	2.00
9.60	8.40	7.20	6.00	4.80	3.60	2.40	1.20
17.00	15.00	13.00	11.00	9.00	7.00	5.00	3.00
10.20	9.00	7.80	6.60	5.40	4.20	3.00	1.80
18.00	16.00	14.00	12.00	10.00	8.00	6.00	4.00
10.80	9.60	8.40	7.20	6.00	4.80	3.60	2.40
20.00	18.00	16.00	14.00	12.00	10.00	8.00	6.00
12.00	10.80	9.60	8.40	7.20	6.00	4.80	3.60
23.00	21.00	19.00	17.00	15.00	13.00	11.00	9.00
15.00	13.80	12.60	11.40	10.20	9.00	7.80	6.60
28.00	26.00	24.00	22.00	20.00	19.00	18.00	17.00
25.00	23.00	22.00	21.00	20.00	19.00	18.00	17.00
35.00	33.00	32.00	31.00	30.00	29.00	28.00	27.00
35.00	33.00	32.00	31.00	30.00	29.00	28.00	27.00

官艙	房艙 （元）	
64.00	45.00	重慶——漢口
84.00	60.00	重慶——上海

續表

巫山							
1.00 0.60	巴東						
2.00 1.20	1.00 0.60	秭歸					
4.00 2.40	3.00 1.80	2.00 1.20	宜昌				
7.00 5.40	6.00 4.80	5.00 4.20	3.00 3.00	沙市			
16.00 16.00	15.00 15.00	14.00 14.00	13.00 13.00	10.00 10.00	漢口		
26.00 26.00	25.00 25.00	24.00 24.00	23.00 23.00	20.00 20.00	10.00 10.00	上海	

附註：一、左上方數字係上水票價，右下方數字係下水票價。

二、房艙票價照統艙加一倍，官艙票價照統艙加兩倍，但重慶至漢口及上海另定價目。

民族輪（元）

艙位	宜昌				
房艙	4.80	沙市			
西餐特等艙	12.00				
房艙	12.00	8.00	漢口		
西餐特等艙	40.00	30.00			
房艙	24.00	22.00	12.00	上海	
西餐特等艙	82.00	70.00	40.00		

統艙(元)

宜昌					
3.00	沙市				
3.00					
7.00	4.00	漢口			
7.00	4.00				
15.00	12.00	8.00	上海		
15.00	12.00	8.00			

伍、航　　空

一、中國航空公司

甲、客票價目

單位：元

漢渝段

漢口　單程　　　　來回　漢口

50	沙市						沙市	90
70	25	宜昌				宜昌	45	125
160	120	100	萬縣		萬縣	180	215	290
240	200	180	85	重慶	155	325	360	430

滬漢段

上海　單程　　　　來回　上海

25	南京						南京	45
70	45	安慶				安慶	80	125
90	75	30	九江		九江	55	135	160
100	90	65	35	漢口	65	120	160	180

滬蓉段（特別快班）

上海　單程　　　　來回　上海

25	南京										南京	45
90	75	九江								九江	135	160
100	90	35	漢口						漢口	65	160	180
170	160	105	70	宜昌				宜昌	125	190	285	305
320	310	275	240	180	重慶		重慶	325	430	495	555	575
380	355	350	330	270	90	成都	160	485	590	630	640	685

乙、貨運價目

單位：元

上海											
1.00	南京										
1.00	1.00	安慶									
1.50	1.00	1.00	九江								
2.00	1.50	1.00	1.00	漢口							
2.00	1.50	1.50	1.00	1.00	沙市						
2.50	2.00	1.50	1.50	1.00	1.00	宜昌					
3.50	3.00	2.50	2.00	1.50	1.00	1.00	萬縣				
4.50	4.00	3.50	3.00	2.50	2.50	2.00	1.00	重慶			
5.00	4.50	4.00	3.50	3.00	3.00	2.50	2.00	1.00	成都		
6.00	5.50	5.00	4.50	4.00	3.50	3.00	2.50	1.50	2.50	貴陽	
7.00	6.50	6.00	5.50	4.50	4.00	3.50	3.00	2.00	3.00	1.00	昆明
1.00	1.00	2.00	2.50	3.00	3.00	3.50	4.50	5.50	6.00	7.00	7.50
1.50	1.00	2.50	3.00	3.50	3.50	4.00	5.00	6.00	6.50	7.50	7.50
2.00	1.50	3.00	3.50	4.00	4.00	4.50	5.50	6.50	7.00	7.50	7.50
2.50	2.00	3.50	4.00	4.50	4.50	5.00	6.00	7.00	7.50	7.50	7.50
1.00	2.00	2.00	2.50	3.00	3.00	3.50	4.50	5.50	6.00	7.00	7.50
1.00	2.00	2.00	2.50	3.00	3.00	3.50	4.50	5.50	6.00	7.00	7.50
1.50	2.50	2.50	3.00	3.50	3.50	4.00	5.00	6.00	6.50	7.50	7.50
2.00	3.00	3.00	3.50	4.00	4.00	4.50	5.50	6.50	7.00	7.50	7.50
2.50	3.50	3.50	4.00	4.50	4.50	5.00	6.00	7.00	7.50	7.50	7.50
10.00	10.00	10.00	10.00	10.00	10.00	10.00	10.00	10.00	10.00	10.00	10.00
10.00	10.00	10.00	10.00	10.00	10.00	10.00	10.00	10.00	10.00	10.00	10.00

附註：貨物每一公斤照上表收費，不及一公斤者照一公斤計算。

海州										
1.00	青島									
1.50	1.00	天津								
2.00	1.50	1.00	北平							
2.00	2.50	3.00	3.50	温州						
2.00	2.50	3.00	3.50	1.00	福州					
2.00	3.00	3.50	4.00	1.50	1.00	厦門				
3.00	3.50	4.00	4.50	2.00	1.50	1.00	汕頭			
3.50	4.00	4.50	5.00	2.50	2.00	1.50	1.00	廣州		
10.00	10.00	10.00	10.00	10.00	10.00	10.00	10.00	10.00	廣州灣	
10.00	10.00	10.00	10.00	10.00	10.00	10.00	10.00	10.00	10.00	河内

行李逾重收費（元）

上海				
0.25	南京			
0.70	0.45	安慶		
0.90	0.75	0.30	九江	
1.00	0.90	0.65	0.35	漢口

漢口					
0.50	沙市				
0.70	0.25	宜昌			
1.60	1.20	1.00	萬縣		
2.40	2.00	1.80	0.85	重慶	
3.30	2.90	2.70	1.75	0.90	成都

丙、飛行時間

漢渝段

西上機		向下讀 ↓ / 向上讀 ↑		東下機
7.30	開	漢口	到	15.40
8.55	到	沙市	開	14.15
9.10	開		到	14.00
9.55	到	宜昌	開	13.15
10.10	開		到	13.00
12.15	到	萬縣	開	10.55
12.30	開		到	10.40
14.10	到	重慶	開	9.00

附註：一、西上機每逢星期二四六日飛行。

二、東下機每逢星期三五日飛行。

三、每週其餘日期開特別快班。

滬漢段

西上機		向下讀 ↓ 向上讀 ↑		東下機
7.00	開	上海	到	10.55
8.15	到	南京	開	9.40
8.20	開		到	9.35
		安慶		
9.55	到	九江	開	8.00
10.00	開		到	7.55
10.55	到	漢口	開	7.00

附註：一、西上機每逢星期二四六日飛行。

二、東下機每逢星期一三五日飛行。

三、每週其餘日期開特別快班。

滬蓉綫特別快班

西上機		向下讀 ↓ 向上讀 ↑		東下機
7.00	開	上海	到	17.30
8.15	到	南京	開	16.15
8.20	開		到	16.10
9.55	到	九江	開	14.35
10.00	開		到	14.30
10.55	到	漢口	開	13.35
10.40	開		到	13.10
12.30	到	宜昌	開	12.00
12.35	開		到	11.55
14.35	到	重慶	開	9.55
15.00	開		到	9.30
16.15	到	成都	開	8.15

附註：一、西上機每逢星期一三五日飛行。

二、東下機每逢星期二四六日飛行。

二、歐亞航空公司

甲、航程里數及貨運價目

航程里數（公里）（左下） 貨運價目（元）（右上）

上海	0.25	0.90	1.55	3.35	3.55	2.25	1.50	1.40	1.40	2.45	3.80	5.80
260	南京	0.65	1.30	3.10	3.30	2.00	1.30	1.15	1.15	2.20	3.55	5.55
830	570	鄭州	0.65	2.45	2.65	1.35	0.65	0.50	0.50	1.55	2.90	4.90
1 280	1 020	450	西安	1.80	3.20	2.00	1.30	1.15	1.15	0.90	2.25	4.25
1 780	1 520	950	500	蘭州	1.40	2.70	3.10	2.95	2.95	2.70	4.05	6.05
2 620	2 360	1790	880	380	寧夏	1.30	2.00	2.50	3.15	4.10	5.45	7.45
2 200	1 940	1370	1 820	800	420	包頭	0.70	1.20	1.85	2.90	4.25	6.25
1 650	1 390	820	1 270	1 350	970	550	北平	0.50	1.15	2.20	3.55	5.55
1 200	940	370	820	1 320	1 420	1 000	450	太原	1.00	2.05	3.40	5.40
1 300	1 040	470	920	1 420	2 260	1 840	1 290	840	漢口	2.05	3.30	5.40
1 500	1 240	670	220	720	1 100	2 040	1 490	1 040	1 140	漢中	1.35	3.35
1 900	1 640	1 070	620	1 120	1 500	2 440	1 890	1 440	1 540	400	成都	2.00
2 580	2 320	1 750	1 300	1 800	2 180	3 120	2 570	2 120	2 220	1 080	680	昆明

附註：一、普通貨物或逾重行李，每公斤照上表收費，不及一公斤者按一公斤計算，餘類推。

二、每一行李或貨物之體積，不得超過 75∶50∶50 公分（30∶20∶20 英寸）。

三、特別貨物或貴重貨物按上表三倍收費。

乙、客票價目

來回票價（元）　單程票價（元）

上海	25	90	155	335	355	225	150	140	140	245	380	580
45	南京	65	130	310	330	200	130	115	115	220	355	555
162	117	鄭州	65	245	265	135	65	50	50	155	290	490
279	234	117	西安	180	320	200	130	115	115	90	225	425
603	558	441	324	蘭州	140	270	310	295	295	270	405	605
639	594	477	576	252	寧夏	130	200	250	315	410	545	745
405	360	243	360	486	234	包頭	70	120	185	290	425	625
270	234	117	234	558	360	126	北平	20	115	220	355	555
252	207	90	207	531	450	216	90	太原	100	205	340	540
252	207	90	207	531	567	333	207	180	漢口	205	330	540
441	396	279	162	486	738	522	396	369	369	漢中	135	330
684	639	522	405	729	981	765	639	612	594	243	成都	100
1 044	999	882	765	1 089	1 341	1 125	999	972	972	603	360	昆明

附註：一、上列客票價目系循收費最少之路綫予以累計，乘客如欲改由其他路綫飛行者其票價應依其所指定路綫各段間之票價累計之（參閱上表）。

二、乘客隨身免費行李重量以十五公斤爲限。

陸、郵　　政

一、局所及信櫃分佈

縣別	總計	局所								信櫃等			
		共計	郵局						代辦所	共計	村鎮信櫃	村鎮郵站	代售郵票處
			小計	管理局	一等局	二等局	三等局	支局					
總計	**1 887**	**795**	**135**	**1**	**3**	**41**	**64**	**26**	**660**	**1 092**	**258**	**667**	**167**
武昌	58	24	8		1		1	6	16	34	2		32
漢陽	45	25	3			1	1	1	22	20	4	3	13
嘉魚	7	6	1				1		5	1	1		
咸寧	62	15	1				1		14	47		47	
蒲圻	16	13	3				3		10	3	3		
崇陽	8	5	1				1		4	3	3		
通城	4	3	1				1		2	1	1		
通山	10	2	1				1		1	8	8		
陽新	20	17	2			1	1		15	3	3		
大冶	26	11	3			2	1		8	15		9	6
鄂城	115	12	3			1	2		9	103	8	94	1

續表

縣别	總計	局所								信櫃等			
		共計	郵局						代辦所	共計	村鎮信櫃	村鎮郵站	代售郵票處
			小計	管理局	一等局	二等局	三等局	支局					
黄岡	79	33	5			1	4		28	46	14	30	2
浠水	16	11	1				1		10	5	3		2
蘄春	14	9	1			1			8	5	5		
廣濟	20	13	3			1	2		10	7	1		6
黄梅	12	12	2			1	1		10				
英山	1	1	1				1						
羅田	3	3	1				1		2				
麻城	54	18	3			2	1		15	36	2	34	
黄安	10	7	1				1		6	3	3		
黄陂	392	39	4			2	2		35	353	11	340	2
禮山	14	14	1				1		13				
孝感	84	46	3			2	1		43	38	18	18	2
雲夢	15	8	1				1		7	7	7		
漢川	18	17	2			1	1		15	1	1		
應城	26	12	2			1	1		10	14	3	10	1

續表

縣別	總計	局所									信櫃等			
		共計	郵局						代辦所	共計	村鎮信櫃	村鎮郵站	代售郵票處
			小計	管理局	一等局	二等局	三等局	支局					
安陸	16	12	1			1			11	4	2		2
應山	24	17	2			2			15	7	6		1
隨縣	23	20	1			1			19	3	2		1
鍾祥	34	16	2			1	1		14	18	6	11	1
京山	21	14	1				1		13	7	7		
天門	40	22	3			2	1		19	18	9	8	1
沔陽	51	28	4			2	2		24	23	14	8	1
潛江	7	4	1				1		3	3	3		
監利	36	19	1			1			18	17	17		
石首	20	10	2			1	1		8	10	3	7	
公安	36	16	1				1		15	20	4	16	
松滋	15	10	1				1		9	5	5		
枝江	6	3	3				3			3	3		
江陵	37	19	5		1	1	1	2	14	18	6		12
荊門	40	16	2			2			14	24	12	11	1

續表

縣別	總計	局所								信櫃等			
		共計	郵局						代辦所	共計	村鎮信櫃	村鎮郵站	代售郵票處
			小計	管理局	一等局	二等局	三等局	支局					
宜城	6	5	1				1		4	1	1		
棗陽	18	15	1			1			14	3	2		1
襄陽	29	17	2			2			15	12	10		2
光化	13	7	1			1			6	6	3		3
穀城	8	8	2				*2		6				
保康	2	2							2				
南漳	8	5	2				2		3	3	3		
遠安	4	3	1				1		2	1	1		
當陽	16	7	3			1	2		4	9	9		
宜都	8	5	1			1			4	3	2		1
宜昌	26	14	3		1			2	11	12		3	9
興山	3	2							2	1	1		
秭歸	7	7	1				1		6				
長陽	8	6							6	2	2		
五峯	3	3							3				

續表

縣别	總計	局所									信櫃等			
		共計	郵局						代辦所	共計	村鎮信櫃	村鎮郵站	代售郵票處
			小計	管理局	一等局	二等局	三等局	支局					
鶴峯	2	2							2				
宣恩	5	5	1				1		4				
來鳳	2	2	1				1		1				
咸豐	3	3	1				1		2				
利川	10	5	1				1		4	5	5		
恩施	20	7	1			1			6	13	13		
建始	9	7	1				1		6	2	2		
巴東	5	4	1			1			3	1	1		
房縣	3	3	1				1		2				
均縣	3	3	1			1			2				
鄖縣	10	8	1			1			7	2	2		
竹山	4	4	1				1		3				
竹谿	2	2	1				1		1				
鄖西	8	7	1				1		6	1	1		
漢口市	107	25	16	1				15	9	82		18	64

附註：* 有夏季局一所。

二、歷年業務概況

年次	局所數	郵局里程（公里）	郵件數	包裹件數	職工人數
一四年份	1 562	14 868.00	30 168 700	340 700	1 357
一五年份	1 581	14 702.00	26 256 700	244 560	1 471
一六年份	1 565	14 649.00	23 387 700	158 100	1 473
一七年份	1 554	14 529.00	21 845 200	179 500	1 399
一八年份	1 563	14 724.00	28 267 500	160 900	1 457
一九年度	1 582	14 958.00	36 124 400	146 000	1 470
二〇年度	1 599	15 157.00	35 955 000	154 800	1 466
二一年度	1 753	15 193.00	30 351 800	207 900	1457
二二年度	1 701	17 391.86	32 406 300	240 800	1 519
二三年度	1 652	18 399.60	29 520 500	238 200	1 455
二四年度	1 887	19 776.64	30 652 900	292 600	1 446

三、歷年寄出郵件（一）

年次	共計	信函	明信片	平常及立券新聞紙	印刷物及書籍	商務傳單	貿易契券	貨樣
一四年份	28 850 600	16 978 800	1 695 800	3 884 200	5 839 500	339 500	83 500	29 300

續表

年次	共計	信函	明信片	平常及立券新聞紙	印刷物及書籍	商務傳單	貿易契券	貨樣
一五年份	24 994 000	16 733 700	1 805 400	3 569 000	1 362 900	475 300	23 000	24 700
一六年份	22 233 350	17 101 000	1 404 850	3 437 550	1 100 750	150 100	17 100	13 000
一七年份	20 485 400	16 330 900	1 148 200	1 763 800	942 000	268 100	21 800	10 600
一八年份	26 370 900	20 476 700	1 163 300	2 482 400	1 772 200	433 000	18 800	31 000
一九年度	33 362 500	24 724 300	1 582 200	3 599 400	2 730 900	596 300	36 400	93 000
二〇年度	32 815 800	22 379 500	2 250 900	4 059 500	3 411 100	445 600	120 300	148 900
二一年度	27 590 600	21 153 900	934 690	3 273 200	1 628 600	351 100	141 700	107 200
二二年度	29 723 100	21 773 000	1 042 500	3 754 300	1 839 600	662 600	554 000	96 200
二三年度	26 717 600	20 522 200	763 000	3 536 400	1 384 600	315 800	130 600	65 000
二四年度	27 663 100	19 257 600	716 100	5 301 700	2 954 800	158 200	121 200	53 500

四、歷年寄出郵件（二）

年次	共計	普通	掛號	保險	快遞	航空
一四年份	30 168 700	28 850 600	1 006 800	2 600	308 700	—
一五年份	26 256 700	24 994 000	949 600	2 400	310 700	—

續表

年次	共計	普通	掛號	保險	快遞	航空
一六年份	23 387 700	22 233 350	861 850	5 800	286 700	—
一七年份	21 845 200	20 485 400	1 034 800	7 200	317 800	—
一八年份	28 267 500	26 376 900	1 395 400	8 800	426 400	60 000
一九年度	36 124 400	33 362 500	1 367 900	6 200	395 900	991 900
二〇年度	35 955 000	32 815 800	1 290 300	3 600	426 500	1 418 800
二一年度	30 357 800	27 590 600	1 211 200	2 500	366 300	1 181 200
二二年度	32 406 300	29 723 100	1 215 100	1 600	359 500	1 107 000
二三年度	29 520 500	26 717 600	1 336 500	2 300	375 000	1 089 100
二四年度	30 652 900	27 663 100	1 479 600	2 700	386 800	1 120 700

附註：航空郵件係自十八年起開辦。

五、全省郵路長度

二十四年六月底

郵路別	共計	郵差郵路	民船郵路及輪船郵路	鐵道郵路	汽車郵路	航空郵路
公里數	19 776.64	13 405.82	2 456.64	320.05	2 716.13	878.00

柒、有綫電報

一、省内國營有綫電報局所職工機件概況

二十四年底

縣别	局别	局所數	職工人數	電報機（部）
總計		**74**	**998**	**177**
武昌	武昌	1	52	6
漢陽	漢陽	1	3	2
嘉魚	嘉魚	1	2	1
咸寧	咸寧	1	4	1
蒲圻	蒲圻	1	8	3
崇陽	崇陽	1	8	3
通城	通城	1	2	1
通山	通山	1	2	1
陽新	陽新	1	7	1
大冶	石灰窰，大冶	2	11，3	4
鄂城	鄂城	1	4	1
黄岡	倉埠，團風，黄岡	3	4，5，7	8

續表

縣别	局别	局所數	職工人數	電報機（部）
浠水	浠水	1	6	2
蕲春	蕲春	1	6	1
廣濟	武穴	1	10	3
黄梅	黄梅	1	3	1
英山	英山	1	2	1
羅田	羅田	1	5	1
麻城	宋埠，麻城	2	7，2	1
黄安	黄安	1	4	2
黄陂	黄陂	1	3	2
禮山	河口鎮	1	3	1
孝感	花園，孝感	2	5，7	4
漢川	漢川台	1	3	1
應城	應城	1	2	1
安陸	安陸	1	9	3
應山	廣水	1	7	2
隨縣	隨縣	1	6	2
鍾祥	鍾祥	1	3	2

續表

縣別	局別	局所數	職工人數	電報機（部）
京山	京山	1	2	5
天門	岳家口，皂市，天門	3	4，7，5	3
沔陽	新堤，仙桃鎮	2	5，7	6
潛江	潛江	1	5	4
監利	郝穴，監利	2	2，6	2
石首	藕池口	1	3	1
公安	公安	1	8	3
松滋	松滋	1	2	1
枝江	董市	1	5	1
江陵	沙市，江陵	2	48，2	10
荆門	荆門，沙洋	2	9，5	3
宜城	宜城	1	9	2
棗陽	棗陽	1	5	1
襄陽	樊城，襄陽	2	11，6	4
光化	老河口	1	30	7
保康	保康	1	2	1
南漳	南漳	1	2	1

續表

縣別	局別	局所數	職工人數	電報機（部）
當陽	當陽	1	2	1
宜都	宜都	1	4	2
宜昌	宜昌	1	68	7
秭歸	太平溪，秭歸	2	5，6	2
長陽	長陽	1	4	1
來鳳	來鳳	1	2	1
利川	利川	1	2	1
恩施	恩施	1	18	4
巴東	巴東	1	11	3
房縣	房縣	1	2	1
均縣	均縣	1	4	2
鄖縣	鄖縣	1	11	4
竹山	竹山	1	2	1
竹谿	竹谿	1	2	1
漢口市	漢口	1	450	29

附註：一、本年份穀城、遠安、興山、宣恩、咸豐、建始、鄖西、雲夢等八縣未設局，故不列入。

二、本年份國内發報字數、次數及營業收入、支出總數，另列歷年業務概況内。

二、省内國營有綫電報業務概況

年份	局所數	職工人數	綫路長度（公里）	電報機數（部）	國内發報		營業收支(元)		資本支出（元）
					字數	次數	收入	支出	
一七	61	991	4 867.40	123	13 735 600	872 802	1 286 999.29	791 919.69	6 842.70
一八	64	1 945	4 867.04	132	16 969 914	410 248	1 373 942.98	744 472.92	12 963.56
一九	61	956	4 004.54	131	13 002 817	319 572	150 034.93	701 022.33	660.40
二〇	62	998	4 853.51	133	12 316 430	263 960	923 046.11	661 762.81	691.20
二一	66	806	4 793.01	128	16 706 594	258 479	1 158 551.06	660 658.12	10 436.77
二二	68	883	4 683.01	120	15 510 967	251 731	1 096 422.76	617 282.43	29 772.82
二三	71	866	4 453.90	125	13 976 002	262 217	1 310 309.97	843 279.36	131 865.97
二四	74	998	5 075.80	177	20 784 983	498 938	1 352 388.01	1 009 856.80	143 823.91

附註：一、本表所列逐年營業收入數額包括官軍電報欠費在内，實際每年收支相抵虧損甚鉅。

二、二十三年及二十四年營業收支與資本支出係按二十三年度及二十四年度統計。

捌、無綫電報

省内國營無綫電報歷年業務概況

電台	職工人數	電報機		電報發報		營業收支（元）		
		收報機	發報機	字數	次數	收入	支出	差額
二〇年份	**177**	**13**	**12**	**2 535 603**	**136 148**	**27 538 548**	**11 475 660**	**16 062 888**

續表

電台	職工人數	電報機		電報發報		營業收支（元）		
		收報機	發報機	字數	次數	收入	支出	差額
漢口無綫電台	148	6	6	1 928 026	101 796	27 538 548	11 475 660	16 062 888
武昌長波電台	11	3	3	24 319	961			
宜昌無綫電台	9	3	2	498 832	29 152			
沙市無綫電台	9	1	1	84 426	4 239			
二一年份	**175**	**15**	**13**	**2 340 890**	**113 738**	**16 848 096**	**12 395 747**	**4 452 349**
漢口無綫電台	141	7	7	1 856 005	83 761	16 848 096	12 395 747	4 452 349
武昌長波電台	11	3	3					
宜昌無綫電台	9	3	2	292 386	19 792			
沙市無綫電台	14	2	1	192 499	10 185			
二二年份	**178**	**16**	**14**	**1 876 663**	**113 784**			
漢口無綫電台	142	8	8	1 569 609	90 779			
武昌長波電台	11	3	3	7 719	328			
宜昌無綫電台	9	3	2	202 609	14 970			
沙市無綫電台	16	2	1	99 726	7 707			
二三年份	**149**	**13**	**13**	**1 521 456**	**89 710**			
漢口無綫電台	144	9	9	1 310 221	74 681			
武昌長波電台								
宜昌無綫電台	3	2	1	155 539	11 049			

續表

電台	職工人數	電報機		電報發報		營業收支（元）		
		收報機	發報機	字數	次數	收入	支出	差額
沙市無綫電台				50 446	3 535			
漢川無綫電台	1	1	1	646	42			
監利無綫電台	1	1	2	4 604	403			
二四年份	**66**	**15**	**13**	**11 534 848**				
漢口無綫電台	61	11	9	11 534 848	374 191			
宜昌無綫電台	3	2	1					
沙市無綫電台								
漢川無綫電台	1	1	1					
監利無綫電台	1	1	2					

玖、電　話

一、長途電話

甲、國營

歷年業務概況

年份	通話處所數	綫路長度（公里）	電話機（部）	通話次數	職工人數	業營收入（元）
二三	42	2 297.3	42	5 612	42	2 688.75
二四	63	3 509.1	85	29 823	63	15 334.90

乙、省營

子、歷年架設綫路

二十四年底

綫路	起訖地點		通話處所	里數（公里）	完成日期			原定架設經費概數（元）
	起	訖			年	月	日	
總計				**3 851.7**				**499 640**
一九年份				**824.5**				**34 000**
武羊綫	武昌	羊樓峝	武昌，咸寧，汀泗橋，蒲圻，羊樓峝	211.4	19	3		9 000
漢襄綫	漢口	襄陽	漢口，孝感，花園，安陸，隨縣，棗陽，樊城，襄陽	405.7	19	5		20 000
漢武綫	漢口	武勝關	漢口，孝感，花園，廣水，武勝關	207.4	19	7		5 000
二一年份				**177.1**				**53 000**
漢安綫	漢口	黄安	漢口，横店，黄陂，倉子埠，宋埠，黄安	137.1	21	11		53 500
宋麻綫	宋埠	麻城	宋埠，麻城	40.0	21	11		
二二年份				**739.9**				**91 554**
武英綫	武穴	英山	武穴，廣濟，漕河，浠水，英山	197.1	22	1	31	64 550
浠羅綫	浠水	羅田	浠水，羅田	62.9	22	1	31	
羅團綫	羅田	團陂	羅田，團陂	22.9	22	1	31	

續表

綫路	起訖地點		通話處所	里數（公里）	完成日期			原定架設經費概數（元）
	起	訖			年	月	日	
漢沙綫	漢口	沙洋	漢口，新溝，長江埠，應城，皂市，楊家洚，沙洋	219.0	22	8	31	7 942
麻界綫	麻城	小界嶺	麻城，福田河，小界嶺	55.0	22	11	9	5 964
漢浠綫	漢口	浠水	漢口，新洲，淋山河，浠水	183.0	22	12	23	13 248
二三年份				**1 318.3**				**191 181**
麻團綫	麻城	團風	麻城，淋山河，團風	86.0	23	2	10	6 222
樊老綫	樊城	老河口	樊城，老河口	103.0	23	3	9	11 439
安長綫	安陸	長江埠	安陸，雲夢，長江埠	63.0	23	3	20	6 780
老白綫	老河口	白河	老河口，穀城，石花街，草店，均縣，十堰，鄖陽，白河	337.0	23	8	31	54 000
宜南綫	宜城	南漳	宜城，武安堰，南漳	63.0	23	11	30	13 056
五車站專綫	應城	宋河	應城，田甸，宋河	58.0	23	12	15	2 384
	皂市	京山	皂市，京山	42.0	23	12	15	
	礄口	舵落口	礄口，舵落口	10.0	23	12	15	
	三元里	戴家山	三元里，戴家山	11.0	23	12	15	
皂湯綫	皂市	湯池	皂市，湯池	3.3	23	12	30	900
石谿綫	石花街	竹谿	石花街，保康，房縣，竹山，竹谿	389.0	23	12	30	68 600

續表

綫路	起訖地點		通話處所	里數（公里）	完成日期			原定架設經費概數（元）
	起	訖			年	月	日	
襄荆綫	襄陽	荆門	襄陽，宜城，荆門	153.0	23	12	30	27 800
二四年份				**791.9**				**129 405**
荆沙綫	荆門	沙市	荆門，十里舖，沙市	122.0	24	1	20	20 200
沙十綫	沙洋	十里舖	沙洋，十里舖	45.4	24	2	3	11 314
十宜綫	十里舖	宜昌	十里舖，河溶，當陽，宜昌	122.5	24	3	15	25 899
武陽綫	武昌	陽新	武昌，葛店，鄂城，大冶，陽新	209.0	24	3	20	28 162
大黄綫	大冶	石灰窰	大冶，黄石港，石灰窰	25.0	24	3	20	
巴施綫	巴東	恩施	巴東，建始，恩施	228.0	24	5	30	41 800
堰白綫	堰市	白沙嶺	堰市，麥市，白沙嶺	40.0	24	7	12	2 030

附註：二十年因水災停止架設故闕。

丑、各段綫路里程

二十四年底

綫路	段别	起訖地點		全綫通話處所	綫路里程（公里）
		起	迄		
總計					**3 851.7**
鄂東幹綫	漢安段	漢口	黄安	漢口，横店，黄陂，倉子埠，宋埠，黄安	137.1

續表

綫路	段别	起訖地點		全綫通話處所	綫路里程（公里）
		起	迄		
	宋麻段	宋埠	麻城	宋埠，麻城	40.0
	武英段	武穴	英山	武穴，廣濟，漕河，浠水，英山	197.1
	漢浠段	漢口	浠水	漢口，新州，淋山河，浠水	183.0
鄂東支綫	浠羅段	浠水	羅田	浠水，羅田	62.9
	羅團段	羅田	團陂	羅田，團陂	22.9
	麻界段	麻城	小界嶺	麻城，福田河，小界嶺	55.0
	麻團段	麻城	團風	麻城，淋山河，團風	86.0
	漢戴段	三元里	戴家山	漢口三元里車站，戴家山車站	11.0
鄂南幹綫	武羊段	武昌	羊樓峝	武昌，咸寧，汀泗橋，蒲圻，羊樓峝	211.4
	武陽段	武昌	陽新	武昌，葛店，鄂城，大冶，陽新	209.0
鄂南支綫	大黄段	大冶	石灰窰	大冶，黄石港，石灰窰	25.0
	堰白段	堰市	白沙嶺	堰市，麥市，白沙嶺	40.0
鄂西幹綫	漢宜段	漢口	宜昌	漢口，新溝，長江埠，應城，皂市，楊家洚，沙洋，十里舖，河溶，當陽，宜昌	386.9
	巴施段	巴東	恩施	巴東，建始，恩施	228.0
鄂西支綫	應宋段	應城	宋河	應城，田甸，宋河	58.0
	皂京段	皂市	京山	皂市，京山	42.0

續表

綫路	段别	起訖地點		全綫通話處所	綫路里程（公里）
		起	迄		
	皂湯段	皂市	湯池	皂市，湯池	3.3
	礄舵段	礄口	舵落口	漢口礄口車站，舵落口車站	10.0
鄂北幹綫	漢襄段	漢口	襄陽	漢口，孝感，花園，安陸，隨縣，棗陽，樊城，襄陽	405.7
	漢武段	漢口	武勝關	漢口，孝感，花園，廣水，武勝關	207.4
	樊老段	樊城	老河口	樊城，老河口	103.0
	老白段	老河口	白河	老河口，穀城，石花街，草店，十堰，白河	265.0
	石谿段	石花街	竹谿	石花街，保康，房縣，竹山，竹谿	389.0
鄂北支綫	草均段	草店	均縣	草店，均縣	26.0
	十鄖段	十堰	鄖陽	十堰，鄖陽	46.0
	安長段	安陸	長江埠	安陸，雲夢，長江埠	63.0
襄沙幹綫	襄沙段	襄陽	沙市	襄陽，宜城，荆門，十里舖，沙市	275.0
襄沙支綫	宜南段	宜城	南漳	宜城，武安堰，南漳	63.0

附註：一、武羊段自二十年大水被毁後迄未修復。

二、漢襄段漢口至花園係兩對綫借掛電報局電桿。

寅、歷年修復各段綫路里数

綫别	起訖地點		通話處所	損壞原因	損壞年月			修復年月			里數（公里）
	起	訖			年	月	日	年	月	日	
總計											**1 398.1**
樊棗綫	樊城	棗陽	樊城，棗陽	股匪破壞	20	1		22	9	30	92.0
廣武綫	廣水	武勝關	廣水，武勝關	〃	20	8		23	7	20	26.0
襄沙綫	襄陽	沙市	襄陽，宜城，荆門，十里舖，沙市	水冲	24	7		24	9	30	48.0
宜南綫	宜城	南漳	宜城，武安堰，南漳	〃	24	7		24	9	31	2.8
淋團綫	淋山河	團風	淋山河，團風	〃	24	7		24	10	15	1.7
漢宜綫	漢口	宜昌	漢口，新溝，長江埠，應城，皂市，楊家洚，沙洋，十里舖，河溶，當陽，宜昌	〃	24	7		24	10	20	68.0
巴施綫	巴東	恩施	巴東，建始，恩施	〃	24	7		24	10	30	16.6
鄂北綫	漢口	白河	漢口，孝感，花園，安陸，隨縣，棗陽，樊城，老河口，谷城，石花街，草店，均縣，十堰，鄖陽，白河	〃	24	7		24	12	30	227.0
石谿綫	石花街	竹谿	石花街，保康，房縣，竹山，竹谿	〃	24	7		24	12	30	110.0
修復水冲後傾斜綫路				〃	24	7		24	12	30	806.0

卯、歷年業務概況

年份	通話處所	職工人數	綫路長度（公里）	電話機（部）	通話次數	營業收支(元)			資本支出（元）
						收入	支出	盈或虧	
一九	15	110	824.5	127	16 703	3 754.81	18 515.56	－14 760.75	34 000.00
二〇	8	80	613.1	127	43 799	8 605.71			
二一	14	100	790.2	127	43 544	8 512.65			53 500.00
二二	33	160	1 530.1	138	99 365	17 502.92	31 031.69	－13 528.77	91 544.00
二三	61	220	2 848.4	186	168 642	36 425.39	54 561.98	－18 136.50	191 181.00
二四	78	270	3 640.3	258	154 334	55 205.35	79 703.91	－24 408.56	120 405.00

附註：一、武羊綫計 211.4 公里，二十年被水冲毁迄未修復，故不計在内。

二、二十年廿一年未列支出數者，因經辦人不時更易，均無支出計算，故付闕如。

三、二十年因水災未架設綫路，故無資本［支］出。

辰、歷年逐月營業收入（元）

月别	一九年	二〇年	二一年	二二年	二三年	二四年
總計	**3 754.18**	**8 695.71**	**8 512.65**	**17 502.92**	**36 425.39**	**55 295.35**
一		1 179.64	457.17	1 293.33	2 949.33	5 251.82
二		959.85	329.88	990.00	2 390.98	3 355.47
三		1 409.90	603.12	1 123.75	2 580.68	5 046.99
四		1 148.54	558.00	1 068.66	2 473.62	5 806.32
五		995.15	556.50	1 012.56	2 461.23	5 130.80

續表

月别	一九年	二〇年	二一年	二二年	二三年	二四年
六		936.80	682.62	1 121.30	2 205.69	5 755.60
七		538.87	697.58	1 026.73	2 484.81	2 500.75
八		45.90	705.72	1 073.77	2 996.74	2 431.75
九	407.65	80.95	794.30	1 766.20	3 077.28	2 944.90
十	1 047.25	397.35	870.10	2 326.85	3 496.23	4 834.40
十一	1 161.88	532.25	983.86	2 411.90	4 604.72	6 554.30
十二	1 138.03	470.50	1 237.80	2 288.45	4 704.08	5 682.25

二、市區電話

甲、武漢電話局歷年業務概況

年份	交換局所數	職工人數	綫路里程（公里）	電話機（容量）				用户數	營業收支（元）			資本支出（元）
				共計（號數）	磁石式（號數）	共電式（號數）	自動式（號數）		收入	支出	盈或虧	
二十	6	450	25 208.64	5 260	400	4 860		4 232	395 984.16	392 639.31	－3 344.85	203 539.47
廿一	5	412	26 351.76	5 220	400	4 820		3 796	463 356.47	378 562.64	－84 793.83	180 917.05
廿二	4	415	28 339.62	6 900		4 500	1 500	4 000	467 238.11	360 536.65	－97 701.46	2 721 096.28
廿三	3	330	28 781.62	8 500			8 500	4 408	487 963.30	418 422.45	－69 540.85	689 645.22
廿四	3	281	33 832.42	8 500			8 500	4 329	569 679.13	247 944.71	－322 634.42	94 305.40

附註：綫路里數以單綫長度計算。

乙、宜昌電話局歷年業務概況

年份	交換局所數	職工人數	綫路里程(公里)	電話機(容量)				用户數	營業收支(元)			資本支出(元)
				共計(號數)	磁石式(號數)	共電式(號數)	自動式(號數)		收入	支出	盈或虧	
二三	1	15	29.58	200	200			119	1 994.94	1 910.90	984.94	39 159.33
二四	1	13	20.57	200	200			140	10 263.28	4 812.93	5 450.35	1 272.03

丙、沙市電報局話務處歷年業務概況

年份	交換局所數	職工人數	綫路里程(公里)	電話機(容量)				用户數	營業收支(元)			資本支出(元)
				共計(號數)	磁石式(號數)	共電式(號數)	自動式(號數)		收入	支出	盈或虧	
一八	2	14	15.70	255	255			93	7 497.00	11 885.05	—4 388.05	
一九	2	16	15.70	255	255			101	7 217.00	10 451.52	—3 234.52	
二〇	2	14	15.70	255	255			105	7 135.00	10 501.62	—3 366.62	
二一	2	15	15.70	255	255			114	5 581.00	6 999.37	—1 418.37	
二二	2	15	15.70	255	255			129	10 029.00	10 781.23	—752.23	
二三	2	15	20.76	255	255			151	10 630.71	11 032.66	—401.95	
二四	2	14	18.05	255	255			123	9 437.04	9 541.15	—104.11	781.66

拾、運　輸

全省汽車種類及數量

城市汽車

車別	共計	漢口	武昌	宜昌	沙市
總計	**689**	**589**	**80**	**10**	**10**
商營汽車	**147**	**105**	**40**	**2**	
貨車	93	78	15		
客車					
包車	54	27	25	2	
自用汽車	**542**	**484**	**40**	**8**	**10**
貨車	62	47	4	4	7
客車	1			1	
包車	479	437	36	3	3

公路汽車

車別	共計	客車	貨車
總計	**268**	**144**	**124**

續表

車别	共計	客車	貨車
福特	112	71	41
雪佛蘭	62	30	32
達極	70	35	35
通用	9	2	7
辟得富	8	4	4
惠伯脱	2	2	
吉姆西	5		5

附註：一、城市汽車係指行駛武漢沙宜各城市之普通汽車，公路管理局汽車不計在内，資料根據漢口市政府、武昌市政府及宜昌沙市兩公安局廿五年五月填報。

二、公路汽車係指公路管理局行駛各公路之汽車，資料根據建設廳廿五年五月調查。

政　　務

壹、行政組織

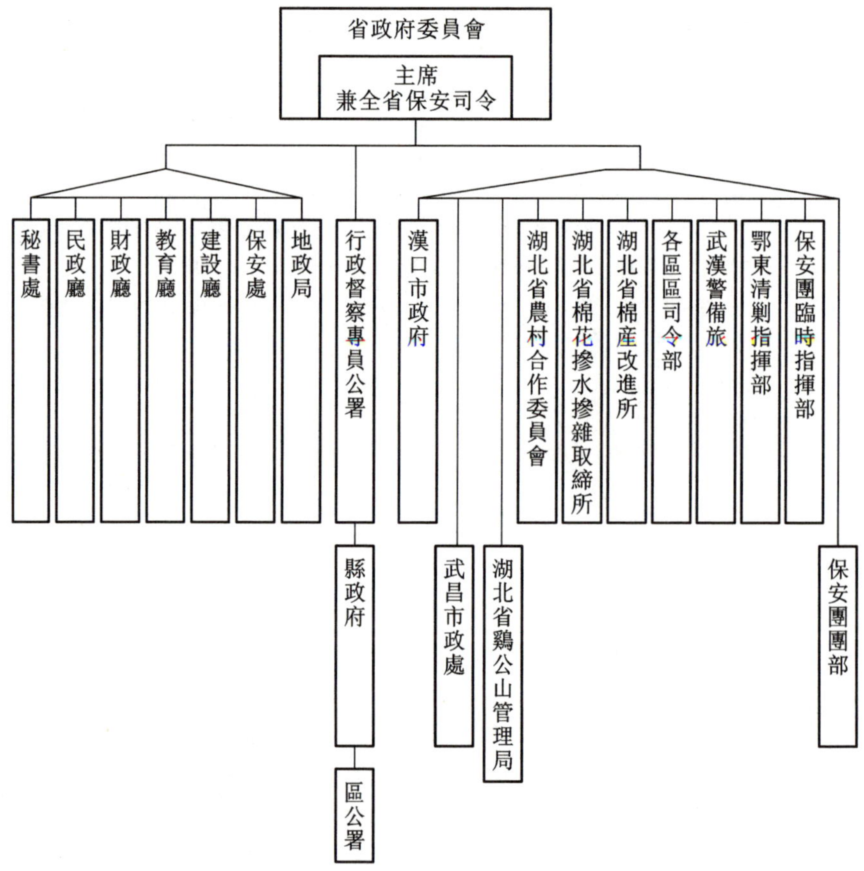

附註：一、鷄公山管理局原隸行營，嗣奉行政院令由本省接管，經於二十五年九月一日接收。

二、原設有保安經費總經理處，於二十六年三月底裁撤。

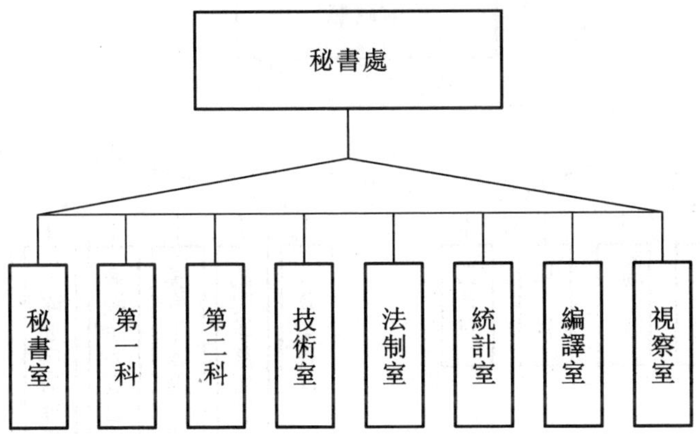

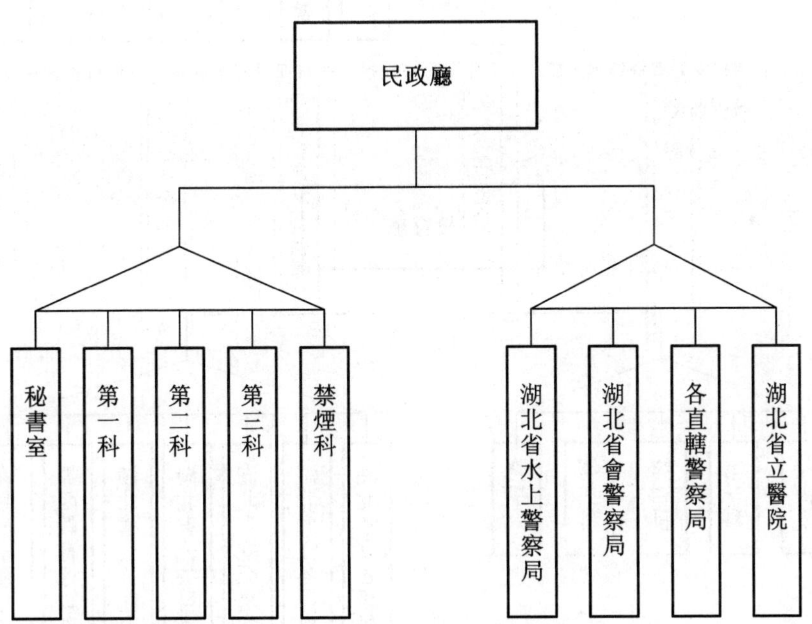

附註：湖北省立醫院原隸市政處，於廿六年六月一日改隸民政廳。

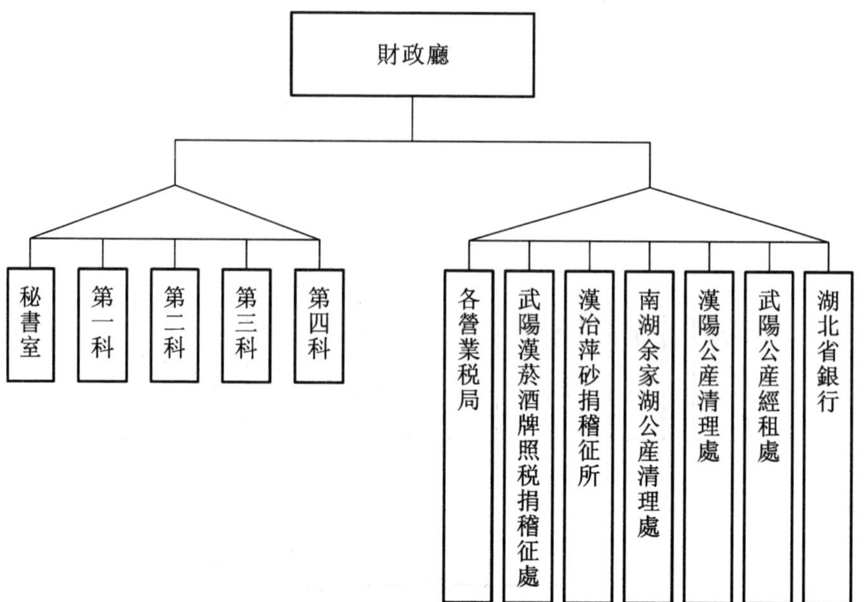

附註：因保安經費總經理處於二十六年三月底裁撤，故自四月起本廳增設第四科辦理保安經費徵收事宜。

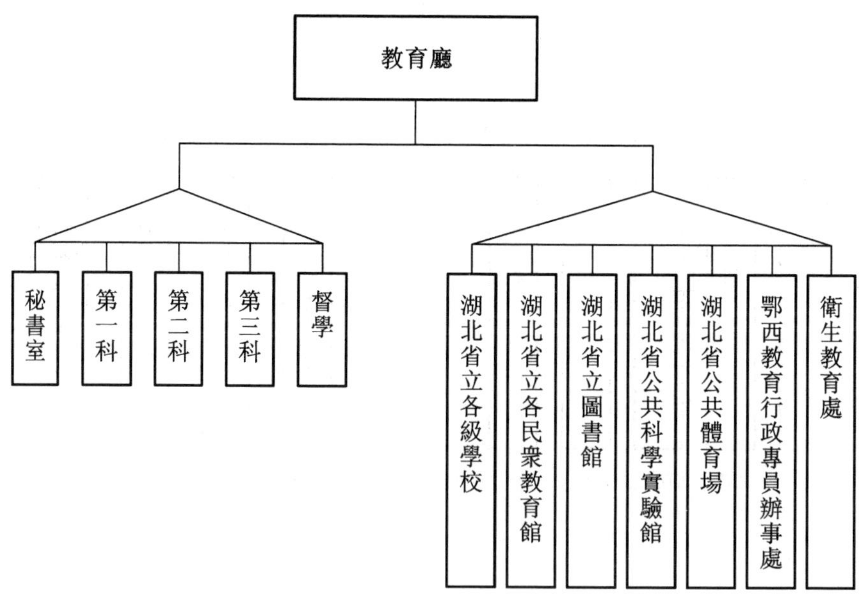

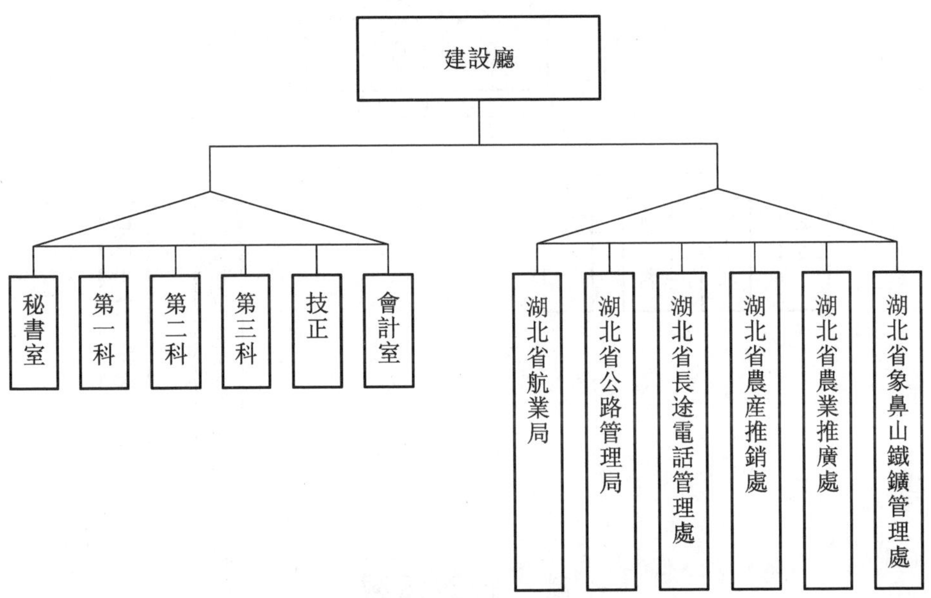

附註：一、原設有公路工程處，於二十六年三月一日歸併於公路管理局。

二、原設有航政處、内河航輪管理局、管理漢冶萍輪駁事務所及武昌機廠，於二十六年六月十六日合併改組爲湖北省航業局。

三、原設有湖北省農産整理運銷處，於二十六年二月裁撤，改組爲湖北省農産推銷處，四月開始籌備，預定七月成立。

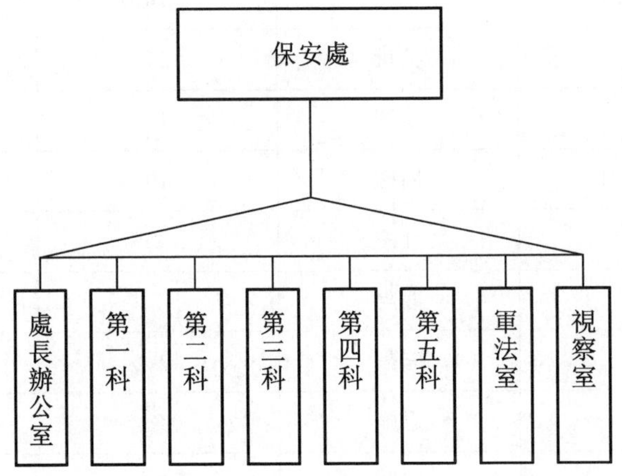

附註：因保安經費總經理處於二十六年三月底裁撤，故自四月起于本處增設第五科辦理團隊經理事宜。

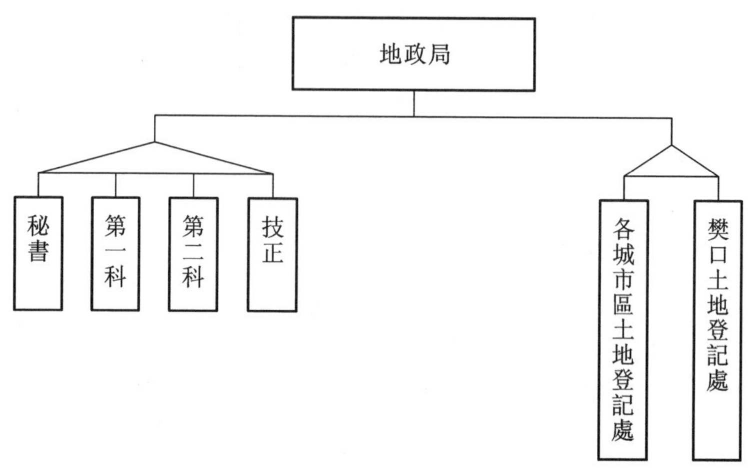

貳、行政區域

一、行政督察區所轄縣數及區署數

行政督察區	專員駐在縣	縣數	區署數
總計		**70**	**267**
第一區	蒲圻	11	40
第二區	黄岡	11	43
第三區	隨縣	10	41
第四區	江陵	9	36
第五區	襄陽	7	29
第六區	宜昌	8	25
第七區	恩施	8	28
第八區	鄖縣	6	25

附註：漢口市爲一行政單位，與縣相等，但不劃在行政督察區内。

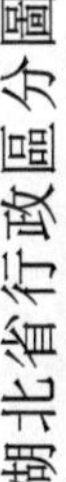
湖北省行政區分圖
圖例 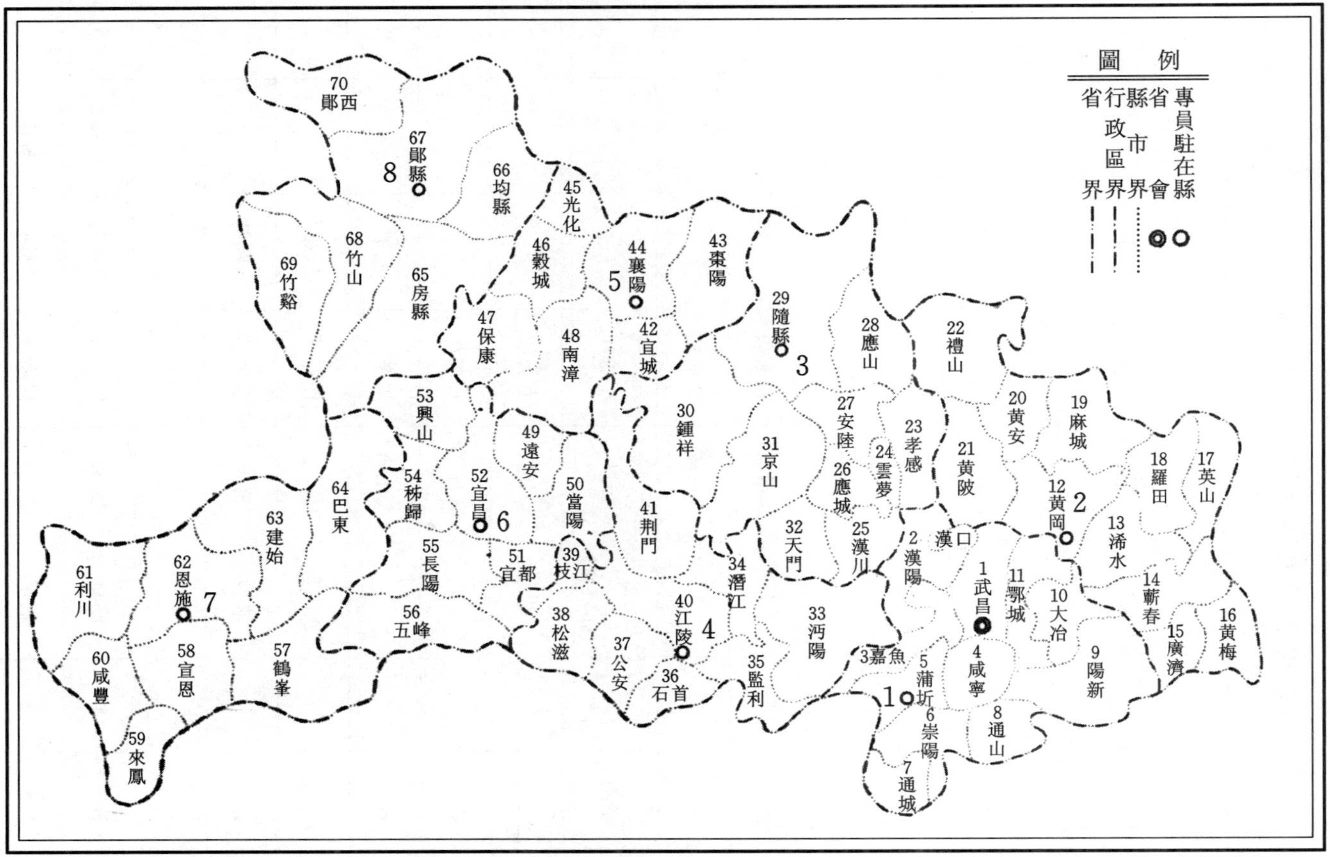
省界
行政區界
縣市界
省會
專員駐在縣
1武昌
漢口
2漢陽
3嘉魚
4咸寧
5蒲圻
6崇陽
7通城
8通山
9陽新
10大冶
11鄂城
12黄岡
13浠水
14蘄春
15廣濟
16黄梅
17英山
18羅田
19麻城
20黄安
21黄陂
22禮山
23孝感
24雲夢
25漢川
26應城
27安陸
28應山
29隨縣
30鍾祥
31京山
32天門
33沔陽
34潛江
35監利
36石首
37公安
38松滋
39枝江
40江陵
41荆門
42宜城
43棗陽
44襄陽
45光化
46穀城
47保康
48南漳
49遠安
50當陽
51宜都
52宜昌
53興山
54秭歸
55長陽
56五峰
57鶴峯
58宣恩
59來鳳
60咸豐
61利川
62恩施
63建始
64巴東
65房縣
66均縣
67鄖縣
68竹山
69竹谿
70鄖西
1
2
3
4
5
6
7
8

二、各縣區署數及所在地

縣别	區署數	區署所在地					
		一	二	三	四	五	六
第一區							
武昌	5	金口鎮	山坡鎮	紙坊鎮	油坊鎮	青山鎮	
漢陽	4	黄陵磯	蔡甸	新溝	新灘口		
嘉魚	3	縣城	陸溪口	簰洲鎮			
咸寧	〃	〃	柏墩鎮	楊家畈			
蒲圻	〃	〃	汀泗橋	新店鎮			
崇陽	〃	〃（郭家嶺）	桂口	小沙坪			
通城	〃	〃	鯉港	賽公橋			
通山	〃	〃	横石潭	楊芳林			
陽新	5	〃	大王店	陽辛店	龍港	木石港	
大冶	4	盛洪卿	黄石港	保安鎮	殷祖		
鄂城	〃	縣城	葛店	金牛鎮	太和鎮		
第二區							
黄岡	6	團風	縣城	但店鎮	舊河街	倉埠鎮	陽邏
浠水	5	縣城	長嶺崗	楊家池	巴河	蘭溪	

續表

縣别	區署數	區署所在地					
		一	二	三	四	五	六
蘄春	4	漕河	彭思橋	劉公河	張家塝		
廣濟	3	縣城	武穴	龍坪			
黄梅	4	大河舖	孔壟鎮	土橋舖	小池口		
英山	3	縣城	夾舖	雷家店			
羅田	〃	〃	蕭家坳	滕家堡			
麻城	5	〃	黄市	白杲	宋埠	福田河	
黄安	3	〃	八里灣	七里坪			
黄陂	4	〃	六指店	長軒嶺	祁家灣		
禮山	3	夏店	二郎店	宣化店			
第三區							
孝感	4	縣城	三汊埠	蕭家港	花園		
雲夢	3	〃	義堂鎮	道人橋			
漢川	4	繫馬口	分水咀	田二河	劉家塥		
應城	3	縣城	長江埠	龍王集			
安陸	〃	〃	牌樓崗	雷公店			
應山	4	駱家店	廣水	郝家店	馬坪		

續表

縣別	區署數	區署所在地					
		一	二	三	四	五	六
隨縣	6	萬家店	天河口	萬河店	環潭鎮	茅茨畈	鸛莊店
鍾祥	5	縣城	舊口	石牌	雙河口	長壽店	
京山	4	官橋鎮	宋河鎮	永興鎮	永隆河鎮		
天門	5	楊林口	岳口鎮	馬灣	皂市	漁薪河	
第四區							
沔陽	6	張家溝	仙桃鎮	潘家場	峯口	新堤	沙湖
潛江	3	張截港	蓮花寺	重集場			
監利	4	毛家口	汪家橋	周老咀	朱河市		
石首	3	調關	藕池口	新廠			
公安	〃	孟家溪	申津渡	東蕨豪口			
松滋	〃	縣城	楊市	劉市			
枝江	〃	〃	江口鎮	劉巷鎮			
江陵	6	萬城	打鑼場	冷河口	龍灣	郝穴	彌陀寺
荆門	5	掇刀石	劉猴集	十里舖	后港	馬良	
第五區							
宜城	3	縣城	孔家灣	板橋店			
棗陽	4	七房崗	鹿頭鎮	吴家店	平林店		

續表

縣別	區署數	區署所在地					
		一	二	三	四	五	六
襄陽	6	尹家集	竹條舖	薛家集	黄龍壋	雙溝	吕堰驛
光化	3	縣城西關	巨興集	老河口			
穀城	4	縣城	太平鎮	盛家鎮	石花鎮		
保康	3	縣城	歇馬河	金斗原			
南漳	6	縣城	武鎮	龍門集	馬良坪	巡檢司	東鞏
第六區							
遠安	3	縣城	徐家棚	望家冲			
當陽	〃	雙蓮寺	淯溪鎮	河溶鎮			
宜都	〃	陸城鎮	聶家河	安福寺			
宜昌	4	安安廟	土門鎮	小溪塔	霧渡河		
興山	3	大峽口	教場壩	鄔家店			
秭歸	〃	水田壩	兩河口	新灘			
長陽	〃	縣城	資坵	賀家坪			
五峯	〃	縣城	漁關	採花			
第七區							
鶴峯	4	縣城	下坪	燕子坪	走馬坪		

續表

縣别	區署數	區署所在地					
		一	二	三	四	五	六
宣恩	3	縣城	高羅	板栗園			
來鳳	〃	縣城	大河壩	卯洞鎮			
咸豐	〃	丁塞	燕子岩	清水塘			
利川	4	縣城	團寶市	王家營	忠路		
恩施	〃	熊家岩	新塘	芭蕉鎮	屯堡		
建始	3	長梁鎮	三里鎮	花果坪鎮			
巴東	4	萬户沱	羅坪	野三關	南潭村		
第八區							
房縣	5	縣城	青峯	杜家川	范家埡	馬金河	
均縣	4	草店鎮	戴家灣	六里坪	嵩坪鎮		
鄖縣	〃	白桑關	南化鎮	十堰鎮	黄龍鎮		
竹山	〃	縣城	茅塔寺	寶豐	白河口		
竹谿	〃	縣城西關	水坪	黄柏溪	廣龍灘		
鄖西	〃	縣城	羊尾鎮	上津市	關防舖		

附註：本表所列各縣區署之數目及其所在地，係截至二十六年四月底止時之情形。

叁、保　　甲

一、辦理保甲之經過

本省自二十一年九月，遵照前豫鄂皖三省勦匪總司令部頒行之勦匪區内各縣編查保甲户口條例，開始辦理自衛，編組保甲。翌年，各縣保甲，大致編組完竣。但邊遠各縣，迭經股匪竄擾，尚多零星匪區，未能完全編查。迨至二十四年，所有殘餘匪區，悉行編查完竣，於是全省保甲之組織，始得整個完成。惟事屬創舉，初辦之時，多不核實。民政廳曾於二十二年，制定整理各縣保甲方案，限期實施，並派考查吏治委員，附帶抽查。旋復針對各縣保甲弱點，制定派員分赴各縣整理保甲規則，及整理保甲注意要點，於二十三年四月，開始派員分赴各縣整理。約年餘，先後竣事。各縣自迭經整理以後，對於門牌、規約、壯丁訓練、異動登記、連坐切結諸端，均能逐漸改進，於是保甲制度，漸臻完善，而保甲效用，亦因之逐漸發揮。故近一兩年來，關於合作、造林、築路，以及普及教育諸要政，均盡量利用保甲，以爲實施之基幹。

自二十五年元月以後，遵照勦匪省份各縣分區設署辦法大綱，將各縣區公所，分期改爲區署。每縣至多六區，至少三區，管轄範圍，較舊區多所變更。故限定區署成立後，須於兩月内將保甲户口，重行編組，改正番號。現全省區署，業經次第成立，而保甲重編完竣者，亦已達三十五縣之多（截至二十六年元月底情形）。至聯保爲區與保之中間組織，在二十四年度行政計劃中，規定健全聯保組織，減少聯保單位。復於二十五年，規定各縣聯保，一律以聯合十五保或二十保以上爲標準。此項聯保組織之擴大，現正積極推進中。

在二十四年以前，自區以下之各級幹部人員，均未受相當時期之訓練。二十四年九月，成立區政人員訓練所，開始分期訓練區政人員，迄二十五年八月，三期完畢，共計合格區長三百二十一人，區員六百三十六人，經先後分發各縣選用。現全省共二百六十七區，所有區長、區員，均系受訓人員充任。二十五年十一月，復成立鄉政人員訓練所，開始分期訓練鄉政人員，以養成聯保主任及書記人才。每期訓練六月，第一期考取十一縣學員，於二十六年五月訓練完畢，計畢業人數，爲一千三百九十二名。至保甲之訓練，曾於二十四年，制定保甲長訓練辦法，通飭施行，復於二十五年，制頒造報名册式樣，現已有多數縣份，依照規定辦法，實行訓練聯保主任、書記及保甲長。截至二十六年三月底止，根據各縣報告所統計之結果，計全省二千八百零五聯保，已受訓之聯保主任共二千二百五十九。已受訓之聯保書記，共一千九百一十。全省四萬一千五百三十二保，已受訓之保長，共二萬八千五百一十九。全省四十一萬零三百一十二甲，已受訓之甲長，共一十九萬二千零九十六。

上述各節，均係屬於各縣保甲自開辦以來所經過之梗概。此外，在省會方面，曾於二十二年，呈准免編保甲，嗣奉行營電示，以武陽爲首善之區，中外觀瞻所擊，非嚴密保甲組織，不足以便指揮，爰於二十四年七月，制定湖北省會編組保甲暫行辦法，由省會公安局（現改稱警察局）負責辦理，已於二十五年七月，全部編組完成。再水上保甲，自二十五年四月，奉令趕編，經制定湖北省編查水上保甲辦法，由水上公安局，及各縣縣政府，遵照舉辦。截至二十五年底止，除禮山等十九縣因向無船户，呈准免編外，其餘五十一縣，已有宜城等四十五縣，據報編組完竣。水上公安局所轄第一、二、三、四等分局地段，亦經編竣轉報，惟新增之襄樊第六分局所轄地段，尚在趕辦中。

二、各縣保甲人員受訓人數

二十六年三月底

縣別	區數	聯保数	保數	甲數	已受訓人數			
					聯保主任	聯保書記	保長	甲長
總計	**267**	**2 805**	**41 532**	**410 312**	**2 259**	**1 910**	**28 519**	**192 096**

續表

縣别	區數	聯保數	保數	甲數	已受訓人數			
					聯保主任	聯保書記	保長	甲長
第一區	**40**	**318**	**5 912**	**58 686**	**297**	**260**	**4 405**	**36 892**
武昌	5	49	1 068	11 341	28	28	607	6 646
漢陽	4	37	743	8 534	37	37	743	7 481
嘉魚	3	22	349	3 189	22	13	158	2 966
咸寧	3	16	320	2 891	16	16	320	2 891
蒲圻	3	22	361	3 512	22	22	361	3 509
崇陽	3	18	289	2 822	18		103	
通城	3	15	170	1 801	15	5	170	
通山	3	10	173	1 609	10	10	173	271
陽新	5	50	818	7 137	50	50	155	1 537
大冶	4	36	741	7 451	36	36	735	6 247
鄂城	4	43	880	8 399	43	43	880	5 344
第二區	**43**	**482**	**7 599**	**74 900**	**409**	**250**	**5 197**	**30 356**
黄岡	6	73	1 332	13 637	73	44	1 025	3 094
浠水	5	59	762	7 114	59	11	733	
蘄春	4	41	953	9 568	13		337	76

續表

縣别	區數	聯保数	保數	甲數	已受訓人數			
					聯保主任	聯保書記	保長	甲長
廣濟	3	29	533	5 334	29	29	519	4 782
黄梅	4	35	589	5 705	35	35	506	4 764
英山	3	19	247	2 470			224	2 462
羅田	3	19	345	3 403	21		148	494
麻城	5	66	934	8 931	61	36	652	5 735
黄安	3	67	588	5 734	67	57	588	5 734
黄陂	4	54	956	9 492	21		105	400
禮山	3	20	360	3 513	30	38	360	2 182
第三區	**41**	**490**	**8 668**	**87 071**	**482**	**385**	**5 381**	**36 594**
孝感	4	59	1 077	11 449	59	59	803	2 996
雲夢	3	21	336	3 407	21	21	172	1 708
漢川	4	37	797	7 662	37	37	693	
應城	3	40	522	5 098	40	40	522	5 098
安陸	3	28	471	4 585	28	20	390	2 802
應山	4	35	737	7 107	35	35	475	1 970
隨縣	6	82	1 289	14 187	82	82	1 196	10 904

續表

縣别	區數	聯保數	保數	甲數	已受訓人數			
					聯保主任	聯保書記	保長	甲長
鍾祥	5	51	852	8 132	43	30	187	1 828
京山	4	61	943	9 655	61	61	943	9 288
天門	5	76	1 644	15 789	76			
第四區	**36**	**399**	**7 187**	**70 360**	**368**	**347**	**4 727**	**28 561**
沔陽	6	67	1 477	14 633	67	67	1 518	12 421
潛江	3	41	663	6 967	41	31		
監利	4	45	882	8 419	42	42	668	6 087
石首	3	28	400	3 965	28	28		
公安	3	34	531	5 167	34	34	541	1 396
松滋	3	38	684	6 708	38	30	510	173
枝江	3	29	411	3 966	29	29	288	2 026
江陵	6	62	1 249	12 425	34	31	444	2 874
荆門	5	55	890	8 610	55	55	758	3 584
第五區	**29**	**327**	**4 390**	**43 117**	**177**	**152**	**3 636**	**26 443**
宜城	3	27	361	3 730	27	27	361	679
棗陽	4	29	584	6 529			375	

續表

縣別	區數	聯保數	保數	甲數	已受訓人數			
					聯保主任	聯保書記	保長	甲長
襄陽	6	66	1 276	12 096	66	66	1 276	12 096
光化	3	65	376	3 612	61	36	344	3 320
穀城	4	43	700	6 759			500	5 000
保康	3	23	199	1 993	23	23	176	218
南漳	6	74	894	8 398			604	5 130
第六區	**25**	**245**	**3 058**	**30 073**	**220**	**197**	**2 700**	**22 552**
遠安	3	20	187	1 734	20	20	187	1 605
當陽	3	223	407	4 111	23	23	407	4 111
宜都	3	26	519	5 139	26	26	509	4 135
宜昌	4	31	724	7 024	31	31	724	7 024
興山	3	27	198	1 914	24	11	196	1 561
秭歸	3	62	399	4 081	40	30	310	1 565
長陽	3	21	452	4 363	21	21	195	854
五峯	3	35	172	1 707	35	35	172	1 697
第七區	**28**	**224**	**1 945**	**19 173**	**157**	**156**	**1 227**	**6 692**
鶴峯	4	18	104	1 097		15	80	

續表

縣别	區數	聯保數	保數	甲數	已受訓人數			
					聯保主任	聯保書記	保長	甲長
宣恩	3	15	192	2 001	5		41	127
來鳳	3	16	213	2 107	16	16	160	1 450
咸豐	3	37	186	1 808				
利川	4	29	257	2 512	27	26		
恩施	4	41	282	3 690	41	41	382	175
建始	3	36	327	3 143	36	36	280	2 125
巴東	4	32	284	2 815	32	32	284	2 815
第八區	**25**	**320**	**2 773**	**26 932**	**149**	**153**	**1 246**	**4 006**
房縣	5	49	435	4 192	44		162	100
均縣	4	41	521	4 989	15	41	137	
鄖縣	4	45	771	7 383	9	32	305	
竹山	4	107	411	3 957	47	46	247	1 251
竹谿	4	44	306	3 180			196	2 260
鄖西	4	34	329	3 231	34	34	199	395

附註：一、本表係根據各縣截至二十六年三月底止呈府之報告編列。區數較二十五年内，略有變更，聯保數亦逐漸縮減（組織擴大），但有若干縣份，仍屬舊數（組織尚未擴大），如竹山、巴東等縣。

二、省會保甲，係以警察分局代區，並無聯保組織，其現有保甲數，及已受訓之保甲長，均已分别併入武昌漢陽兩縣列計。

肆、公　務　員

一、省政府職員

項別		共計	委員會	秘書處	民政廳	財政廳	教育廳	建設廳	保安處	保經處	地政局	百分比
職別												
共計		**554**	**9**	**139**	**80**	**102**	**67**	**44**	**62**	**26**	**25**	**100.00**
簡任		9	9									1.62
薦任	秘書	15		6	3	2	1	1		1	1	2.71
	科長	16		2	4	3	3	1		2	1	2.89
	主任	3		3								0.54
	技正	1									1	0.18
	其他	17		3	2	2	7	3				3.07
委任	一	282		70	53	71	40	24		17	8	50.90
	二	15		3				4			8	2.71
	三	134		52	19	24	16	11		6	6	24.19
武職	將	2							2			0.36
	校	27							27			4.87
	尉	33							33			5.96

續表

項別	共計	委員會	秘書處	民政廳	財政廳	教育廳	建設廳	保安處	保經處	地政局	百分比
年齡											
共計	**554**	**9**	**139**	**80**	**102**	**67**	**44**	**62**	**26**	**25**	**100.00**
二十以下	2		1							1	0.36
二一至二五	19		6	2	5	2	2			2	3.43
二六至三〇	80		18	11	8	10	9	10	3	11	14.44
三一至三五	125	1	39	20	16	10	11	17	7	4	22.57
三六至四〇	124	1	31	13	19	21	9	20	8	2	22.39
四一至四五	104	2	25	13	26	14	8	8	4	4	18.77
四六至五〇	63	1	11	13	17	7	5	6	3		11.37
五一至五五	29	3	6	7	10	2				1	5.23
五六至六〇	6		1	1	1	1		1	1		1.08
待查	2	1	1								0.36
俸給(單位元)											
共計	**554**	**9**	**139**	**80**	**102**	**67**	**44**	**62**	**26**	**25**	**100.00**
20—30	2		2								0.36
31—40	7		3			2	2				1.26
41—50	29		6	2		3		12	4	2	5.23

續表

項別	共計	委員會	秘書處	民政廳	財政廳	教育廳	建設廳	保安處	保經處	地政局	百分比
51—60	68		20	9	12	8	7	6		6	12.28
61—70	79		23	13	18	14	4		1	6	14.26
71—80	59		10	5	11	6	4	15	7	1	10.65
81—90	59		15	14	17	7	4			2	10.65
91—100	42		10	8	12	2	4	1	4	1	7.58
101—200	154		38	22	26	25	14	18	7	4	27.80
201—300	43		10	7	6		5	9	3	3	7.76
301—400	3		2					1			0.54
401—500	8	8									1.45
501—600	1	1									0.18

學歷

項別		共計	委員會	秘書處	民政廳	財政廳	教育廳	建設廳	保安處	保經處	地政局	百分比
共計		**554**	**9**	**139**	**80**	**102**	**67**	**44**	**62**	**26**	**25**	**100.00**
大學	國外	34	3	10	5	5	3	3	2	2	1	6.14
	國內	139		33	15	21	33	19	4	9	5	25.09
專校	國外	2		2								0.36
	國內	149		37	29	39	11	9	9	9	6	26.90
中等		130		29	23	28	17	10	15	4	4	23.46

續表

項別		共計	委員會	秘書處	民政廳	財政廳	教育廳	建設廳	保安處	保經處	地政局	百分比
初等		1				1						0.18
軍警	陸大	4		1					3			0.72
	軍校	31	1	4		1			21	1	3	5.59
	警校	10		1	6	1	1	1				1.81
其他		42		20	2	4	2	2	5	1	6	7.58
待查		12	5	2		2			3			2.17

附註：一、薦任其他欄爲視察、督學、專員等。

二、委任一爲科員、編審員、統計員、編譯員、視察、督學、專員、主任、助理秘書、股長、編輯員、實習員；委任二爲技士、技佐、技術員；委任三爲辦事員、電務員、學習員、練習生、國術教官。

三、雇員爲録事、司事、郵電檢查員、服務員、石印生、油印生，共計148人（内有公務員資格審查委員會録事一人，縣長檢定委員會雇員一人，縣政人員甄審會雇員三人，修建各校館委員會書記一人，整理田賦委員會録事一人），本表不列入。

四、在附屬機關支薪調府辦事者，不列。

五、公務員資格審查委員會幹事、縣長檢定委員會委員、縣政人員甄審委員會委員，係兼職，不列。公務員資格審查委員會、辦事員一人，併入秘書處計算。

六、整理田賦委員會主任委員兼秘書一人，專員一人，均係兼職，不列；其餘專員、高考實習員各一人，併入財政廳計算。

七、建設廳所屬購料委員會内各常務委員、委員、祕書、科員、録事，或係兼職，或係調用，故不列，其餘辦事員一人，列入建設廳計算。

八、教育廳所屬各委員會正在改組中，故不列。

九、本表係二十六年二月底之情形。

二、現任縣長

甲、概況

縣别	等别	姓名	别號	年齡	籍貫	出身	到職		
							年	月	日
第一區									
武昌	1	楊適生	以字行	39	雲南	北京師範大學	23	4	19
漢陽	2	張導民	以字行	32	廣濟	武昌中華大學	26	5	26
嘉魚	3	李繼膺	仲弢	53	隨縣	日本法政大學	23	7	1
咸寧	3	鄔國光	亞軒	40	湖南	北平民國大學	23	8	10
蒲圻 *	1	李輝武	華屏	44	咸寧	保定軍官學校	25	4	16
崇陽	3	包耀鼎	貢九	43	黄安	國立武昌商專	26	5	24
通城	3	丁壽石	以字行	41	沔陽	北平法政大學	25	10	8
通山	3	喻謨烈	斌如	41	沔陽	北京高等師範	25	3	1
陽新	2	幸耀燊	次蘇	35	廣東	廣東高等師範	26	4	27
大冶	2	馮子恭	孟寅	38	咸豐	香港大學	26	6	1
鄂城	2	尹鳴珂	奉初	42	京山	北京中國大學	24	5	1
第二區									
黄岡 *	1	程汝懷	仲蘇	46	黄安	陸軍大學	26	1	16
浠水	2	龔薰南	以字行	44	沔陽	保定軍官學校	26	6	

續表

縣別	等別	姓名	別號	年齡	籍貫	出身	到職		
							年	月	日
蘄春	1	陳孝芬	鐵侯	51	黄安	北平中央法專	26	1	16
廣濟	2	胡以平	以字行	36	武昌	日本中央大學	24	8	17
黄梅	2	彭逵	鴻漸	44	江西	陸軍速成學校	25	4	18
英山	3	吕佐周	冰塵	34	江西	黄埔軍官學校	26	6	8
羅田	3	帥學富	以字行	36	江西	黄埔軍官學校	25	7	1
麻城	2	鄭重	梅軒	46	麻城	保定軍官學校	21	12	16
黄安	2	蔡成	曉嵐	47	孝感	湖北法政學堂	25	5	1
黄陂	2	饒光亞	以字行	43	浠水	北平中國大學	25	11	1
禮山	1	高鴻紱	佩之	47	沔陽	北京陸軍講武堂	26	2	11
第三區									
孝感	2	楊鳳翱	峻巖	46	松滋	北平法政專校	25	9	1
雲夢	3	王蘭塘	芳庭	51	河南	河南法政專校	23	8	8
漢川	2	高志超	逸潛	33	江蘇	暨南大學	25	5	1
應城	3	劉震新	鼎玥	53	沔陽	日本大學	23	1	11
安陸	3	黄真民	以字行	50	浙江	日本早稻田大學	25	8	1
應山	3	莫佳玉	貢三	34	公安	北平民國大學	24	2	4

續表

縣别	等别	姓名	别號	年齡	籍貫	出身	到職		
							年	月	日
隨縣*	1	石毓靈	幼平	45	黄安	保定軍官學校	25	4	16
鍾祥	1	熊道琛	獻芳	51	漢川	四川法政大學	24	5	12
京山	2	何楊烈		49	湖南	貴州法政學堂	26	6	
天門	2	周郁文	從吾	50	安徽	河南法政專校	25	5	6
第四區									
沔陽	1	聞百之	以字行	40	浠水	湖北法政學校	24	2	1
潛江	3	鄧炳	麟生	54	黄陂	湖北方言學堂	22	10	21
監利	2	蔣子琬	凌紫	45	湖南	湖南法政學校	23	6	18
石首	3	張紹華	孝先	53	宜昌	日本弘文師範	25	10	4
公安	3	方擴軍	以字行	44	湖南	湖南師範學校	24	5	7
松滋	2	王旭	覺民	51	黄岡	國立北京工大	23	10	27
枝江	3	謝復	博唐	49	江蘇	河南法政學校	25	10	17
江陵*	1	徐承熙	緝文	42	山東	陸軍大學	26	2	5
荆門	1	孫際旦	熙初	40	黄梅	國立武昌高等師範	26	6	
第五區									
宜城	3	陳英武	鐵錚	33	漢陽	武昌中華大學	21	2	21

續表

縣別	等别	姓名	别號	年齡	籍貫	出身	到職		
							年	月	日
棗陽	2	王開化	治齋	43	鄖縣	德國杜平根①大學	26	6	
襄陽 *	1	楊思熙	迓東	49	江蘇	陸軍大學	25	4	16
光化	3	耿心	季釗	38	安陸	日本早稻田大學	24	8	22
穀城	2	陳賡堯	月堂	45	沔陽	湖北法政學堂	24	12	6
保康	3	張著		35	光化	中央軍校	26	5	12
南漳	2	宋繼成	寄塵	44	天門	湖北高等學堂	24	1	29
第六區									
遠安	3	謝月峯	以字行	35	湖南	武昌中華大學	26	4	11
當陽	3	曹心泉	乙吾	40	湖南	日本中央大學	26	6	1
宜都	3	張正性	率五	49	秭歸	湖北農林講習所	25	8	22
宜昌 *	1	王烈	軼羣	48	浙江	日本士官學校	24	7	18
興山	3	張季雯	介身	54	鄂城	奉天法政專門學校	25	12	10
秭歸	3	梁承祺	以字行	40	河南	河南高等學校	26	4	14
長陽	3	陳丕顯	以字行	48	遼寧	日本早稻田大學	23	5	28
五峯	3	阮經薌	英華	51	陽新	金陵大學	23	3	20
第七區									
鶴峯	3	吴豈泯	以字行	43	江西	江西豫章法專	26	2	5

① 現譯爲“哥廷根”。

續表

縣別	等別	姓名	別號	年齡	籍貫	出身	到職		
							年	月	日
宣恩	3	胡干城	劍侯	51	鄂城	德國士官學校	25	2	1
來鳳	3	黄爲綸	文卿	45	穀城	湖北法政學校	25	11	16
咸豐	3	宋子明	世鳳	39	崇陽	武昌中華大學	26	5	11
利川	3	周錦洛	以字行	38	江西	江西法政學校	25	5	16
恩施 *	1	傅恒伯	以字行	44	安陸	保定軍官學校	25	2	14
建始	3	孫業震	亞東	36	孝感	湖北法政學校	24	3	24
巴東	3	嚴士忻	以字行	42	黄岡	四川法政專校	22	12	8
第八區									
房縣	2	邱仲川	以字行	44	黄陂	湖北軍官學校	24	10	17
均縣	2	華文選	選樓	43	江蘇	江蘇軍官教育團	22	2	22
鄖縣 *	1	關麟書	翔雲	45	江陵	陸軍大學	23	8	5
竹山	3	朱煇	曉陽	43	浠水	縣長考試及格	24	10	20
竹峪	3	齊頌霖	以字行	32	黄梅	國立東南大學	26	5	13
鄖西	3	喻人傑	則敏	35	黄岡	國立武昌中山大學	26	6	

附註：現任縣長表係二十六年六月底統計，有 * 號者係專員所在地。

乙、籍貫別

籍貫	人數	籍貫	人數
總計	**70**	沔陽	6
本省	**46**	公安	1
武昌	1	松滋	1
漢陽	1	江陵	1
咸寧	1	光化	1
崇陽	1	穀城	1
陽新	1	宜昌	1
鄂城	2	秭歸	1
黄岡	3	咸豐	1
浠水	3	鄖縣	1
廣濟	1	**外省**	**24**
黄梅	2	湖南	6
麻城	1	江西	5
黄安	4	江蘇	4
黄陂	2	浙江	2
孝感	2	河南	2
漢川	1	安徽	1

續表

籍貫	人數	籍貫	人數
安陸	2	山東	1
隨縣	1	廣東	1
京山	1	雲南	1
天門	1	遼寧	1

丙、年齡別

年齡	人數	年齡	人數
總計	**70**	41—45	23
31—35	10	46—50	12
36—50	13	51—55	12

丁、出身別

出身	人數	出身	人數
總計	**70**	國外軍校	2
國內大學	15	國內專校	26
國外大學	9	國外專校	1
國內軍校	16	考試及格	1

司法及違警

壹、司　　法

一、各縣市民事第一審終結案件

二十四年度

縣市	共計	類别								
		人事	建築物	船舶	土地	金錢	糧食	物品	證券	雜件
總計	**10 455**	**1 361**	**378**	**17**	**1 776**	**5 185**	**336**	**213**	**157**	**1 032**
武昌	1 046	131	109	4	67	479	9	25	44	178
嘉魚	46	4	1		13	25	3			
咸寧	32	8	1			20	3			
蒲圻	55	19	2		13	12				9
崇陽	67	20	6		19	16	1			5
通城	51	9	1		12	20	3	2	1	3
通山	10	1			4	4	1			

續表

縣市	共計	類別								
		人事	建築物	船舶	土地	金錢	糧食	物品	證券	雜件
陽新	41	18	1		6	14	1			1
大冶	137	30	9	2	32	54	6		1	3
鄂城	103	19	8		36	20			16	4
黄岡	212	12	2		18	80	16	1	1	82
浠水	163	45			24	64	6	3	16	5
蘄春	130	11	3		26	59	11	5	2	13
廣濟	111	25	9		10	59		2		6
黄梅	52	8	1		7	25		2	7	2
英山	79	10	2		20	38	2			7
羅田	89	9	1		31	27	5	2		14
麻城	250	23	24		59	71	34	3	1	36
黄安	60	8	2		11	31	1			7
黄陂	113	10	5		30	54	1	1	3	9
禮山	49	17	2		18	12				
孝感	65	21	3	1	4	25	3	8		
雲夢	145	32	8		26	42	14	16	1	6

續表

縣市	共計	類別								
		人事	建築物	船舶	土地	金錢	糧食	物品	證券	雜件
漢川	34	7			12	13			2	
應城	110	22	3		19	51	4			11
安陸	160	33	6		41	45	9	2		24
應山	327	45	11		73	138	14	6		40
隨縣	163	17	3		21	55	11		4	52
鍾祥	61	7			17	22	1			14
京山	107	37	4		21	21	6			18
天門	56	20	3		12	18				3
沔陽	80	24	2		31	15	2		1	5
潛江	131	52	4		32	41		1	1	
監利	91	39	3		16	25		3		5
石首	59	4	2		18	18	3		2	12
公安	95	20	1		21	37	3	1		12
松滋	197	33	1		94	52	5	1	2	9
枝江	131	20	4	1	35	52	2	3	5	
江陵	252	37	11		18	119	8	6	7	46

續表

縣市	共計	類別								
		人事	建築物	船舶	土地	金錢	糧食	物品	證券	雜件
荆門	63	27	1		24	9	1	1		
宜城	90	37	2		20	23	3	1		4
棗陽	276	40	9		79	104	7	3		34
襄陽	148	6	2	2	12	96	13	7	1	9
光化	87	25	5		20	29		2	1	5
穀城	246	31	3		73	97	17	9		16
保康	49	3	1		16	28	1			
南漳	178	10	10		51	75	12	5	1	14
遠安	81	12	1		15	52		1		
當陽	118	28	5		33	44	1	4	2	1
宜都	85	10	1		41	26	2		5	
宜昌	299	25	10		29	192	5	3	1	34
興山	56	4		5	10	31		5	1	
秭歸	84	9	1	1	23	31	2	1	4	12
長陽	98	24	1		30	32	1	5	3	2
五峯	23	4		1	11	7				

續表

縣市	共計	類別								
		人事	建築物	船舶	土地	金錢	糧食	物品	證券	雜件
鶴峯	9				1	5	1			2
宣恩	16		1		3	12				
來鳳	17	2	3		4	7	1			
咸豐	19	1	2		7	9				
利川	94	7	2		58	17	4			6
恩施	141	7	9		19	84	7			15
建始	62	8	2		23	26	1	1		1
巴東	74	7	3		38	20	4		2	
房縣	34	4	2		7	21				
均縣	88	9			11	50	2	7	8	1
鄖縣	353	31			74	115	58	27		48
竹山	98	11			36	35			7	9
竹谿	32	9			9	11	1	1		1
鄖西	78	7	1		17	34	4	5	4	6
漢口市	2 199	56	43		15	1 891		32		162

附註：本表所列數字，係根據各縣二十四年度呈報高等法院之數，至第二第三審及再審抗告等項材料，因報告不齊，留待他日編製。

二、各縣市刑事第一審終結案件

廿四年度

縣市	共計	刑														
		內亂	瀆職	妨害公務	妨害秩序	脫逃	湮滅證據藏匿犯人及	僞證及誣告	公共危險	僞造貨幣	僞造度量衡	僞造文書印文	妨害風化	妨害婚姻及家庭	侵害墳墓屍體褻瀆祀典及	妨害農工商
總計	**10 422**	**1**	**48**	**137**	**23**	**44**	**57**	**165**	**155**	**101**	**34**	**129**	**147**	**984**	**17**	**20**
武昌	759		8	8	3	1	3	18	10	13		16	3	108	1	
嘉魚	73									1				14		
咸寧	34								1					6		
蒲圻	97			1		4			2		6			11		
崇陽	79													4		
通城	30							4								
通山	50					1						1				
陽新	81		1			1		2				4	10	22		
大冶	61									2			3	12	1	
鄂城	84			1				3						17		
黄岡	245			6	1	2		13	2	1		9		20		
浠水	137			3				4				3		35	1	

法	犯														特別法犯			
鴉片	賭博	殺人	傷害	墮胎	遺棄	妨害自由	妨害名譽及信用	竊盜	搶奪强盜及海盜	侵佔	欺詐及背信	恐嚇	贓物	毀棄損壞	私鹽	印花	懲治盜匪	其他
602	**141**	**596**	**1 905**	**6**	**68**	**806**	**53**	**2 027**	**624**	**334**	**458**	**130**	**59**	**202**	**14**	**247**	**11**	**77**
46	1	34	198	1	2	37	7	148	17	30	22	1	3	16				4
	2	3	21			4	1	19	3	2	2			1				
		2	16			4		3		2								
	17	5	23			3		13	5		3			4				
		11	19		1	5		20	14		5							
1		1	16			2		5	1									
		3	24		1	5		8	3	2	2							
		2	8			9		5	5	2	3	6						1
4		2	8			1		18		2	8							
	5	10	6			10	2	13	3	6	1	4	3					
	1	5	52		2	38	11	24	21	11	11	1	2	12				
		3	30			15		20	12	2	2	1		5				1

縣市	共計													刑		
		內亂	瀆職	妨害公務	妨害秩序	脱逃	藏匿犯人及湮滅證據	僞證及誣告	公共危險	僞造貨幣	僞造度量衡	僞造文書印文	妨害風化	妨害婚姻及家庭	褻瀆祀典及侵害墳墓屍體	妨害農工商
蘄春	196			1					3			3		23		
廣濟	184		5	4		7		6		2		2		20	2	
黄梅	22									1						
英山	6															
羅田	51					1						2	2	1		
麻城	61								1	1	1		1	15	1	
黄安	35									1				6		
黄陂	76		2	4		2		2					3	13		
禮山	6					1										
孝感	202		2	5		1	2	8	1			5	6	19		
雲夢	42						1			1		1				
漢川	14															
應城	212			3	1			4		1		1	2	17		
安陸	40													9		
應山	73							5		2		1	1	8		

續表

法犯															特别法犯			
鴉片	賭博	殺人	傷害	墮胎	遺棄	妨害自由	妨害名譽及信用	竊盗	搶奪强盗及海盗	侵佔	欺詐及背信	恐嚇	贓物	毀棄損壞	私鹽	印花	懲治盗匪	其他
1	14	7	55		3	34	1	25	6	5	13			2				
15	1	5	31		2	25	2	22	7	5	8	2	4	4				
		4	12			1		2	1		1							
			3											3				
		3	24			1		13		3	1							
		3	8			1	1	18	4	4	2							
	14		1			1	1	10	1									
	1	5	19			8		11	1	2	2			1				
		2						3										
8	3	5	36		4	15	5	47	4	6	7	6		3			1	3
			19		1	8		9						2				
			3					1			8				2			
		3	46			5		22	3	1	6			5		89		3
	1	1	3					20	5			1						
		9	11			10	1	15	3	1	6							

縣市	共計	刑														
		內亂	瀆職	妨害公務	妨害秩序	脫逃	藏匿犯人及湮滅證據	僞證及誣告	公共危險	僞造貨幣	僞造度量衡	僞造文書印文	妨害風化	妨害婚姻及家庭	褻瀆祀典及侵害墳墓屍體	妨害農工商
隨縣	88		3						1	2		1	1	7		
鍾祥	93					2			2			5		1		
京山	59					1						2		3		
天門	109			3	1	2	3	1		1				17		
沔陽	110			2		2								13		
潛江	68											4	6	12		
監利	114							1	6			3		4		
石首	31			3								1	2	1		
公安	33		2	3						4			1			
松滋	49													3		
枝江	39		2									1	2			
江陵	297			4	1		1	5				3	1	27	2	
荊門	264	1		2				5	1			3	2	28	3	
宜城	71							2	1				1	10		

續表

法		犯													特别法犯			
鴉片	賭博	殺人	傷害	墮胎	遺棄	妨害自由	妨害名譽及信用	竊盜	搶奪强盜及海盜	侵佔	欺詐及背信	恐嚇	贓物	毀棄損壞	私鹽	印花	懲治盜匪	其他
3	7	11	16		1	14		9	4	1	1	3		2				1
	1	18	20	1		6		18	5		12	2						
		14	10			14		9	3		1			2				
	1	5	27			24		13	5		2			4				
		2	25		1	7		19	3				4	1	2	29		
		3	12			11		20										
	11		26			7		32	11	10	3							
	2	4	3			1		11	1		1		1					
		3	5			3		1	3	1	2	1		4				
		2	20			9	1	4	2	1	3		1	3				
		7	11		2	1	1	10		1				1				
		18	35		3	21	5	25	15	6	2	1	3	7		59		53
		15	62		7	40	1	10	11	11	18	5	1	5	2	31		
		3	31			10		5	2	5	1							

縣市	共計	刑														
		內亂	瀆職	妨害公務	妨害秩序	脫逃	藏匿犯人及湮滅證據	僞證及誣告	公共危險	僞造貨幣	僞造度量衡	僞造文書印文	妨害風化	妨害婚姻及家庭	褻瀆祀典及侵害墳墓屍體	妨害農工商
棗陽	56			1				3	1	1				4		
襄陽	519		1	1		1		23	2			2	17	54		
光化	85											2	3	8		
穀城	62			2					1				1	6		
保康	32							2	1					2		
南漳	72					1						1	2			
遠安	66							1						1		
當陽	281			7				1	1			2		28		
宜都	32									1				6		
宜昌	730			16	4	7	7	27	10	5		17	7	72	2	5
興山	13															
秭歸	54			1	2									7		
長陽	49												2	1		
五峯	10											1	2	1		
鶴峯	20													1		

續表

法	犯														特別法犯			
鴉片	賭博	殺人	傷害	墮胎	遺棄	妨害自由	妨害名譽及信用	竊盜	搶奪强盜及海盜	侵佔	欺詐及背信	恐嚇	贜物	毀棄損壞	私鹽	印花	懲治盜匪	其他
		4	20			5	1	9	4		1						2	
5		23	91	3	21	70		54	56	8	42	11		34				
1		1	23			5	1	2		5						34		
		20	16			4		6	1		4			1				
		13	4			3			1		6							
		10	8			1		14	30	1	4							
	18	8	18			1		3	15		1							
	6	11	118		3	31		29	19	2	6	2		10		5		
			15					9			1							
29	2	23	156		2	82	5	96	31	32	30	33	6	20				4
		4	7					2										
	1	3	15			6		1	11		3	4						
		10	10			2		5	14		3	2						
		3	1					1			1							
		3	5					1	8								2	

縣市	共計	刑														
		內亂	瀆職	妨害公務	妨害秩序	脱逃	湮滅證據及藏匿犯人	僞證及誣告	公共危險	僞造貨幣	僞造度量衡	僞造文書印文	妨害風化	妨害婚姻及家庭	褻瀆祀典及侵害墳墓屍體	妨害農工商
宣恩	31		1						1				1	2		
來鳳	13		1				1									
咸豐	20					1										
利川	118												1			
恩施	232		1	2	1	1	1	2	2	2			1	19	3	
建始	67			3										4		
巴東	35															
房縣	53					1		3						4		
均縣	75		1	1								1		2		
鄖縣	420		9													
竹山	53							1				1		2		
竹谿	47		1							1						
鄖西	27											2				
漢口市	2 775		8	50	9	4	38	19	105	58	27	29	60	254	1	15

附註：本表所列數字，係根據各縣二十四年度呈報高等法院之數，至第二第三審及再審抗告等項材料，因報告不齊，留待他日編製。

續表

法犯															特別法犯			
鴉片	賭博	殺人	傷害	墮胎	遺棄	妨害自由	妨害名譽及信用	竊盗	搶奪强盗及海盗	侵佔	欺詐及背信	恐嚇	贓物	毁棄損壞	私鹽	印花	懲治盗匪	其他
		11	5					5	5									
		6						2	2								1	
		1						4	6		3						5	
		8	34					15	21	16	22	1						
11		39	29	1	1	24	1	26	49	5	4	3	1	3				
	8		22			9		10	7		3			1				
		8	16					2	7				1		1			
	1	12				10		2	18		2							
		25	17			9		3	8		3		1	4				
		45	64			57		39	74	26	48	25		33				
		12	2		1	19		6			4	4	1					
		22	10				1	5	7									
		8			2				10	1	2	2						
478	23	30	204		8	58	4	976	36	116	106	9	27	9	7			7

三、第一第二第三及少年監獄人犯

廿四年度

罪名	人數	瀆職	妨害公務	妨害秩序	脫逃	藏匿犯人及湮滅證據	公共危險	僞造貨幣	僞造度量衡	僞證及誣告	僞造文書印文	妨害風化	妨害婚姻及家庭	褻瀆祀典及侵害墳墓屍體
														新受徒刑
總計	**2 007**	**7**	**22**	**7**	**10**	**6**	**14**	**54**	**1**	**18**	**19**	**26**	**273**	**9**
死刑	1													
無期徒刑	52													
有期徒刑	1 582	7	11	5	7	2	11	54		18	19	26	273	8
拘役	208		4		3	2	1							
罰金	164		7	2		2	2		1					1
														年
十六歲未滿	16		2				1					1	4	
十六歲以上	109			1								1	18	1
二十歲以上	705	3	5	5	4		2	16		12	7	7	95	2
三十歲以上	604	3	3	1	5	2	4	23	1	4	7	7	69	
四十歲以上	281	1	7		1	1	5	10		2	3	7	56	2

妨害農工商	鴉片	賭博	殺人	傷害	妨害自由	竊盜	搶奪强盜及海盜	侵佔	欺詐及背信	恐嚇	贓物	毀棄損壞	私鹽	懲治盜匪	危害民國

拘役人數

5	**178**	**14**	**186**	**222**	**87**	**444**	**120**	**34**	**86**	**67**	**26**	**8**	**4**	**21**	**39**
			1												
			32				5	3		8				2	2
3	105	3	150	140	60	363	115	18	60	54	12	2		19	37
1	38	1	1	35	9	73		10	10	5	11	2	2		
1	35	10	2	47	18	8		3	16		3	4	2		

齡

						6		1			1				
	4	1	11	12	1	40	6		5	2	1			3	2
	28	5	72	71	29	166	53	13	36	36	5	1		15	17
5	59		49	26	30	145	40	10	20	22	4	2	3	2	8
	56	3	34	42	16	63	17	8	18	6	10	4	1	1	7

罪名	人數	瀆職	妨害公務	妨害秩序	脫逃	藏匿犯人及湮滅證據	公共危險	偽造貨幣	偽造度量衡	偽證及誣告	偽造文書印文	妨害風化	妨害婚姻及家庭	褻瀆祀典及侵害墳墓屍體
五十歲以上	151		4			2	2	4			2	3	23	2
六十歲以上	36		1			1		1					8	1
七十歲以上	5													1

職

罪名	人數	瀆職	妨害公務	妨害秩序	脫逃	藏匿犯人及湮滅證據	公共危險	偽造貨幣	偽造度量衡	偽證及誣告	偽造文書印文	妨害風化	妨害婚姻及家庭	褻瀆祀典及侵害墳墓屍體
農	669		10	4		3	4	1		7	5	4	61	5
工	420		2	1	2	1	4	12		3	2	11	118	
商	249		5			1		21	1	4	7	4	36	
鑛														
交通	44						2	7					8	
公務	61	7	1		5	1		3		1	2		1	
自由業	38		1					3		2				
人事服務	62							3			1	1	11	2
其他	19		1		2								3	
無業	505		2	2	1		4	4		1	2	6	35	2

續表

妨害農工商	鴉片	賭博	殺人	傷害	妨害自由	竊盜	搶奪强盜及海盜	侵佔	欺詐及背信	恐嚇	贓物	毀棄損壞	私鹽	懲治盜匪	危害民國
	25	5	16	17	8	18	4	2	4	1	5				4
	6		3	3	3	6			2						1
			1	1					1			1			
業															
	10	2	115	123	54	50	49	7	9	34	6	5		14	27
1	38	4	37	49	11	64	19	4	26	2	4	1		3	1
4	44	2	6	24	7	36	10	11	6	5	9	1	2		3
	4		6	5		5	1	2	4						
	5		8	2	4		4	5	5	4					3
	17	1	2	1	3			3		2					3
	17			1	1	15	1	1	3	4			1		
			3	2	1	3	1		1						2
	43	5	9	15	6	271	35	1	32	16	7	1	1	4	

罪名		人數	瀆職	妨害公務	妨害秩序	脫逃	藏匿犯人及湮滅證據	公共危險	偽造貨幣	偽造度量衡	偽證及誣告	偽造文書印文	妨害風化	妨害婚姻及家庭	褻瀆祀典及侵害墳墓屍體
															家庭
未婚者	有父母	247	1	2		1		4	5		1		5	37	2
	無父母	334		2	2	2			1			2	4	43	
配偶者	有子	557	5	8	1	5	3	3	32	1	7	10	2	52	1
	無子	380	1	4	2		2	6	8		5	5	7	28	3
離婚者	有子	1												1	
	無子	20										1	1	18	
鰥寡者	有子	150		5	2			1	5		2		2	14	2
	無子	318		1		2	1		3		3	1	5	80	1
															資
有資產		116	2					1	6		1	2	1	12	1
稍有資產		527	5	8	2	2	4	3	28	1	8	7	5	71	3
無資產		1 364		14	5	8	2	10	20		9	10	20	190	5
犯罪人數	男	**1 772**	7	18	7	9	6	13	53	1	17	17	11	165	7
	女	**235**		4		1		1	1		1	2	15	108	2

續表

妨害農工商	鴉片	賭博	殺人	傷害	妨害自由	竊盜	搶奪强盗及海盗	侵佔	欺詐及背信	恐嚇	贓物	毁棄損壞	私鹽	懲治盜匪	危害民國
狀况															
	4	4	20	40	8	78	6		8	5	2				14
	5	6	21	19	4	153	23		19	7	1			10	10
4	56	2	73	87	45	50	33	22	22	11	6	4	3	2	7
	60	1	36	44	18	84	24	6	10	16	6	1			3
1	19		18	19	5	27	6	4	5	1	2	2	1	2	5
	34	1	18	13	7	52	28	2	22	27	9	1		7	
産															
	19		11	40	3	2	1	7	4						3
5	68	1	89	101	30	13	17	20	13	8	2	5	2		6
	91	13	86	81	54	429	102	7	69	59	24	3	2	21	30
5	148	14	174	206	83	429	120	34	74	67	24	7	1	20	35
	30		12	16	4	15			12		2	1	3	1	4

貳、違　　警

一、各縣市違警案件

廿四年度

縣市別	共計	妨害安寧	妨害秩序					妨害公務
			小計	違章營業	違抗命令	不顧公益	不報人事變動	
總計	**26 022**	**856**	**6 978**	**829**	**1 033**	**3 088**	**2 018**	**177**
武昌	27	2	4			4		
漢陽	75	2	19	7	7	4	1	1
咸寧	119	15	17	5	3	9		5
陽新	534	15	226	50	9	32	135	5
大冶	78		16	8		8		
鄂城	128	2	31	1	18	12		3
黄岡	89	6	22	6	5	5	6	1
蘄春	81	1	20		4	15	1	4
廣濟	58		3	1	2			
英山	33	2	4	1	2	1		
羅田	72	4	12	3	2	2	5	

誣告僞证	湮没證據	妨害交通	妨害風俗				妨害衛生				妨害身體他人	妨害財産他人
			小計	事涉淫亂	類似賭博	其他	小計	污壞飲食	任意便溺	其他		
65	**27**	**3 454**	**8 083**	**1 939**	**2 764**	**3 380**	**2 505**	**644**	**1 241**	**620**	**3 516**	**361**
		6	5		5		10	3	7			
		5	15	4	3	8	11	2	7	2	18	4
		27	11	5	6		24	14	10		12	8
10		45	83	9	71	3	127	40	72	15	14	9
		10	35	19	2	14	17	10	7			
		20	50	6	11	33	21	1	6	14	1	
1		10	16	6	6	4	21	6	8	7	11	1
		9	5	2	3		29		28	1	8	5
			25		5	20	18	7	11		6	6
		6	7	1	4	2	10	2	4	4	3	1
	1	10	1	1	9		35	3	3	29		

縣市別	共計	妨害安寧	妨害秩序					妨害公務
			小計	違章營業	違抗命令	不顧公益	不報人事變動	
麻城	115	20	40	6	1	13	20	2
黄陂	153	7	52	16	14	22		3
應城	91	1	19	6	2	10	1	
應山	247	13	32	9	8	8	7	2
鍾祥	123	5	21	5	4	12		4
京山	144		24	4	6	8	6	1
沔陽	217	11	47	10	1	33	3	4
潛江	31		22		10	7	5	1
監利	48	1	6		2	3	1	
石首	108	2	36	8	14	2	12	
松滋	107	9	18	2	3	5	8	5
荆門	85		17	1			16	1
棗陽	104	1	26	1	13	12		5
宜城	333	31	77	4	27	46		8
保康	45	1	7	2		5		
南漳	94	8	20	6	5	4	5	4
當陽	27	1	6		1	5		

續表

誣告僞证	湮没證據	妨害交通	妨害風俗				妨害衛生				身體妨害他人	財産妨害他人
			小計	事涉淫亂	類似賭博	其他	小計	污壞飲食	任意便溺	其他		
1		10	25	7	15	3	17		13	4		
	1	32	33	8	21	4	25	4	20	1		
		14	20	5	13	2	36	11	17	8	1	
3		33	43	18	24	1	40	22	18		63	18
1		4	47	10	12	25	21	2	8	11	13	7
		53	29	6	23		29	7	22		5	3
3		25	77	9	16	52	23	6	9	8	26	1
		1	1	1			5		5		1	
		3	12	6	6		14	10	3	1	10	2
		20	13	9	4		25	5	20		12	
		17	27	5	22		22	2	20		6	3
			1	1			66	24	29	13		
2		15	27	7	10	10	12	9		3	12	4
5	3	65	22	8	12	2	101	4	87	10	13	8
		7	8	5		3	21		8	13		1
		10	15	9	5	1	33	8	22	3		4
		1	10	1	9		7		7		2	

縣市別	共計	妨害安寧	妨害秩序					妨害公務
			小計	違章營業	違抗命令	不顧公益	不報人事變動	
宜都	73	1	18	2	1	9	6	
來鳳	74	8	8	3	3	2		
恩施	63		21	1	11	6	3	2
房縣	105	23	14	1		13		
鄖縣	93	9	10	5		5		
鄖西	20	1	5	1		1	1	2
省會公安局	3 550	122	772	137	133	246	256	17
水上公安局	1 414	30	682	147	399	136		5
武穴公安局	35	3	9	5	2	1	1	2
新堤公安局	249	9	62	12	1	46	3	3
沙市公安局	495	51	108	1		105	2	8
沙洋公安局	326	16	60	14	26	13	7	1
樊城公安局	254	17	76	23	17	31	5	8
老河口公安局	262	12	48	20	17	7	4	9
宜昌公安局	775	63	86	29	34	4	19	
漢口市公安局	14 868	331	4 155	266	224	2 186	1 479	53

附註：本表所列數字，概爲二十四年度呈報齊全之各縣局，至呈報不全縣份，俱未列入。又通山、禮山、五峯、興山、鶴峯、咸寧等縣，因經費困難或受匪災影響致警政無形停頓，業經呈准免報。

續表

誣告僞证	湮没證據	妨害交通	妨害風俗				妨害衛生				妨害身體他人	妨害財産他人
			小計	事涉淫亂	類似賭博	其他	小計	汚壞飲食	任意便溺	其他		
		14	11	8	3		26	6	19	1	3	
		25	5	1	3	1	23	12	4	7	5	
		5	15	9	3	3	10	1	8	1	6	4
1		27	15	1	14		24	1	23			1
		23	9	1	6	2	41	15	12	14	1	
		5	2	1	1		3	1	2		2	
2	1	286	1 389	331	709	349	507	54	287	166	391	63
4	1	387	85	7	43	35	92	47	14	31	89	39
		2	11	5	6		1			1	6	1
3		24	98	9	27	62	11	7	3	1	37	2
1		48	157	11	23	123	83	2	21	60	39	
3	8	14	53	16	6	31	75	11	40	24	74	22
		18	71	23	13	35	31	5	17	9	17	16
1	1	27	47	15	21	11	79	35	44		22	16
		26	510	12	311	187	57		23	24	22	3
24	11	2 065	4 933	1 321	1 258	2 354	622	245	253	124	2 565	109

二、各縣市違警者年齡

廿四年度

縣市別	總計		20歲以下		21—30		31—40	
	男	女	男	女	男	女	男	女
總計	**35 079**	**7 716**	**4 047**	**1 976**	**11 848**	**2 669**	**10 413**	**1 524**
武昌	28		3		11		9	
漢陽	128	4	7	1	47	1	34	2
咸寧	99	33	6	1	17	8	41	10
陽新	407	127	93	16	143	22	78	31
大冶	65	23		2	21	18	29	3
鄂城	115	18	9	1	39	9	41	3
黄岡	91	24	5	6	23	7	33	5
蘄春	95	8	12	1	29	2	28	3
廣濟	89	11	6	1	20	5	21	
英山	31	7			6	2	14	4
羅田	53	32	2		15	2	28	4
麻城	138	19			31	8	65	10
黄陂	262	15	30	5	74	4	74	4

41—50		51—60		61歲以上		未詳		縣市别
男	女	男	女	男	女	男	女	
5 902	**949**	**2 210**	**397**	**519**	**171**	**140**	**30**	**總計**
3		1				1		武昌
33		3		3		1		漢陽
17	7	8	5	8	2	2		咸寧
44	33	26	14	12	9	11	2	陽新
15								大冶
20	2	5	1	1	2			鄂城
19	2	8	4	3				黄岡
20	2	6						蘄春
26		3	2	3	3			廣濟
10	1	1						英山
5	16	3	10					羅田
38	1	4						麻城
53	2	30		1				黄陂

縣市別	總計		20歲以下		21—30		31—40	
	男	女	男	女	男	女	男	女
應城	106	20	10		42	5	35	6
應山	330	52	15	4	83	18	128	15
鍾祥	106	17	8	5	36	2	37	4
京山	127	31	15	2	27	8	31	6
沔陽	281	74	24	16	80	21	98	16
潛江	31	2	6		6		9	
監利	46	8	5		16	6	16	1
石首	106	19	31	5	34	9	22	4
松滋	119	12	3	1	48	6	39	3
荆門	77	8	25	3	22	3	8	1
宜城	320	99	25	24	69	22	79	19
棗陽	90	14	19	2	31	6	26	3
保康	40	7		1	9	2	19	2
南漳	87	8	17	2	20	4	26	1
當陽	26	1			14	1	7	
宜都	55	18	6	4	16	5	20	4

續表

41—50		51—60		61歲以上		未詳		縣市別
男	女	男	女	男	女	男	女	
10	5	9	1		3			應城
65	8	29	2	8	1	2	4	應山
23	3	8	2		1			鍾祥
35	9	17	6	2				京山
56	12	16	4	3	3	4	2	沔陽
8		2	2					潛江
7	1	2						監利
15	1	3		1				石首
22	2	7						松滋
10	1	10		2				荆門
53	10	40	8	19	6	35	10	宜城
13	2	1	1					棗陽
10	2	2						保康
14	1	6		4				南漳
2		3						當陽
8	4	4	1	1				宜都

縣市別	總計		20歲以下		21—30		31—40	
	男	女	男	女	男	女	男	女
來鳳	68	6	6		12	2	24	3
恩施	48	26	1	4	13	11	20	6
房縣	116	40	37	3	40	23	32	10
鄖縣	101		2		28		38	
鄖西	20	3	1		1		8	2
省會公安局	6 184	912	525	134	2 225	315	1 895	233
水上公安局	69	1	9		20		20	
武穴公安局	375	76	36	10	101	23	104	21
新堤公安局	725	122	31	11	247	43	234	33
沙市公安局	435	77	26	13	137	41	115	11
沙洋公安局	524	148	46	22	138	40	152	38
樊城公安局	369	81	32	8	133	24	115	29
老河口公安局	668	146		2	131	89	321	28
宜昌公安局	1 652	19	63	1	371	9	547	4
漢口市公安局	20 177	5 348	2 850	1 665	7 228	1 843	5 693	942

續表

41—50		51—60		61歲以上		未詳		縣市別
男	女	男	女	男	女	男	女	
13	1	7				6		來鳳
13	3					1	2	恩施
6	4	1						房縣
25		7		1				鄖縣
9	1					1		鄖西
1 056	141	398	63	85	26			省會公安局
8		6		1		5		水上公安局
95	10	34	5	5	4		1	武穴公安局
147	21	57	12	9	2		3	新堤公安局
93	10	53	2	9		2		沙市公安局
109	31	52	9	15	2	12	6	沙洋公安局
65	15	17	5	7				樊城公安局
186	23	29	4			1		老河口公安局
371	4	177	1	69		54		宜昌公安局
3 052	558	1 105	233	247	107	2		漢口市公安局

三、各縣市違警者職業

廿四年度

縣市別	總計		農業		鑛業		工業		商業	
	男	女	男	女	男	女	男	女	男	女
總計	**35 079**	**7 716**	**1 690**	**117**	**50**	**1**	**10 033**	**925**	**9 781**	**1 035**
武昌	28		6				10		10	
漢陽	128	4	15				46		24	1
咸寧	99	33	12	7	1		23	7	40	10
陽新	407	127	50	13	10	1	65	8	140	47
大冶	65	23	6	3			27	1	32	4
鄂城	115	18	23	1	2		10		29	2
黄岡	91	24	27	2	1		17	6	38	5
蘄春	95	8	16		1		24	1	25	
廣濟	89	11	41				17		22	
英山	31	7	8				8		13	1
羅田	53	32	3				18	3	21	4
麻城	138	19	27	6			25	2	48	2
黄陂	262	15	41				48		94	3
應城	106	20	12		14		26	4	30	1

交通運輸業		公務		自由職業		人事服務		無業		未詳	
男	女	男	女	男	女	男	女	男	女	男	女
3 663	**36**	**305**	**7**	**501**	**159**	**1 003**	**2 052**	**7 669**	**3 192**	**384**	**192**
1								1			
17				2				20	3	4	
12	6			4			1	6	2	1	
44	1	4		34	8	2	2	21	12	37	35
					12				2		1
10		2		9	9	20	4	6	1	4	1
		2			7	2	2	3	1	1	1
11		2		2		2	3	12	4		
1		1		3			1	4	6		4
						1	2	1	4		
		1			2	4	4	3	19	3	
		5		6	9	7		2		18	
11		8		22	5	19	3	31	4	18	
5				7	5	3		8	9	1	1

縣市別	總計		農業		鑛業		工業		商業	
	男	女	男	女	男	女	男	女	男	女
應山	330	52	81	1			68	18	115	13
鍾祥	106	17	16				16		26	
京山	127	31	52	10			26	8	45	11
沔陽	281	74	16				70	1	103	6
潛江	31	2	4						13	2
監利	46	8	7	1			7	1	14	
石首	106	19	15				26		53	1
松滋	119	12	34	4			24		29	3
荆門	77	8	10	1			50	5	10	2
棗陽	90	14	15				25		44	
宜城	320	99	42	7			46	16	54	19
保康	40	7	15				8		10	3
南漳	87	8	33				26	1	16	6
當陽	26	1	6				9	1	9	
宜都	55	18	17				10		17	8
來鳳	68	6	14				17	3	32	3

續表

交通運輸業		公務		自由職業		人事服務		無業		未詳	
男	女	男	女	男	女	男	女	男	女	男	女
16	3	8		14	5	2	2	22	8	4	2
1		6		5	1	5	3	23	12	8	1
3	1			1	1						
11		1		3	4	16	32	46	22	10	9
3								10		1	
		1		13	1			4	5		
						5	13	6	2	1	3
		2		7	2	1		18	3	4	
		1				5		1			
1		1	1	1		2	6	1	7		
56	8	4		19	2	26	21	45	15	28	11
				2			1	4	3	1	
2					1			10			
				1		1					
6				3		2	3		7		
				2				2		1	

縣市別	總計		農業		鑛業		工業		商業	
	男	女	男	女	男	女	男	女	男	女
恩施	48	26	5				12	1	17	3
房縣	116	40	36				38		20	4
鄖縣	101		34				14		39	
鄖西	20	3	4				3		9	3
省會公安局	6 184	912	243	4	6		2 890	124	1 644	85
水上公安局	1 650	19	50				38	6	31	2
武穴公安局	69	1	14						13	
新堤公安局	375	76	21				118		135	8
沙市公安局	725	122	10				353	7	259	8
沙洋公安局	435	77	52	2			118	12	118	16
樊城公安局	524	148	68	25			186	34	187	54
老河口公安局	369	81	38	1			59	11	98	9
宜昌公安局	668	146	1				226	1	253	4
漢口市公安局	20 177	5 348	450	29	15		5 186	643	5 832	682

附註：本表所列數字，概爲呈報齊全之各縣局；至呈報不全縣份，俱未列入。再通山、禮山、五峯、興山、鶴峯、咸豐等縣，因經費困難，或受匪災影響，致警政無形停頓，業經呈准免報。

續表

交通運輸業		公務		自由職業		人事服務		無業		未詳	
男	女	男	女	男	女	男	女	男	女	男	女
	1	1	1					10	16	3	4
		1		10	13		2	11	21		
1				2		2		8		1	
								4			
132		137	4	131	12	132	289	802	360	67	34
1 408	8	2		45	2	2		28	1	48	
7		5			1	1	1	4		25	
12		1		2		16	44	66	18	4	5
4				8		19	1	62	72	10	34
13		2		42	15	25	7	58	22	7	3
18				1	1	23	13	29	15	12	6
22		5		51	12	32	18	63	24	1	6
18		30		12	8	40	98	33	4	55	31
1 817	8	72	1	32	21	586	1 476	6 181	2 448	6	

社　　會

壹、勞資糾紛

工商業愈發達之城市，則勞資對立之界限愈明，勞資糾紛益易發生。本省勞資糾紛以漢口爲最多，武昌次之，宜昌沙市等埠工商業亦有相當發達，但據報迄無勞資糾紛情事發生，容或調查報告遺漏所致。漢口市方面，十八、十九及二十年上半年無案可稽，據第二勞働年鑑載：自十八年七月起至十九年十二月止，一年半之間計有糾紛案件一百一十六起，但其原案内容不詳，無從取材。下列之統計，係根據截至二十四年底止之案卷記載編製而成。

勞方	資方	糾紛原因	參加工人數	起訖日期	結果摘要
十七年					
漢口					
工人張伯珩	雷藍田	無故解僱	3	不詳	復工
工人彭雲亭	某廠負責人易亞東	反對解僱	4	〃	談判時勞方未到
店員鄔慶珪等	天章洋貨店	〃	13	〃	復工

續表

勞方	資方	糾紛原因	參加工人數	起訖日期	結果摘要
挖土工人黄正興等	幫董胡仿之	減工資	不詳	不詳	經仲裁規定，每担銅元五十枚
縫工李獻青等	泰昌軍服廠	違章剥削工資	100	〃	工資照原摺發放
工人魏伯珍	金龍麵粉廠	挾嫌解僱	17	〃	由一區管理局强制執行復工
工人練玉海	英美菸公司	要求復工	不詳	〃	勞方失敗
工人周云記	某外商保險洋行	違約另僱滬工	6	〃	由一區管理局制止該行另僱
工人陳漢三	張義山	勞方狡騙工資	6	〃	由法院受理
工人余意江等	燮昌洋火廠	減少工資裁減工人	1 420	〃	給資遣散
工人黄志臣等	解文堂	另僱工人	40	〃	復工
鄂城					
碼頭工人	(商會)各商家代表團體	勞方自行抬高力資	400	8.14—10.25	改良工資和解
二十年(下半年)					
漢口					
紡織工人	申新紗廠	要求發七九紀念節工資	3 920	7.9—8.24	工資照發

續表

勞方	資方	糾紛原因	參加工人數	起訖日期	結果摘要
茶樓工人	漢南春茶樓	開除工人	1	7.20—11.9	給資遣散
油桶業工人	油桶廠八家	要求增工資	354	7.20—11.27	規定每人每日工資一角
蛋廠工人	嘉利蛋廠	開除工人	3	7.30—10.5	復工
碼頭工人	英美菸公司	要求增工資	50	8.10—不詳	不詳
棉花業工人	棉花出口業仁豐號	要求外發班工資	810	8.12—11.23	給每包工資五百文
碼頭工人	寶亨輪船公司①	反對臨時僱散工	70	9.5—9.15	僅在水淹期内可僱散工
酒飯麵館業職業工會	中西菜飯業同業公會	要求改良待遇	463	10.3—12.6	定協約六條和解
紡織工人	申新紗廠	要求發年終雙薪	2 920	11.20—11.28	每人多發十二天半工資
二十一年					
漢口					
工人伍錦錫等	太古公司	因失煤開除工人	5	1.31—不詳	盜煤工人三名送交法院

① 應爲“亨寶輪船公司”，即德國亨寶船行，亦稱漢美輪船公司。

續表

勞方	資方	糾紛原因	參加工人數	起訖日期	結果摘要
麵粉廠工人	勝新麵粉廠	資方圖取保險金縱火燒工廠工人反對	41	3.31—不詳	肇事人送交法院工人另謀生計
亞細亞煤油公司工人	亞細亞煤油公司	要求與美孚德士古兩公司工人同待遇	不詳	4.16—11.1	議定協約九條和解
碼頭工人	堆棧業各商號	要求增加工資	58	5.7—6.30	工資酌量增加
蛋廠工人	安利英蛋廠	因失竊不發全體工人工資	30	6.18—6.20	開除竊物工人三名工資照發
絲廠工人	中和絲廠	要求發給工資	30	8.22—9.8	工資照發
碼頭工人	泰安紗廠	要求照約給年賞	150	10.9—不詳	勞方失敗
堆棧工人梁慶棠	太古公司	因私允客人拿取存貨海關罰公司款致被開除	不詳	10.12—12.13	多給三個月工資
針織業工人	元和襪廠等二十七家	要求照約發給工資	1 000	10.13—11.8	搗毀資方工人送法院，工資由仲裁會規定發給

續表

勞方	資方	糾紛原因	参加工人數	起訖日期	結果摘要
碼頭工人	堆棧業各商號	要求按原定力資發給	15	11.26—12.9	工資折衷發給
武昌					
紡織工人	武漢第一紗廠	要求年賞	166	20.12.24—21.1.2	各人給年賞五角
〃	民生紡織公司	裁減工人四百名	4 120	8.6—8.30	勞方失敗
〃	震寰紗廠	要求年賞	2 175	12.26—12.31	各人給年賞工資四天
二十二年					
漢口					
工人陳增武等	冠昌機器廠	訴資方違約侵奪工作	10	1.2—2.3	勞方失敗
碼頭工人	亨寶、比德兩輪船公司	勞方勒索力資	35	1.4—3.30	重訂力資

續表

勞方	資方	糾紛原因	參加工人數	起訖日期	結果摘要
首飾業工人	同慶金銀首飾號等五家	背前調解決定書折減工資並開除工人四名	48	1.9—1.21	照前調解決定書發給工資
碼頭工人	亞細亞煤油公司	要求恢復進棧運貨工作	20	1.11—2.2	資方同意但因工作道路較近力資照前百分三十五支給
躉船頭目袁坤山	太古公司	解僱	33	2.14—2.24	多給三個月工資
民船船員工會	粮食號十一家	減駁船運費	1 150	2.18—6.4	重訂駁船費
碼頭工人	裕和公司	反對僱散工	30	2.20—3.2	重訂規約
〃	中山女子肥皂公司	〃	8	2.20—9.18	自動重訂力資和解
〃	郭泰興茶行等二十家	訂定增加力資四成,因廣車幫反對只加三成,兩方已遵守多年,勞方忽要增加至四成	28	3.23—6.14	勞方失敗

續表

勞方	資方	糾紛原因	參加工人數	起訖日期	結果摘要
碼頭工人	陳翼生蛋行	争執力資	90	3.24—6.17	依定例支給
〃	和記洋行	減力資	135	3.24—4.3	重訂力資和解
船上工人	和濟公司	反對公司添設運輸股趕場攬貨	200	3.24—4.24	折衷和解
紡織廠工人	申新紗廠	勞方要求救濟失業，資方以火災後原狀尚未恢復拒絕	2 900	3.30—4.10	照錠數用無過失工人，餘給工資五天遣散
碼頭工人	隆茂洋行	反對僱散工	30	4.13—4.20	依取締工人辦法第八條及慣例和解
〃	亨寶輪船公司	争執力資	35	4.13—不詳	不詳
蛋廠工人	培林蛋廠	因打架開除工人	74	5.22—6.2	開除肇事工人一名，餘五名復工
糧食業縫包工人	各糧食業商號及麵粉廠五家	資方呈請減工資	100	5.25—不詳	不詳
碼頭工人	亨寶輪船公司	資方呈訴勒索力資	50	7.13—不詳	不詳

續表

勞方	資方	糾紛原因	參加工人數	起訖日期	結果摘要
碼頭業職業工會四七兩分所	布疋店業同業公會	反對推翻原議減少力資	不詳	7.24—8.7	照慣例支給力資
量衡業職業工會	煤炭業同業工會	争執過磅費	160	9.15—11.22	自動和解
碼頭業職業工會七分所七支組	海味糖鹽業同業工會	減力資	40	9.18—10.13	〃
碼頭業職業工會六分所四支組	永利洋碱公司	〃	不詳	10.7—10.13	照慣例支給力資
		武昌			
紡織廠工人	震寰紗廠	工廠歇業工人要求復工	3 000	5.9—9.23	給四成工資維持七十天生活，候資方清理債務復工再定期
〃	武漢第一紗廠	〃	8 000	6.19—9.19	資方借支工資每人三元，開工時扣還
〃	民生紡織公司	〃	不詳	不詳	不詳

續表

勞方	資方	糾紛原因	參加工人數	起訖日期	結果摘要
二十三年					
漢口					
首飾業工人	新天寶銀樓	雙十節不放假	7	22.10.10—23.1.12	以後放假照章辦理
煤業工人	森茂和及劉元太兩煤炭店	減工資	3	22.12.4—23.1	由仲裁委員會規定每月工資十元
碼頭業職業工會九分所民船船員工會	莫榮記木廠	反對自搬木竹出廠	不詳	3.4—不詳	廠方自送或買客自行搬運者，碼頭工人不得阻止
粮食業職業工會	武漢三鎮米業同業公會	減工資	4 000	3.16—不詳	不詳
麵粉廠工人	金龍麵粉廠	不發工資	32	4.4—7.3	資方出二百六十元分給各工人
香干工人	什貨及食品業兩同業公會	要求加工資	1 706	7.13—不詳	勞方勝利
碼頭工人	正泰公司	反對僱散工	44	7.24—不詳	河下及火車上下貨由碼頭工人工作，其他運貨得由資方僱散工

續表

勞方	資方	糾紛原因	參加工人數	起訖日期	結果摘要
碼頭工人	隆昌公司	訴勒索力資	30	8.11—8.10	規定每件力資八角
工廠工人	壽康祥木行	訴勞方無理要求增加工資	19	8.15—不詳	開除不法工人
石膏廠工人	石膏公司	要求增加工資	105	8.18—不詳	酌加工資
彈花業職業工會	棉絮業同業公會	減工資	454	9.6—10.1	正工每日仍支三角,棉絮加工四分三厘,棉花加工三分八厘,按市秤計
布廠工人	東亞及和興兩布廠	反對開除男工改僱女工	100	9.17—9.24	復工
縫紉工人	新記軍服公司	訴資方破壞勞資協約	140	9.29—10.29	和解
碼頭工人	寶成新記海味糖鹽號	反對僱用常長年搬伕	21	11.5—11.21	下貨只木耳一種由碼頭工人工作,餘仍舊
武昌					
紡織廠工人	武漢第一紗廠	裁減工人	645	22.12.下旬—23.4.15	一部份男工及三十三歲以上女工給十三天工資遣散

續表

勞方	資方	糾紛原因	參加工人數	起訖日期	結果摘要
紡織廠工人	武漢第一紗廠	裁減工人	50	4.2—5.18	給兩個月工資遣散
二十四年					
漢口					
糧食業縫包工人	各糧食號麵粉廠及堆棧	減工資	不詳	22.7—24.2.1	經仲裁解決
機米業職業工會	武漢三鎮機米	〃	不詳	23.3.23—24.2.1	經仲裁解決
汾酒業職業工會	汾酒業同業公會	〃	321	23.11.3—24.1	工資每月添一元年底給津貼四元五角
屠宰業職業工會	肉業同業公會	肉業公會攔奪肉販	439	23.12.24—24.2.8	肉業公會失敗
碼頭工人楊明梅等	潔記公司	争執力資	25	2.18—4.17	規定煤渣每担增至八十五文
碼頭業職業工會三分所	煤業工會	〃	不詳	3.3—6.22	不詳
蛋廠工人	瑞興蛋廠	要求改良待遇，資方拒絶入廠工作	36	4.30—5.6	〃

續表

勞方	資方	糾紛原因	參加工人數	起訖日期	結果摘要
駁船業職業工會	福申麵粉廠	減駁船力資	711	5.1—9.16	經仲裁折衷和解
蛋廠工人	禮和、嘉利、瑞興、美最時、安利英等蛋廠	勞方要履行訂定條件	500	5.6—11.18	不詳
汾酒業職業工會	汾酒業同業公會	減工資	不詳	5.30—7.31	工資照舊支給
碼頭工人	蛋業同業公會	減力資	〃	6.21—6.28	重新規定
〃	南洋兄弟菸草公司	反對另僱工搬貨	〃	8.8—10.3	資方得僱長工，但不得僱散工
〃	嘉利腸廠	不詳	〃	10.19—11.21	不詳
〃	德士古煤油公司	反對另僱	160	11.15—25.1.17	〃
〃	水菓店五十二家	争執力資	50	11.24—12.20	酌加力資

貳、積　　穀

縣別	人口總數	應積總數		平均每年
		舊石	市石	舊石
總計	**24 464 080**	**22 017 672.0**	**32 882 066**	**1 100 883.60**
武昌	484 478	436 030.2	435 594	21 801.51
漢陽	588 152	529 336.8	528 808	26 466.84
嘉魚	163 615	147 253.5	163 451	7 362.68
咸寧	168 746	151 871.4	154 909	7 593.57
蒲圻	187 342	168 607.8	185 469	8 430.39
崇陽	180 165	162 148.5	145 934	8 107.43
通城	188 729	169 856.1	163 686	8 492.81
通山	107 806	97 025.4	113 811	4 851.27
陽新	456 538	410 884.2	408 830	20 544.21
大冶	404 373	363 935.7	423 985	18 196.78
鄂城	424 426	381 983.4	439 281	19 039.17
黄岡	933 766	840 389.4	1 116 037	42 019.47
浠水	529 665	476 698.5	635 439	23 834.92

應積數	現積數		現積數佔應積總數之百分比	縣別
市石	舊石	市石		
1 624 107	**208 317**	**288 425**	**0.88**	**總計**
21 780	3 386	3 383	0.78	武昌
26 440	4 200	4 196	0.79	漢陽
8 173	3 125	3 469	2.12	嘉魚
7 745	920	938	0.61	咸寧
9 273	6 791	7 470	4.03	蒲圻
7 297	6 526	5 873	4.02	崇陽
8 484	2 088	3 085	1.82	通城
5 691	3 235	3 795	3.33	通山
20 442	18 781	18 687	4.57	陽新
21 199	5 252	2 624	0.62	大冶
21 964	3 499	4 024	0.92	鄂城
50 802	4 624	6 141	0.55	黄岡
31 772	7 376	9 832	1.55	浠水

縣别	人口總數	應積總數		平均每年
		舊石	市石	舊石
蘄春	522 334	470 100.6	746 520	23 505.03
廣濟	350 658	315 592.2	371 136	15 779.61
黄梅	320 560	288 504.0	293 697	14 452.20
英山	217 552	195 796.8	295 262	9 789.84
羅田	219 747	197 772.3	298 241	9 888.62
麻城	538 789	484 910.1	812 224	24 245.51
黄安	317 584	285 825.6	469 040	14 291.28
黄陂	642 902	578 611.8	858 660	28 930.59
禮山	248 016	223 214.4	336 607	11 160.72
孝感	692 508	623 257.2	1 096 933	31 162.86
雲夢	219 264	197 337.6	359 154	9 866.88
漢川	389 898	350 908.2	467 530	17 545.41
應城	296 880	267 192.0	470 258	13 359.60
安陸	302 183	271 964.7	475 394	13 598.24
應山	364 733	328 259.7	452 998	16 412.99
隨縣	755 080	679 572.0	1 196 047	33 978.60

續表

應積數	現積數		現積數佔應積總數之百分比	縣别
市石	舊石	市石		
37 326	4 260	6 765	0.91	蕲春
18 557	4 844	5 697	1.54	廣濟
14 685	2 879	2 931	1.00	黄梅
14 763	300	452	0.15	英山
14 912	407	614	0.21	羅田
40 611	1 142	1 913	0.24	麻城
23 452	1 700	2 790	0.59	黄安
42 933	1 287	1 910	0.22	黄陂
16 830	100	151	0.04	禮山
54 847	1 210	2 130	0.19	孝感
17 958	1 978	3 600	1.00	雲夢
23 377	850	416	0.10	漢川
23 513	4 397	7 739	1.65	應城
23 770	4 063	7 102	1.49	安陸
22 650	2 649	3 656	0.81	應山
59 802	2 080	3 661	0.31	隨縣

縣别	人口總數	應積總數		平均每年
		舊石	市石	舊石
鍾祥	539 052	485 146.8	758 284	24 257.34
京山	487 572	438 814.8	614 341	21 940.74
天門	783 526	705 173.4	1 152 959	35 258.67
沔陽	785 213	706 691.7	862 164	35 334.59
潛江	373 051	335 745.9	508 655	16 787.30
監利	494 035	444 631.5	576 687	22 238.58
石首	244 059	219 653.1	362 428	10 982.66
公安	329 220	296 298.0	506 078	14 814.90
松滋	447 589	402 830.1	575 241	20 141.51
枝江	244 887	220 398.3	419 198	11 019.92
江陵	680 075	612 067.5	684 291	30 603.38
荊門	515 120	463 608.0	665 277	23 180.40
宜城	191 795	172 615.5	188 233	8 630.78
棗陽	480 102	432 091.8	719 865	21 604.59
襄陽	642 772	578 494.8	867 742	28 924.74
光化	199 627	179 664.3	204 997	8 983.22

續表

應積數	現積數		現積數佔應積總數之百分比	縣別
市石	舊石	市石		
37 914	4 056	6 340	0.84	鍾祥
30 717	1 632	2 285	0.87	京山
57 648	5 353	8 752	0.76	天門
43 108	3 603	4 396	0.51	沔陽
25 433	800	1 212	0.24	潛江
28 834	2 930	3 800	0.66	監利
18 121	2 102	3 468	0.96	石首
25 304	19 240	32 862	6.49	公安
28 762	2 334	3 333	0.58	松滋
20 960	2 160	4 108	0.98	枝江
34 215	18 597	20 401	2.98	江陵
23 264	4 527	6 496	0.98	荆門
9 412	1 140	1 682	0.89	宜城
35 993	4 450	7 314	1.02	棗陽
43 387	2 925	4 388	0.51	襄陽
10 250	2 001	2 283	1.11	光化

縣别	人口總數	應積總數		平均每年
		舊石	市石	舊石
穀城	366 040	329 436.0	617 693	16 471.80
保康	112 421	101 178.8	189 710	5 058.95
南漳	414 310	372 879.0	430 675	18 683.95
遠安	103 272	92 944.8	148 212	4 641.24
當陽	307 135	276 421.5	468 258	13 821.08
宜都	298 850	268 965.0	495 165	13 448.25
宜昌	543 058	488 252.2	775 161	24 437.61
興山	113 180	101 862.0	162 979	5 098.10
秭歸	220 250	198 225.0	455 918	9 911.25
長陽	235 290	211 761.0	333 100	10 588.05
五峯	85 918	77 326.2	118 928	3 866.31
鶴峯	66 675	60 007.0	90 491	3 000.38
宣恩	120 698	108 628.7	163 811	5 431.41
來鳳	117 622	105 859.8	159 637	5 292.99
咸豐	141 813	127 631.7	192 468	6 381.59
利川	223 692	201 322.8	303 595	10 066.14

續表

應積數	現積數		現積數佔應積總數之百分比	縣別
市石	舊石	市石		
30 885	391	733	0.12	穀城
9 485	968	1 815	0.96	保康
21 534	1 712	1 977	0.46	南漳
7 436	3 058	4 893	3.29	遠安
23 413	4 298	7 272	1.55	當陽
24 758	4 166	7 945	1.60	宜都
38 758	4 587	7 275	0.94	宜昌
8 149	428	685	0.42	興山
22 796	610	1 403	0.31	秭歸
16 655	307	558	0.17	長陽
5 946				五峯
4 525				鶴峯
8 191	398	600	0.37	宣恩
8 482				來鳳
9 623	400	603	0.31	咸豐
15 180	405	611	0.20	利川

縣別	人口總數	應積總數		平均每年
		舊石	市石	舊石
恩施	271 216	244 094.4	356 378	12 204.72
建始	198 640	178 776.0	269 594	8 938.80
巴東	201 308	181 177.2	273 215	9 058.86
房縣	261 323	235 190.7	407 381	11 759.54
均縣	287 443	258 698.7	517 397	12 934.94
鄖縣	412 076	370 868.4	927 171	18 543.42
竹山	265 100	238 590.0	496 267	11 929.50
竹谿	207 508	186 757.2	388 455	9 337.86
鄖西	235 058	211 522.2	489 532	10 577.61
漢口市				

附註：一、民政廳因奉委員長行營令，自二十五年起各縣應照人口數每人積三個月之穀數，經於同年六月編製湖北各縣市保甲户口數，及各縣廳應積穀數統計，先後呈奉行營暨内政部令准備查，故本表所列人口總數，雖與本年鑑内人口部份所列各表因編製及取材方法不同，人口數亦不一致，但因該廳呈報有案故仍應依照該廳所發表者。至各縣或以天災匪禍或因地瘠民貧一時無從推進，業經呈准分二十年完成，而五峯、鶴峯、來鳳、鄖西等縣則因匪災特重准暫緩辦理。

二、現積數係根據各縣截至二十五年底止呈報之數。

三、單位“市石”係就各縣呈報當地之“舊石”按各地度量衡折合數加以折合；至禮山、羅田、英山、鶴峯、宣恩、來鳳、咸豐、利川、建始、巴東等十縣因當地度量衡折合數未據呈報，故暫以平均數代替，俾單位劃一便於統計。

續表

應積數	現積數		現積數佔應積總數之百分比	縣別
市石	舊石	市石		
17 819	1 236	1 805	0.51	恩施
13 480	983	1 482	0.55	建始
13 661	424	639	0.23	巴東
23 519	961	1 922	0.41	房縣
25 870	1 546	3 080	0.60	均縣
45 359	1 045	2 613	0.28	鄖縣
24 813	305	634	0.13	竹山
19 423	801	1 660	0.43	竹谿
24 477				鄖西
				漢口市

叁、衛　　生

一、診療機關

甲、醫院及診所概況

縣別	共計					醫院					診所				
	院所數	病床數	醫師人數	藥師人數	護士人數	院數	病床數	醫師人數	藥師人數	護士人數	所數	病床數	醫師人數	藥師人數	護士人數
總計	**380**	**3 622**	**562**	**220**	**821**	**185**	**3 573**	**349**	**175**	**728**	**195**	**48**	**213**	**45**	**93**
第一區	**90**	**675**	**132**	**30**	**122**	**36**	**661**	**73**	**23**	**106**	**54**	**14**	**59**	**7**	**16**
武昌	47	524	84	11	86	18	522	51	10	80	29	2	33	1	6
漢陽	14	17	15	6	7	2	14	2	1	1	12	3	13	5	6
嘉魚	6		6	6	6	6		6	6	6					
咸寧	3	42	3	3	5	3	42	3	3	5					
蒲圻	5		5										5		
崇陽											5				
通城															
通山	1	8	1	1	1	1	8	1	1	1					
陽新	4	14	7		6	4	14	7		6					

續表

縣别	共計					醫院					診所				
	院所數	病床數	醫師人數	藥師人數	護士人數	院數	病床數	醫師人數	藥師人數	護士人數	所數	病床數	醫師人數	藥師人數	護士人數
大冶	1	60	2	2	6	1	60	2	2	6					
鄂城	9	10	9	1	5	1	1	1		1	8	9	8	1	4
第二區	**26**	**174**	**29**	**13**	**32**	**18**	**168**	**22**	**10**	**27**	**8**	**6**	**7**	**3**	**5**
黄岡	5	15	5		3	1	15	1		3	4		4		
浠水	4	6	3	3	5						4		3	3	5
蘄春	5		5			5		5							
廣濟	6	78	7	6	13	6	78	7	6	13					
黄梅															
英山	1	5	1	1	3	1	5	1	1	3					
羅田	1		1	1		1		1	1						
麻城	3	40	5	1	6	3	40	5	1	6					
黄安															
黄陂	1	30	2	1	2	1	30	2	1	2					
禮山															

續表

縣別	共計					醫院					診所				
	院所數	病床數	醫師人數	藥師人數	護士人數	院數	病床數	醫師人數	藥師人數	護士人數	所數	病床數	醫師人數	藥師人數	護士人數
第三區	**58**	**595**	**76**	**36**	**108**	**36**	**595**	**52**	**26**	**97**	**22**		**24**	**10**	**11**
孝感	6	81	7	1	30	2	81	3	1	24	4		4		6
雲夢	4	10	4	4	4	4	10	4	4	4					
漢川	7		7	1	2						7		7	1	2
應城	2	60	4	3	1	2	60	4	3	1					
安陸	4	48	4	2	18	1	48	1	1	16	3		3	1	2
應山	7	71	14	8	9	6	71	13	7	8	1		1	1	1
隨縣	1	39	1		6	1	39	1		6					
鍾祥	2	80	3	2	33	2	80	3	2	33					
京山	11	77	13			11	77	13							
天門	14	129	19	15	5	7	129	10	8	5	7		9	7	
第四區	**47**	**233**	**62**	**32**	**81**	**29**	**220**	**41**	**22**	**66**	**18**	**13**	**21**	**10**	**15**
沔陽	3		4			3		4							
潛江	2	11	2	3		2	11	2	3						

續表

縣別	共計					醫院					診所				
	院所數	病床數	醫師人數	藥師人數	護士人數	院數	病床數	醫師人數	藥師人數	護士人數	所數	病床數	醫師人數	藥師人數	護士人數
監利	3	12	3	1	2						3	12	3	1	2
石首	8	8	8	8	8	6	8	6	6	6	2		2	2	2
公安															
松滋															
枝江	2	7	2	2	7	2	7	2	2	7					
江陵	22	183	30	14	55	13	182	19	8	48	9	1	11	6	7
荆門	7	12	13	4	9	3	12	8	3	5	4		5	1	4
第五區	**25**	**285**	**34**	**23**	**98**	**14**	**282**	**22**	**21**	**92**	**11**	**3**	**12**	**2**	**6**
宜城	2		2		2						2		2		2
棗陽															
襄陽	7	107	11	7	31	7	107	11	7	31					
光化	15	178	19	15	64	7	175	11	14	61	8	3	8	1	3
穀城															
保康															

續表

縣別	共計					醫院					診所				
	院所數	病床數	醫師人數	藥師人數	護士人數	院數	病床數	醫師人數	藥師人數	護士人數	所數	病床數	醫師人數	藥師人數	護士人數
南漳	1		2	1	1						1		2	1	1
第六區	**17**	**294**	**26**	**17**	**59**	**15**	**294**	**24**	**15**	**58**	**2**		**2**	**2**	**1**
遠安															
當陽	2	4	2			2	4	2							
宜都															
宜昌	15	290	24	17	59	13	290	22	15	58	2		2	2	1
興山															
秭歸															
長陽															
五峯															
第七區	**4**	**9**	**5**	**2**	**4**	**2**	**9**	**2**	**1**	**2**	**2**		**3**	**1**	**2**
鶴峯															
宣恩															
來鳳															

續表

縣別	共計					醫院					診所				
	院所數	病床數	醫師人數	藥師人數	護士人數	院數	病床數	醫師人數	藥師人數	護士人數	所數	病床數	醫師人數	藥師人數	護士人數
咸豐															
利川	1	3	1		1	1	3	1		1					
恩施	3	6	4	2	3	1	6	1	1	1	2		3	1	2
建始															
巴東															
第八區	**6**	**67**	**6**	**5**	**14**	**4**	**62**	**4**	**4**	**12**	**2**	**5**	**2**	**1**	**2**
房縣															
均縣	2	5	2	1	2						2	5	2	1	2
鄖縣	3	56	3	3	10	3	56	3	3	10					
竹山															
竹谿															
鄖西	1	6	1	1	2	1	6	1	1	2					
漢口市	**107**	**1 290**	**192**	**62**	**303**	**31**	**1 282**	**109**	**53**	**268**	**76**	**8**	**83**	**9**	**35**

附註：一、本表係根據後兩表資料編列。

二、空白各縣，均係據報該縣無醫院診所。

乙、醫院別

院名及院數	地址	開設		病床數	醫師人數	藥師人數	護士人數
		年	月				
185				**3 573**	**349**	**175**	**728**
武昌							
18				**522**	**51**	**10**	**80**
同仁醫院	平閲路	光緒 2		218	14	2	17
仁濟醫院	曇華林	4		120	5	1	14
聖若瑟醫院	〃	17		80	2	1	16
省立醫院	三道街	19		70	10	1	20
南樓醫院	中正路	23	11	5	3	1	3
新橋醫院	新橋正街	25	7	9	2	1	8
粵漢鐵路武昌醫院	洋園	25	10	20	4	1	1
同濟醫院	第一區金口鎮				1	1	1
兆龍醫院	第二區紙坊鎮				1		
東南醫院	第三區五里界				1		
延壽醫院	〃				1		

續表

院名及院數	地址	開設		病床數	醫師人數	藥師人數	護士人數
		年	月				
春和醫院	第三區五里界				1		
生堂醫院	〃				1		
博愛醫院	第四區油坊鎮				1		
華中醫院	〃				1		
保安西醫院	第四區魯家巷				1		
仲篪醫院	青山鎮灣口				1	1	
博愛醫院	〃				1		
漢陽							
2				**14**	**2**	**1**	**1**
衛生署武漢檢疫醫院	江岸下段	25	8	10	1		1
守慎醫院	蔡甸鎮正街			4	1	1	
嘉魚							
6					**6**	**6**	**6**
華春醫院	縣城西正街				1	1	1

續表

院名及院數	地址	開設		病床數	醫師人數	藥師人數	護士人數
		年	月				
惠仁醫院	縣城西正街				1	1	1
奉民醫院	縣城東正街				1	1	1
愛新醫院	龍口鎮上街				1	1	1
民生醫院	〃				1	1	1
春華醫院	簰洲鎮正街				1	1	1
咸寧							
3				**42**	**3**	**3**	**5**
同濟醫院	縣城内後街			10	1	1	3
普濟醫院	汀泗橋東門外			12	1	1	1
汎愛醫院	汀泗橋咸岸正街			20	1	1	1
通山							
1				**8**	**1**	**1**	**1**
鶴齡醫院	縣城東前街			8	1	1	1
陽新							

續表

院名及院數	地址	開設		病床數	醫師人數	藥師人數	護士人數
		年	月				
4				**14**	**7**		**6**
仁安醫院	空心正街			4	2		2
普通醫院	縣城正街			6	2		2
濟衆醫院	太保廟街			2	2		1
濟生醫院	山川壇街			2	1		1
大冶							
1				**60**	**2**	**2**	**6**
普愛醫院	石灰窰			60	2	2	6
鄂城							
1				**1**	**1**		**1**
普濟醫院	小北門正街			1	1		1
黄岡							
1				**15**	**1**		**3**
鄂東醫院	黄州			15	1		2

續表

院名及院數	地址	開設		病床數	醫師人數	藥師人數	護士人數
		年	月				
蘄春							
5					**5**		
愛衆醫院	北門外正街				1		
聚九醫院	北門内正街				1		
仁濟醫院	北門坡正街				1		
華新醫院	北門内正街				1		
華西醫院	太清鎮東長街				1		
廣濟							
6				**78**	**7**	**6**	**13**
惠仁醫院	武穴後填街				1	1	2
廣濟醫院	武穴西菜園			20	2	1	5
博濟醫院	武穴居仁街				1	1	
普愛醫院	武穴小橋邊			40	1	1	2
長春醫院	縣城東門邊			8	1	1	2

續表

院名及院數	地址	開設		病床數	醫師人數	藥師人數	護士人數
		年	月				
亞東醫院	縣城三民街			12	1	1	2
英山							
1				**5**	**1**	**1**	**3**
仁安醫院	第一區七保一甲			5	1	1	3
羅田							
1					**1**	**1**	
華北醫院	縣城東門内				1	1	
麻城							
3				**40**	**5**	**1**	**6**
東北醫院	宋埠東門内				1		1
民生醫院	宋埠西門内				1		1
福音醫院	縣城西門内			40	3	1	4
黄陂							
1				**30**	**2**	**1**	**2**

續表

院名及院數	地址	開設		病床數	醫師人數	藥師人數	護士人數
		年	月				
仁濟醫院	縣内北城街			30	2	1	1
孝感							
2				**81**	**3**	**1**	**24**
仁濟醫院	城内大東門			81	2	1	22
方壽醫院	古樓街				1		2
雲夢							
4				**10**	**4**	**4**	**4**
同仁醫院	北門正街			4	1	1	1
存仁中西醫院	東門正街				1	1	
協和醫院	〃			4	1	1	2
亞西醫院	下北門正街				1	1	1
應城							
2				**60**	**4**	**3**	**1**
應城醫院	城内西街			50	3	2	

續表

院名及院數	地址	開設		病床數	醫師人數	藥師人數	護士人數
		年	月				
維章醫院	城内北街			10	1	1	1
安陸							
1				**48**	**1**	**4**	**16**
普愛醫院	縣東門			48	1	4	16
應山							
6				**71**	**13**	**7**	**8**
良濟醫院	城内大西街			20	2	1	1
濟華醫院	〃			12	1	1	1
德和醫院	城内南正街			30	2	1	1
治平醫院	廣水正街			3	3	2	2
博愛醫院	〃			5	2	1	1
廣慈醫院	〃			1	3	1	2
隨縣							
1				**39**	**1**		**6**

續表

院名及院數	地址	開設		病床數	醫師人數	藥師人數	護士人數
		年	月				
普愛醫院	縣北正街			39	1		6
鍾祥							
2				**80**	**3**	**2**	**33**
普愛醫院	縣城大東門外			70	2	1	32
協和醫院	城外中山大街			10	1	1	1
京山							
11				**77**	**13**		
濟仁醫院	城西正街			3	1		
仁濟分醫院	城西門外			16	1		
安樂醫院	大正街			20	2		
奇珍醫院	宋河鎮上街			2	1		
重生醫院	宋河鎮正街			4	1		
同壽醫院	〃			2	1		
惠民醫院	宋河鎮王家巷			3	1		

續表

院名及院數	地址	開設		病床數	醫師人數	藥師人數	護士人數
		年	月				
再生醫院	賈店街			2	2		
福民醫院	多寶灣			9	1		
道生醫院	夏家場			6	1		
同仁醫院	多寶灣			10	1		
天門							
7				**129**	**10**	**8**	**5**
普通醫院	東堤上街			20	2	1	1
仁濟醫院	皂市北大門			70	2	2	1
普治醫院	皂市五華山			5	1	1	
重生醫院	彭市河正街			17	1	1	1
同濟醫院	皂市雙門下首			10	1	1	1
斌記醫院	彭市河上新街			5	2	1	1
華濟醫院	皂市華昇街			2	1	1	
沔陽							

續表

院名及院數	地址	開設		病床數	醫師人數	藥師人數	護士人數
		年	月				
3					**4**		
家銘醫院	縣城下關正街				1		
播春醫院	新堤西堤街				2		
惠康醫院	仙鎮下街				1		
潛江							
2				**11**	**2**	**3**	
雲濟醫院	縣城内			5	1	2	
美利醫院	〃			6	1	1	
石首							
6				**8**	**6**	**6**	**6**
錫安醫院	藕池			1	1	1	1
富華醫院	〃			1	1	1	1
保康醫院	〃			1	1	1	1
道濟醫院	〃			2	1	1	1

續表

院名及院數	地址	開設		病床數	醫師人數	藥師人數	護士人數
		年	月				
亞東醫院	藕池			2	1	1	1
復生醫院	〃			1	1	1	1
枝江							
2				**7**	**2**	**2**	**7**
濟生醫院	第三區江口一鎮			2	1	1	2
勤濟醫院	第二區董市鎮			5	1	1	5
江陵							
13				**182**	**19**	**8**	**48**
縣立醫院	荆州城内絳帳			20	2	1	5
華冒醫院	荆州舊府圍牆街			4	2	1	2
荆州中央醫院	南門街			2	1	1	1
復生醫院	荆州城内				1	1	
聖約瑟醫院	荆州城内天主堂			8	1	1	2
復和醫院	黨化巷			48	2	1	16

續表

院名及院數	地址	開設		病床數	醫師人數	藥師人數	護士人數
		年	月				
德和醫院	新民街			10	1		3
康生醫院	毛家坊			46	2	1	12
慈濟醫院	中山路同福里			32	1	1	3
同德醫院	克成里				2		1
同仁醫院	三民路				2		
華翹醫院	中山路			12	1		2
世民醫院	交通右路				1		1
荆門							
3				**12**	**8**	**3**	**5**
廣仁醫院	北門正街			8	4	1	2
普愛醫院	〃			4	3	1	1
天主堂醫院	〃				1	1	2
襄陽							
7				**107**	**11**	**7**	**31**

續表

院名及院數	地址	開設		病床數	醫師人數	藥師人數	護士人數
		年	月				
同濟醫院	西門外			94	3	1	16
慈濟婦孺醫院	樊城後麻鞋灣				2	1	2
保産醫院	樊城後麻鞋灣			3	1	1	3
華民醫院	樊城前街			3	1	1	1
焕誠醫院	樊城小磁器街			2	1	1	2
民康醫院	樊城井山街			2	1	1	3
慈濟婦孺保産分院	襄陽漢聖菴			3	2	1	4
光化							
7				**175**	**11**	**14**	**61**
天主堂醫院	老河口綫子街			60	3	2	6
惠民醫院	老河口大盛廠			5	1	1	6
福民醫院	老河口杜象營			40	3	7	15
福康婦孺保産醫院	老河口大盛廠			10	1	1	4
老保産醫院	玉皇閣			25	1	1	18

續表

院名及院數	地址	開設		病床數	醫師人數	藥師人數	護士人數
		年	月				
福康醫院	大盛廠			20	1	1	3
婦孺保産院	〃			15	1	1	9
當陽							
2				**4**	**2**		
回春醫院	縣城中正街			2	1		
康濟醫院	西門外端直街			2	1		
宜昌							
13				**290**	**22**	**15**	**58**
宜昌縣立醫院	天官牌坊街			20	3	1	6
濟生醫院	培心路			8	2	1	1
培心醫院	〃			6	2	1	1
健康醫院	通惠路			12	2	1	2
仁濟醫院	二馬横路			50	2	1	15
愛德醫院	下鐵路壩			64	2	1	4

續表

院名及院數	地址	開設		病床數	醫師人數	藥師人數	護士人數
		年	月				
普濟醫院	濱江路			100	2	4	23
德華醫院	通惠路			4	2	1	1
芳園醫院	培心後路			11	1	1	1
宜昌醫院	陶珠路				1	1	
惠濟醫院	環城東路				1		2
德濟醫院	二馬路			15	1	1	
振民醫院	福綏路				1	1	2
利川							
1				**3**	**1**		**1**
公共醫院	中山街			3	1		1
恩施							
1				**6**	**1**	**1**	**1**
區立醫院	專區左側			6	1	1	1
鄖縣							

續表

院名及院數	地址	開設		病床數	醫師人數	藥師人數	護士人數
		年	月				
3				**56**	**3**	**3**	**10**
薰南醫院	小南門内西巷			28	1	1	4
保産醫院	鼓樓街			24	1	1	3
紅十字醫院	〃			4	1	1	3
鄖西							
1				**6**	**1**	**1**	**2**
康民療病院	縣城西街			6	1	1	2
漢口市							
31				**1 282**	**109**	**53**	**268**
普愛醫院	漢正街	同治 3	5	160	6	2	12
同仁醫院	一元路	光緒 28	3	60	9	3	10
平漢路江岸醫院	江岸車站	光緒 32	1	20	3	2	6
廣東醫院	寶豐路	1		12	2	1	2
萬國醫院	黄陂路	6	6	30	5	3	9

續表

院名及院數	地址	開設		病床數	醫師人數	藥師人數	護士人數
		年	月				
安吉醫院	戲子街	7	6	12	2	1	2
太和醫院	都陽路	11		20			
同仁會漢口分院	日租界	12	1	63	13	3	12
湖北醫院	五族街	12	6	3	2	1	1
梅神父醫院	梅神父路	13	1	200	2	5	13
博愛醫院	一元路	15	3	3	1	1	1
漢口醫院	五族街	15	7	6	3	1	2
普仁醫院	特三區	15	10	5	3	1	4
平安醫院	二曜小路	16		(産室 1)	2	1	2
市立醫院	中山路	16	10	250	9	5	17
回生醫院	黄陂路	17	1	5	2	2	2
協和醫院	中正路	17	4	220	15	3	120
林醫院	日租界	17	4	7	1	2	3
華中堂醫院	〃	17		6	1	2	2

續表

院名及院數	地址	開設		病床數	醫師人數	藥師人數	護士人數
		年	月				
德齋醫院	保華街	18	1	1	2		2
壽康醫院	揚子街	18		4	4	1	4
長江醫院	中山路	19	1	4	1	1	2
共濟醫院	特三區	19	3	3	2	2	2
江漢醫院	民生路	20	4	4	2	1	2
平漢鐵路漢口醫院	漢江街	20	10	60	7	4	12
鄉村醫院	江家墩	21	1		1		
紅十字醫院	藥幫一巷	22	1	100	2	1	16
回春醫院	民權路	22	6	4	2	1	4
四明醫院	一元路	23	12		1	1	1
大衆醫院	法租界	25	7	4	2	1	2
平民醫院	五族街	26	3	16	2	1	1

附註：本表所列各縣醫院，係根據本府二十五年上半年調查之資料，漢口市及省會，則係二十六年四月内所重新調查者。

丙、診所别

所名及所數	地址	開設		病床數	醫師人數	藥師人數	護士人數
		年	月				
195				**49**	**213**	**45**	**93**
武昌							
29				**2**	**33**	**1**	**6**
厚安診所	王府口	光緒 33	1		2		
傅延忠診所	荷包灣	13	4		1		
菊亭診所	馬路街	17	4		1		
宏仁診所	平閲路	17	8		2	1	
鄧崇儒診所	三道街	18	9		1		
聖羅撒診所	竹子廠	19	4		1		2
宏濟診所	武勝門正街	19	10		1		
貧民診所	沙湖街	20	10		1		2
徐郁文診所	三道街	23	12		1		
藍正道診所	平閲路	24	4		1		
俞昌時診所	武昌路	24	4		1		

續表

所名及所數	地址	開設		病床數	醫師人數	藥師人數	護士人數
		年	月				
余鶴聲診所	武勝門正街	24	4		1		
陳錫璋診所	平閱路	24	5		1		
民化診所	武昌路	24	7		2		
郝覺民診所	鶯坊巷	24	8		1		
龔稚川診所	府街口	24	8		1		
陳憲診所	育嬰堂	24	10		1		2
王壽金診所	府街口	24	10		1		
戴志强診所	中正路	24	10		1		
蔣毓彪診所	武昌路	25	1		1		
萬華庭診所	太平試館	25	2		1		
桂雄五診所	胡林翼路	25	2		1		
梁戴道診所	中正路	25	3		1		
博濟診所	〃	25	10	2	2		
鄧志模診所	胡林翼路	25	12		1		

續表

所名及所數	地址	開設		病床數	醫師人數	藥師人數	護士人數
		年	月				
劉子俊眼科診所	武昌路	26	1		1		
濟世醫藥局	第四區豹澥鎮				1		
傅藥三醫所	〃				1		
保健所	青山鎮新村				1		

漢陽

所名及所數	地址	年	月	病床數	醫師人數	藥師人數	護士人數
12				**3**	**13**	**5**	**6**
華中診所	西大街	13	3		1		
李雲程分診所	兩湖正街	18	9		1		1
聖母堂診所	西大街	20	6		2		2
鳴高診所	崇善正街	21	5		1		
周承治診所	泉隆二巷	23	8		1		
廣成診所	東正街	23	11		1		
武昌市政處漢陽衛生事務所	顯正街	24	3		1		3
維德西醫診所	新溝鎮河街				1	1	

續表

所名及所數	地址	開設		病床數	醫師人數	藥師人數	護士人數
		年	月				
方濟堂醫務所	新溝鎮河街				1	1	
華達診所	蔡甸蝙蝠街			2	1	1	
愛泉診所	〃			1	1	1	
文華診所分處	蔡甸鎮				1	1	
蒲圻							
5					**5**		
亞東醫社	縣府前街				1		
義濟診所	南正街				1		
德濟診所	〃				1		
方吉醫所	倉嶺街				1		
博濟醫社	羊樓洞鎮				1		
鄂城							
8				**9**	**8**	**1**	**4**
同濟醫館	四元閣			1	1		1

續表

所名及所數	地址	開設		病床數	醫師人數	藥師人數	護士人數
		年	月				
民生治病所	大南門正街			3	1		1
博愛診所	小北門正街			5	1	1	1
體民治病所	四眼井				1		1
和濟診所	金牛鎮正街				1		
華濟診所	〃				1		
輔仁診所	金牛鎮西街				1		
惠安診所	〃				1		
黄岡							
4					**4**		
濟民診所	陽邏				1		
博愛診所	團風				1		
永濟診所	〃				1		
普濟診所	〃				1		
浠水							

續表

所名及所數	地址	開設		病床數	醫師人數	藥師人數	護士人數
		年	月				
4				**6**	**3**	**3**	**5**
博施診所	縣城學堂街			6	1		1
行道會治療所	縣城憲司坳					1	2
利人診所	〃				1	1	1
大生診所	縣城憲司西坳				1	1	1
孝感							
4					**4**		**6**
培德診所	憲司街				1		1
普安診所	北正街				1		1
鄂北診所	憲司街				1		1
自强診所	古樓街				1		3
漢川							
7					**7**	**1**	**2**
漢口天主堂梅神父紀念醫院漢川分診所	集山觀内				1	1	2

續表

所名及所數	地址	開設		病床數	醫師人數	藥師人數	護士人數
		年	月				
惠仁醫局	二舖街				1		
雅愛醫局	城内商會側				1		
平安醫局	城内北街				1		
廣益醫局	城内楊家巷				1		
仁愛醫局	城内北街				1		
精益醫社	城内南街				1		
安陸							
3					**3**	**1**	**2**
資生西醫診所	龍門街				1		
克明診所	儒學側街				1		
漢口梅神父醫院德安分診所	縣南門				1	1	2
應山							
1					**1**	**1**	**1**
和平診所	廣水正街				1	1	1

續表

所名及所數	地址	開設		病床數	醫師人數	藥師人數	護士人數
		年	月				
天門							
7					**9**	**7**	
博濟診所	墻子街				1	1	
進修診所	東堤街				2	1	
時濟診所	東關				1	1	
仁記診所	南關				2	1	
普同診所	岳口鎮柏樹林				1	1	
廣濟診所	岳口陳家巷				1	1	
天生診所	〃				1	1	
監利							
3				**12**	**3**	**1**	**2**
瑞華診所	茀蔭街			12	1	1	1
愛林診所	西門正街				1		1
保康診所	朱河新安巷				1		

續表

所名及所數	地址	開設		病床數	醫師人數	藥師人數	護士人數
		年	月				
石首							
2					**2**	**2**	**2**
普濟診所	縣城黄金堤				1	1	1
道濟診所	〃				1	1	1
江陵							
9				**1**	**11**	**6**	**7**
恕慈診所	三民路				1		1
民生治療所	劉公巷				1		1
協和診所	中正二路				1		1
繼自診所	荆州城内			1	1	1	1
玉如診所	華市街				1	1	
炳清診所	彌陀寺街				1	1	
文墉診所	荆州便河橋				2	1	1
少黻診所	荆州城内支家巷				2	1	1

續表

所名及所數	地址	開設		病床數	醫師人數	藥師人數	護士人數
		年	月				
復生診所	江陵郝穴鎮				1	1	1
荆門							
4					**5**	**1**	**4**
大同診所	魚場街				1	1	2
襄中診所	磯頭街				1		1
復康治療所	棗園街				2		1
濟生醫藥社	北門正街				1		
宜城							
2					**2**		**2**
惠民醫藥所	城内南街				1		1
濟民醫社	城内西街				1		1
光化							
8				**3**	**8**	**1**	**3**
老保産院分診所	三義街			3	1	1	3
伊斯蘭診所	南大路				1		

續表

所名及所數	地址	開設		病床數	醫師人數	藥師人數	護士人數
		年	月				
瑞麟診所	中山南街				1		
策安診所	老新街				1		
耀廷診所	上仁義街				1		
金堂診所	綫子街				1		
英軒診所	丁字街				1		
良修診所	綫子街				1		
南漳							
1					**2**	**1**	**1**
襄陽同濟醫院治療所	後街福音堂				2	1	1
宜昌							
2					**2**	**2**	**1**
古莊診所	二馬路				1	1	
定謙診所	〃				1	1	1
恩施							
2					**3**	**1**	**2**

續表

所名及所數	地址	開設		病床數	醫師人數	藥師人數	護士人數
		年	月				
福音堂施診所	東正街				1		2
愛德施診所	南正街				2	1	
均縣							
2				**5**	**2**	**1**	**2**
恕愛診療所	城内大街			3	1	1	1
培德診療所	城内小東街			2	1		1
漢口市							
76				**8**	**83**	**9**	**35**
普益診所	礄口路	1	3		1		
鈺山診所	水廠下街	6	7		1		
胡亞民診所	民族路	8	1		1		
善同診所	漢景街	9	3		1		
張東亭診所	府東四路	9	9		1		
懷仁診所	董家巷	10	1		1		
方濟診所	積慶里	10	9		1		

續表

所名及所數	地址	開設		病床數	醫師人數	藥師人數	護士人數
		年	月				
濟世診所	中山路	11	2		1	1	
樂善診所	保華街	11	4	1	1		4
時壽診所	雲綉里	11	5		1		
合作診所	新安街	13	6		1	1	
楊景衢診所	保華街	14	8		2		
大同診所	江漢一路	15	1		1		
壽康診所	民權路	15	7		1		
王慎菴診所	吉慶路	15	8		1		
培元診所	中山路	15	9	4	1		1
康綽卿診所	玉皇巷	16			1		
恕之診所	清芬一路	16	2		1		1
博愛診所	礄口路	16	4		1		
康崇安診所	德厚里	17			1		
愛德診所	公安路	17	1	1	1		

續表

所名及所數	地址	開設		病床數	醫師人數	藥師人數	護士人數
		年	月				
張翼診所	江漢一路	17	7		1		
復明診所	保華街	18	1		1		2
貧民診所	西馬路	18	1		1		
天福診所	中山路	18	7		1		1
惠安診所	花樓街	19	2		1		3
德濟診所	三陽路	19	2		1		
江陶尊診所	府西二路	19	2		1		
李海珊診所	濟生巷	19	7		1		
求是診所	戲子街	19	8		1		
俞氏醫室	貫忠里	20	3		1		
熊國静産科診所	福忠里	20	5		2		
益壽診所	民權路	20	11		1		2
安吉診所	戲子街	21	4		1	1	
幼安診所	清芬路	21	4		1		2

續表

所名及所數	地址	開設		病床數	醫師人數	藥師人數	護士人數
		年	月				
天德堂	民族路	22	1		1		1
伯翹診所	清芬路	22	2		1		1
仁壽診所	民權路	22	3		1		
紅卍字會附設診所	銘新街	22	3		1	2	1
德華診所	中山路	23	1		1		1
嚴京銓診所	界限路	23	1		1		
高光述診所	祥熙里	23	2		1		
蘭皋診所	坤元里	23	3		1		
人道診所	保成路	23	3		1		2
胡襄陽診所	民生路	23	4		1		
華氏診所	貫忠里	23	7		2		2
子仁診所	統一街	23	7		1		
涂和齋診所	友益街	23	9		1		1
中慈診所	積慶里	23	10		1		

續表

所名及所數	地址	開設		病床數	醫師人數	藥師人數	護士人數
		年	月				
博濟診所	府東五路	23	11		1		
姊妹診所	保華街	23	12		1		
日新診所	漢景街	24	3		1		
潤甫診所	中山路	24	4		1	1	1
保赤診所	長堤街	24	5		2		
性海診所	中山街	24	5		1		
張杏初診所	黄陂路	24	6		1		1
恃德診所	惠滋巷	24	7		2		1
豫生診所	生成南里	24	9		1		1
金克勤診所	府東四路	24	9		1		
健康診所	生成南里	24	10		1	1	1
楊總甫診所	華商街	24	10		1		1
懷遠診所	永廣里	24	11		1		
美善診所	合成里	24	12		1		

續表

所名及所數	地址	開設		病床數	醫師人數	藥師人數	護士人數
		年	月				
文德診所	府東四路	25	3		1		1
張文洞診所	上正街	25	3		1		
保鍾駿診所	永和里	25	3		1		
亞中診所	大智路	25	4		2		1
李寶實診所	黄陂路	25	4		1		1
得恩診所	長堤街	25	6		1		
復民戒烟所	中山路	25	7	2	2	1	
大公診所	生成南里	25	9		1		
漢口花柳病專療所	永安里	25	11		1		
公濟診所	保成路	26	1		1	1	1
彭碧松産科診所	公新里	26	2		1		
藍思聰産科診所	德潤里	26	2		1		
福民診所	府東一路	26	2		1		

附註：一、本表所列各縣診所，係根據本府二十五年上半年調查之資料；漢口市及省會，則係二十六年四月内所重新調查。

二、凡醫所、醫社、醫館、醫局，及有醫師之藥局，本表均作爲診所一併列入。

二、死亡病因

甲、武漢五年中逐月死亡病因

病因别	全年	一月	二月	三月	四月	五月
廿一年	**20 556**	**1 968**	**1 878**	**2 135**	**1 958**	**1 745**
傷寒或類傷寒	1 456	85	66	67	127	133
斑疹傷寒	232	4	14	22	32	23
赤痢	1 384	85	68	102	43	76
天花	2 682	304	76	120	430	384
鼠疫						
霍亂	1 541	6		3	165	298
白喉	33	5	9	13		
流行性腦脊髓腫炎	90	6	15	23	4	3
猩紅熱	147	20	26	39	2	10
痲疹	487	61	99	73	55	54
瘍毒	114	15	7	24	1	3
其他發熱及發疹病	1 038	175	109	93	157	49
狂犬病	22	5	2	3		
抽風症	744	46	38	26	39	36
産褥病	308	32	24	32	34	32

六月	七月	八月	九月	十月	十一月	十二月	病因别
1 553	**2 129**	**2 390**	**1 815**	**1 358**	**812**	**815**	**廿一年**
70	180	198	165	164	130	71	傷寒或類傷寒
13	35	42	25	8	13	1	斑疹傷寒
94	157	278	251	141	47	42	赤痢
274	262	286	248	143	91	64	天花
							鼠疫
290	396	296	41	23	23		霍亂
	2	1			2	1	白喉
2	5	7	13	4	3	5	流行性腦脊髓腫炎
4	8	9	9	17	2	1	猩紅熱
40	33	40	16	8	4	4	痲疹
7	10	22	17	2	5	1	瘍毒
52	99	135	60	49	36	24	其他發熱及發疹病
	3	2	3		2	2	狂犬病
18	90	157	94	96	59	45	抽風症
24	26	40	24	22	7	11	産褥病

病因别	全年	一月	二月	三月	四月	五月
肺癆	1 833	167	235	220	218	135
其他癆病	2 198	210	176	243	199	158
呼吸系病	705	137	151	119	60	29
腹瀉及腸炎	501	71	67	64	69	17
其他腸胃病	978	119	301	278	17	25
心腎病	400	50	62	111	33	22
老衰及中風	1 714	172	169	203	119	128
初生虛弱及早產	221	51	26	61	14	4
中毒及自殺	53	2	3	4		1
外傷	96	8	10	20	9	2
其他原因	937	67	61	125	57	50
死因不明	642	65	64	47	74	73
廿二年	**9 958**	**666**	**731**	**715**	**670**	**695**
傷寒或類傷寒	817	46	79	65	63	43
斑疹傷寒	65	3	3	2	2	21
赤痢	370	10	12	7	9	14
天花	433	25	54	44	50	39
鼠疫						

續表

六月	七月	八月	九月	十月	十一月	十二月	病因别
89	140	138	129	136	117	109	肺癆
129	208	219	196	210	90	160	其他癆病
39	35	18	40	30	17	30	呼吸系病
34	31	48	35	16	30	19	腹瀉及腸炎
74	46	15	44	33	19	7	其他腸胃病
17	18	8	22	17	17	23	心腎病
126	152	181	151	136	63	114	老衰及中風
4	13	10	19	8	3	8	初生虚弱及早産
3	7	13	5	8	5	2	中毒及自殺
3	3	2	22	12		5	外傷
89	125	170	77	48	13	55	其他原因
58	45	55	109	27	14	11	死因不明
720	**939**	**1 291**	**817**	**1 004**	**839**	**871**	**廿二年**
57	70	82	65	82	88	77	傷寒或類傷寒
3		11	10	5	1	4	斑疹傷寒
21	59	92	65	48	27	6	赤痢
47	36	47	34	21	14	22	天花
							鼠疫

病因别	全年	一月	二月	三月	四月	五月
霍亂	158			2	5	7
白喉	20	1	3	3		1
流行性脳脊髓腫炎	58	1	3	2	11	8
猩紅熱	40	1	3	3	2	7
痲疹	68	1	4	18	10	7
瘍毒	44	3	3	2	3	3
其他發熱及發疹病	272	5	12	11	6	17
狂犬病	4		1			
抽風症	1 079	31	57	59	62	51
産褥病	192	12	18	13	11	12
肺癆	1 276	124	99	82	125	104
其他癆病	1 845	131	139	152	106	136
呼吸系病	260	35	30	21	19	22
腹瀉及腸炎	225	7	16	9	4	14
其他腸胃病	213	16	6	14	14	8
心腎病	118	7	13	10	8	7
老衰及中風	1 424	139	127	132	113	114
初生虚弱及早産	117	10	9	8	8	6

續表

六月	七月	八月	九月	十月	十一月	十二月	病因别
26	39	39	16	10	10	4	霍亂
1	1	1	4	1	2	2	白喉
6	7	7	3	3	6	1	流行性腦脊髓腫炎
3	4	5	3	4	4	1	猩紅熱
5		5	7	6	5		痲疹
2	7	7	4	6	3	1	瘍毒
24	51	47	31	23	29	16	其他發熱及發疹病
	1		1	1			狂犬病
60	109	217	114	110	92	111	抽風症
19	18	15	18	14	22	21	産褥病
97	114	106	88	116	105	118	肺癆
147	176	189	142	218	145	164	其他癆病
11	16	25	12	22	26	21	呼吸系病
13	20	51	30	18	17	26	腹瀉及腸炎
8	18	41	16	24	24	24	其他腸胃病
16	7	11	7	5	10	16	心腎病
89	93	127	79	156	119	136	老衰及中風
7	10	18	9	14	12	6	初生虛弱及早産

病因別	全年	一月	二月	三月	四月	五月
中毒及自殺	86	3	4	8	8	7
外傷	89	9	2	6	1	13
其他原因	441	34	24	32	25	21
死因不明	242	12	10	10	4	13
廿三年	**15 604**	**896**	**799**	**1 001**	**955**	**835**
傷寒或類傷寒	878	55	50	54	86	61
斑疹傷寒	93	4	9	1	1	5
赤痢	636	18	4	8	3	13
天花	1 664	18	25	48	70	98
鼠疫						
霍亂	302	3	2	3	23	11
白喉	52	9	2	7	1	1
流行性腦脊髓腫炎	64	6	1	10	6	10
猩紅熱	43	2	1	2	3	1
痲疹	331	1	9	9	7	18
瘍毒	53		3	7		3
其他發熱及發疹病	637	20	16	25	45	36
狂犬病	7		1			

續表

六月	七月	八月	九月	十月	十一月	十二月	病因别
4	8	17	8	5	6	8	中毒及自殺
6	3	13	7	13	9	7	外傷
34	61	80	27	38	30	35	其他原因
14	11	38	17	41	34	38	死因不明
1 227	**2 131**	**1 870**	**1 542**	**1 380**	**1 214**	**1 754**	**廿三年**
68	117	83	108	80	61	50	傷寒或類傷寒
13	11	11	5	9	8	16	斑疹傷寒
33	88	153	137	114	34	31	赤痢
110	173	169	115	119	190	529	天花
							鼠疫
21	124	84	15	16			霍亂
5	3	1	4	3	11	5	白喉
2	21	5		2		1	流行性腦脊髓腫炎
3	19	4	3	1	1	3	猩紅熱
16	42	56	18	22	35	97	痲疹
3	3	12	8	6	3	5	瘍毒
49	177	113	56	36	33	31	其他發熱及發疹病
	1	1	2	2			狂犬病

病因别	全年	一月	二月	三月	四月	五月
抽風症	2 042	86	68	126	118	91
産褥病	195	22	10	11	11	6
肺癆	1 486	106	107	123	111	89
其他癆病	2 593	193	191	225	176	141
呼吸系病	330	36	33	21	21	21
腹瀉及腸炎	425	19	9	11	23	17
其他腸胃病	285	28	26	31	24	14
心腎病	117	10	7	9	10	14
老衰及中風	1 911	187	146	171	120	89
初生虚弱及早産	119	10	8	10	6	10
中毒及自殺	102	6	3	9	10	11
外傷	110	9	8	16	7	7
其他原因	760	34	46	32	50	43
死因不明	374	14	14	32	23	24
廿四年	**16 611**	**1 788**	**1 519**	**1 544**	**1 749**	**1 542**
傷寒或類傷寒	431	29	35	39	39	52
斑疹傷寒	45	3	1		5	
赤痢	452	6	5	15	11	12

续表

六月	七月	八月	九月	十月	十一月	十二月	病因别
163	413	319	220	165	148	125	抽風症
17	23	18	16	13	22	26	産褥病
139	132	161	149	139	83	147	肺癆
223	250	190	236	233	253	282	其他癆病
36	28	31	30	33	16	24	呼吸系病
35	75	82	60	49	32	13	腹瀉及腸炎
28	35	18	26	37	9	9	其他腸胃病
11	15	12	12	9	2	6	心腎病
133	192	155	160	176	175	207	老衰及中風
11	11	3	4	19	6	21	初生虚弱及早産
9	16	18	9	2	4	5	中毒及自殺
12	11	18	10	1	2	9	外傷
55	101	106	96	60	64	73	其他原因
32	50	47	43	34	22	39	死因不明
1 226	**1 214**	**1 501**	**1 296**	**1 094**	**1 065**	**1 073**	**廿四年**
31	33	35	35	44	27	32	傷寒或類傷寒
3	3	4	1	7	5	13	斑疹傷寒
17	48	120	114	47	35	22	赤痢

病因別	全年	一月	二月	三月	四月	五月
天花	3 359	260	453	528	553	378
鼠疫						
霍亂	132					
白喉	33	7	5	4	5	1
流行性腦脊髓腫炎	67	11	8	10	10	6
猩紅熱	25	3		3	1	2
痲疹	1 296	188	178	162	203	166
瘍毒	67	2	1	5	6	5
其他發熱及發疹病	515	21	19	17	36	38
狂犬病	9					
抽風症	1 037	94	53	59	73	81
産褥病	288	27	25	20	19	16
肺癆	2 866	285	282	271	311	258
其他癆病	1 562	136	112	126	134	167
呼吸系病	373	35	41	34	49	36
腹瀉及腸炎	353	17	11	13	29	30
其他腸胃病	416	29	27	27	18	40
心腎病	163	12	11	8	18	12

續表

六月	七月	八月	九月	十月	十一月	十二月	病因别
208	99	144	145	84	74	73	天花
							鼠疫
18	42	44	28				霍亂
3	2		2		1	3	白喉
8	2	8		4			流行性腦脊髓腫炎
4	3	1	4	4			猩紅熱
116	55	83	58	27	35	25	痲疹
3	4	12	9	6	10	4	瘍毒
36	50	95	74	42	39	48	其他發熱及發疹病
1	2	1	3	2			狂犬病
85	85	149	111	82	78	87	抽風症
12	17	28	31	35	29	29	産褥病
250	174	206	165	195	238	231	肺癆
113	211	121	116	112	104	110	其他癆病
30	22	21	19	24	37	25	呼吸系病
11	26	62	57	44	24	29	腹瀉及腸炎
18	37	58	47	55	33	27	其他腸胃病
19	14	17	9	8	9	26	心腎病

病因别	全年	一月	二月	三月	四月	五月
老衰及中風	2 324	201	200	156	179	177
初生虛弱及早産	45	4	4	7	6	1
中毒及自殺	90	5	5	8	7	15
外傷	102	9	6	8	5	8
其他原因	501	38	35	24	27	37
死因不明	60	6	7		5	4
廿五年	**12 781**	**1 005**	**1 083**	**1 121**	**1 101**	**1 171**
傷寒或類傷寒	534	26	37	33	45	68
斑疹傷寒	8					
赤痢	329	13	21	24	11	18
天花	1 107	79	90	129	128	142
鼠疫	3					
霍亂	160					14
白喉	42	5	7	3	1	4
流行性腦脊髓腫炎	58	2	4	7	4	8
猩紅熱	16		1	1		2
痲疹	311	17	62	44	28	30
瘍毒	29	2	4	3	3	3

續表

六月	七月	八月	九月	十月	十一月	十二月	病因別
179	180	197	190	209	223	233	老衰及中風
3	2	5	2	2	4	5	初生虚弱及早産
6	8	9	10	4	7	6	中毒及自殺
6	11	18	9	6	9	7	外傷
44	74	53	53	47	40	34	其他原因
2	10	10	4	4	4	4	死因不明
1 199	**897**	**1 000**	**1 179**	**1 019**	**897**	**1 109**	**廿五年**
61	39	50	52	40	47	36	傷寒或類傷寒
	2	1	3	2			斑疹傷寒
29	24	39	68	30	21	22	赤痢
108	70	51	91	72	63	84	天花
	1	1	1				鼠疫
25	25	39	23	18	7	9	霍亂
3	3	2	2	7	1	4	白喉
3	4	5	7	4	2	8	流行性腦脊髓腫炎
2	3	6				1	猩紅熱
34	17	27	25	8	4	15	痲疹
1		1	7	2	3		瘍毒

病因别	全年	一月	二月	三月	四月	五月
其他發熱及發疹病	408	19	23	26	24	38
狂犬病	49				2	
抽風症	860	65	64	76	59	89
產褥病	224	19	15	15	21	18
肺癆	1 803	221	131	133	143	125
其他癆病	2 517	131	250	241	239	285
呼吸系病	308	37	40	28	23	20
腹瀉及腸炎	269	15	18	14	6	10
其他腸胃病	263	24	25	18	26	18
心腎病	117	11	15	10	10	9
老衰及中風	2 404	254	223	245	240	191
初生虛弱及早產	38	3	2	5	2	1
中毒及自殺	64	5	10	4	5	4
外傷	102	10	8	8	23	6
其他原因	679	44	26	39	51	62
死因不明	79	3	7	15	7	6

附註：本表係根據省市兩警察局查報資料編列。

續表

六月	七月	八月	九月	十月	十一月	十二月	病因別
46	36	50	2	48	22	24	其他發熱及發疹病
1	45			1			狂犬病
81	56	88	83	63	78	58	抽風症
20	3	24	14	29	25	21	產褥病
122	105	102	181	186	173	181	肺癆
270	179	202	188	151	160	221	其他癆病
19	21	24	15	29	26	26	呼吸系病
28	18	41	50	32	23	12	腹瀉及腸炎
14	21	22	26	31	20	18	其他腸胃病
13	6	6	16	5	9	7	心腎病
209	131	121	191	173	166	260	老衰及中風
2		4	3	4	5	7	初生虛弱及早產
5	2	7	4	5	6	7	中毒及自殺
9	6	9	6	8	4	5	外傷
87	69	77	64	56	27	77	其他原因
7	11	1	7	6	5	4	死因不明

乙、二十四年重要城市逐月死亡病因

子、漢口

病因别	全年	一月	二月	三月	四月	五月
總計	**10 615**	**1 055**	**906**	**1 054**	**1 102**	**1 003**
傷寒或類傷寒	312	18	24	24	34	34
斑疹傷寒	38	3	1		5	
赤痢	389	5	4	13	8	12
天花	2 658	422	333	450	431	325
鼠疫						
霍亂	132					
白喉	25	5	3	2	3	1
流行性腦脊髓腫炎	50	11	5	6	2	6
猩紅熱	22	2		1	1	2
痲疹	467	87	54	61	66	37
瘍毒	34			2	3	2
其他發熱及發疹病	288	13	14	10	23	19
狂犬病	9					

六月	七月	八月	九月	十月	十一月	十二月	病因別
812	**825**	**962**	**848**	**688**	**662**	**698**	**總計**
26	26	22	23	30	19	32	傷寒或類傷寒
3	3	4	1	7	5	6	斑疹傷寒
17	44	101	85	43	35	22	赤痢
166	91	110	136	68	53	73	天花
							鼠疫
18	42	44	28				霍亂
3	2		2		1	3	白喉
7	1	8		4			流行性腦脊髓腫炎
4	3	1	4	4			猩紅熱
42	18	33	28	11	20	10	痲疹
1	1	8	5	3	7	2	瘍毒
27	29	54	34	29	23	13	其他發熱及發疹病
1	2	1	3	2			狂犬病

病因別	全年	一月	二月	三月	四月	五月
抽風症	504	18	20	27	32	49
産褥病	193	18	15	12	12	11
肺癆	1 391	127	138	148	149	112
其他癆病	1 450	124	111	122	130	161
呼吸系病	234	18	15	19	29	25
腹瀉及腸炎	255	15	11	12	26	23
其他腸胃病	184	14	9	16	6	19
心腎病	79	5	1	4	9	6
老衰及中風	1 265	102	115	91	92	105
初生虛弱及早産	32	4	2	6	3	1
中毒及自殺	67	4	4	3	5	11
外傷	53	7	5	4	4	5
其他原因	446	31	21	21	24	35
死因不明	38	2	1		5	2

續表

六月	七月	八月	九月	十月	十一月	十二月	病因别
48	46	82	51	39	42	50	抽風症
11	13	22	19	24	18	18	産褥病
116	111	87	81	84	120	118	肺癆
108	149	110	109	112	104	110	其他癆病
22	10	17	16	16	29	18	呼吸系病
11	24	38	37	25	15	18	腹瀉及腸炎
6	9	29	24	36	5	11	其他腸胃病
10	9	7	4	3	3	18	心腎病
116	101	112	96	95	110	130	老衰及中風
3	2	4	2	1	1	3	初生虚弱及早産
6	6	8	6	2	6	6	中毒及自殺
3	2	5	2	4	8	4	外傷
36	74	48	48	44	34	30	其他原因
1	7	7	4	2	4	3	死因不明

丑、武昌城區

病因别	全年	一月	二月	三月	四月	五月
總計	**4 098**	**528**	**474**	**360**	**457**	**396**
傷寒或類傷寒	64	8	6	6	2	9
斑疹傷寒	2					
赤痢	30	1		1	1	
天花	460	165	90	51	75	31
鼠疫						
霍亂						
白喉	7	2	1	2	2	
流行性腦脊髓腫炎	15		3	4	7	
猩紅熱	3	1		2		
痲疹	756	86	120	92	125	116
瘍毒	29	2	1	3	3	2
其他發熱及發疹病	139	7	3	6	11	16
狂犬病						
抽風症	343	30	25	23	35	26

六月	七月	八月	九月	十月	十一月	十二月	病因别
298	**280**	**328**	**282**	**223**	**249**	**223**	總計
2	5	12	8	2	4		傷寒或類傷寒
						2	斑疹傷寒
	4	5	14	4			赤痢
19	5	14	2	4	4		天花
							鼠疫
							霍亂
							白喉
1							流行性腦脊髓腫炎
							猩紅熱
71	36	47	26	14	14	9	痲疹
2	2	3	3	3	3	2	瘍毒
7	17	24	18	5	12	13	其他發熱及發疹病
							狂犬病
28	35	41	39	22	17	22	抽風症

病因別	全年	一月	二月	三月	四月	五月
産褥病	71	6	9	8	5	5
肺癆	910	101	99	80	96	98
其他癆病	106	11		3	2	6
呼吸系病	97	13	17	13	13	10
腹瀉及腸炎	47	1		1	1	6
其他腸胃病	159	15	16	9	9	14
心腎病	53	5	7	3	6	3
老衰及中風	709	65	64	45	59	48
初生虛弱及早産	12		2	1	3	
中毒及自殺	12	1		2	1	2
外傷	25			4	1	2
其他原因	34	6	7	1		
死因不明	15	2	4			2

續表

六月	七月	八月	九月	十月	十一月	十二月	病因別
1	4	4	5	6	9	9	産褥病
83	18	64	61	64	76	70	肺癆
5	62	10	7				其他癆病
7	9	1	1	5	4	4	呼吸系病
	2	8	11	7	5	5	腹瀉及腸炎
8	19	21	12	10	16	10	其他腸胃病
5	5	8	1	2	4	4	心腎病
51	52	54	62	68	75	66	老衰及中風
		1			3	2	初生虛弱及早産
	1	1	2	2			中毒及自殺
2	2	5	5	2		2	外傷
5		4	5	1	3	2	其他原因
1	2	1		2		1	死因不明

寅、漢陽城區

病因別	全年	一月	二月	三月	四月	五月
總計	**1 898**	**205**	**139**	**130**	**190**	**143**
傷寒或類傷寒	55	3	5	9	3	9
斑疹傷寒	5					
赤痢	33		1	1	2	
天花	241	33	30	27	47	22
鼠疫						
霍亂						
白喉	1		1			
流行性腦脊髓腫炎	2				1	
猩紅熱						
痲疹	73	15	4	9	12	13
瘍毒	4					1
其他發熱及發疹病	88	1	2	1	2	3
狂犬病						
抽風症	190	46	8	9	6	6

六月	七月	八月	九月	十月	十一月	十二月	病因別
116	**109**	**211**	**166**	**183**	**154**	**152**	**總計**
3	2	1	4	12	4		傷寒或類傷寒
						5	斑疹傷寒
		14	15				赤痢
23	3	20	7	12	17		天花
							鼠疫
							霍亂
							白喉
	1						流行性腦脊髓腫炎
							猩紅熱
3	1	3	4	2	1	6	痲疹
	1	1	1				瘍毒
2	4	17	22	8	4	22	其他發熱及發疹病
							狂犬病
9	4	26	21	21	19	15	抽風症

病因别	全年	一月	二月	三月	四月	五月
産褥病	24	3	1		2	
肺癆	565	57	45	43	66	48
其他癆病	6	1	1	1	2	
呼吸系病	42	4	9	2	7	1
腹瀉及腸炎	51	1			2	1
其他腸胃病	73		2	2	3	7
心腎病	31	2	3	1	3	3
老衰及中風	350	34	21	20	28	24
初生虚弱及早産	1					
中毒及自殺	11		1	3	1	2
外傷	24	2	1			1
其他原因	21	1	2	2	3	2
死因不明	7	2	2			

續表

六月	七月	八月	九月	十月	十一月	十二月	病因别
		2	7	5	2	2	産褥病
51	45	55	23	47	42	43	肺癆
		1					其他癆病
1	3	3	2	3	4	3	呼吸系病
		16	9	12	4	6	腹瀉及腸炎
4	9	8	11	9	12	6	其他腸胃病
4		2	4	3	2	4	心腎病
12	27	31	32	46	38	37	老衰及中風
				1			初生虚弱及早産
	1		2		1		中毒及自殺
1	7	8	2		1	1	外傷
3		1		2	3	2	其他原因
	1	2					死因不明

卯、宜昌城區

病因别	全年	一月	二月	三月	四月	五月
總計	**570**	**48**	**37**	**23**	**23**	**41**
傷寒或類傷寒	126	14	14	3	2	13
斑疹傷寒	11	3	5			
赤痢	12					
天花	21				3	
鼠疫						
霍亂						
白喉						
流行性腦脊髓腫炎						
猩紅熱						
痲疹	35	6	3	3	2	
瘍毒						
其他發熱及發疹病	3					
狂犬病						
抽風症						

六月	七月	八月	九月	十月	十一月	十二月	病因別
37	**47**	**75**	**57**	**56**	**76**	**50**	**總計**
9	7	14	8	10	22	10	傷寒或類傷寒
					3		斑疹傷寒
		10	2				赤痢
	4	6		1	5	2	天花
							鼠疫
							霍亂
							白喉
							流行性腦脊髓腫炎
							猩紅熱
	4	5	3	3	3	3	痲疹
							瘍毒
					3		其他發熱及發疹病
							狂犬病
							抽風症

病因别	全年	一月	二月	三月	四月	五月
産褥病	37			3	2	2
肺癆	37			1	2	
其他癆病	45	3	3			2
呼吸系病	9	5	4			
腹瀉及腸炎	39	2	4		2	2
其他腸胃病	53	6		2	2	5
心腎病	56	5	4	4	3	3
老衰及中風	49	2		5	4	8
初生虛弱及早産	37	2		2	1	6
中毒及自殺						
外傷						
其他原因						
死因不明						

續表

六月	七月	八月	九月	十月	十一月	十二月	病因别
2	5	4	4	4	5	6	産褥病
		7	8	4	4	11	肺癆
2	4	7	8	3	8	5	其他癆病
							呼吸系病
3	7	7	1	5	4	2	腹瀉及腸炎
7	5	4	5	7	8	2	其他腸胃病
6	6	5	7	9	2	2	心腎病
5	2	4	6	6	4	3	老衰及中風
3	3	2	5	4	5	4	初生虛弱及早産
							中毒及自殺
							外傷
							其他原因
							死因不明

辰、老河口

病因别	全年	一月	二月	三月	四月	五月
總計	**873**	**44**	**50**	**45**	**74**	**58**
傷寒或類傷寒	123	7	8	8	13	7
斑疹傷寒						
赤痢	103	4	1	4	3	4
天花	35	5	4	3	5	7
鼠疫						
霍亂	2	1	1			
白喉						
流行性腦脊髓腫炎	1					
猩紅熱						
痲疹						
瘍毒						
其他發熱及發疹病	132	6	11	4	9	8
狂犬病	1					
抽風症	101	4		5	7	7

六月	七月	八月	九月	十月	十一月	十二月	病因別
68	**85**	**79**	**81**	**98**	**93**	**98**	**總計**
16	11	7	10	13	12	11	傷寒或類傷寒
							斑疹傷寒
	15	20	16	14	12	10	赤痢
9		2					天花
							鼠疫
							霍亂
							白喉
			1				流行性腦脊髓腫炎
							猩紅熱
							痲疹
							瘍毒
19	5	17	9	16	14	14	其他發熱及發疹病
			1				狂犬病
	11	11	9	8	16	23	抽風症

病因别	全年	一月	二月	三月	四月	五月
産褥病	14			1	1	2
肺癆	34			1	5	3
其他癆病	83	7	12	7	10	8
呼吸系病						
腹瀉及腸炎	31					
其他腸胃病	78	4	1	4	13	3
心腎病	12				2	1
老衰及中風	43	1	5	2	3	3
初生虚弱及早産	3			3		
中毒及自殺	17		1	2	3	5
外傷	1	1				
其他原因	53	4		1		
死因不明	6		6			

續表

六月	七月	八月	九月	十月	十一月	十二月	病因别
		2	1	3	2	2	産褥病
6	1	2	3	1	7	5	肺癆
8	6	5	4	7	4	5	其他癆病
							呼吸系病
	6	3	7	8	7		腹瀉及腸炎
3	3	1	10	12	11	13	其他腸胃病
2				4	1	2	心腎病
4	4	3	4	6	3	5	老衰及中風
							初生虚弱及早産
1		2	2		1		中毒及自殺
							外傷
	23	4	5	5	3	8	其他原因
							死因不明

巳、新堤

病因别	全年	一月	二月	三月	四月	五月
總計	**149**	**7**	**6**	**5**	**9**	**18**
傷寒或類傷寒	8		1	1		
斑疹傷寒						
赤痢	13			1		
天花						
鼠疫						
霍亂	7					
白喉						
流行性腦脊髓腫炎	10		1		3	4
猩紅熱	3					
痲疹	1					
瘍毒						
其他發熱及發疹病	2	1				
狂犬病						
抽風症	8	1				1

六月	七月	八月	九月	十月	十一月	十二月	病因别
7	**5**	**8**	**44**	**23**	**8**	**9**	**總計**
		1	2	3			傷寒或類傷寒
							斑疹傷寒
			5	6	1		赤痢
							天花
							鼠疫
	1	2	4				霍亂
							白喉
	1			1			流行性腦脊髓腫炎
		1	1			1	猩紅熱
				1			痲疹
							瘍毒
			1				其他發熱及發疹病
							狂犬病
			6				抽風症

病因别	全年	一月	二月	三月	四月	五月
産褥病	6	1			1	1
肺癆	23	1	1		2	1
其他癆病	21			2	3	5
呼吸系病						
腹瀉及腸炎	3		1			
其他腸胃病	1					
心腎病	5	1				
老衰及中風	36	2	2	1		6
初生虚弱及早産	1					
中毒及自殺	1					
外傷						
其他原因						
死因不明						

續表

六月	七月	八月	九月	十月	十一月	十二月	病因别
			3				産褥病
4			7	3	3	1	肺癆
1		1	5			4	其他癆病
							呼吸系病
			1	1			腹瀉及腸炎
				1			其他腸胃病
			3	1			心腎病
2	3	3	5	6	4	2	老衰及中風
			1				初生虚弱及早産
						1	中毒及自殺
							外傷
							其他原因
							死因不明

午、武穴

病因別	全年	一月	二月	三月	四月	五月
總計	**125**	**7**	**6**	**26**	**27**	**13**
傷寒或類傷寒	12	1			2	1
斑疹傷寒						
赤痢	3					1
天花	1		1			
鼠疫						
霍亂						
白喉	1					
流行性腦脊髓腫炎						
猩紅熱	5					
痲疹	50	1		18	23	8
瘍毒	2					
其他發熱及發疹病	10	3	2			
狂犬病						
抽風症						

六月	七月	八月	九月	十月	十一月	十二月	病因别
8	**10**	**7**	**7**	**6**	**3**	**5**	**總計**
1	2		2		1	2	傷寒或類傷寒
							斑疹傷寒
		2					赤痢
							天花
							鼠疫
							霍亂
						1	白喉
							流行性腦脊髓腫炎
1	3			1			猩紅熱
							痲疹
	2						瘍毒
2		1	2				其他發熱及發疹病
							狂犬病
							抽風症

病因别	全年	一月	二月	三月	四月	五月
産褥病	1					
肺癆	6	1	1			1
其他癆病	1					
呼吸系病	2					
腹瀉及腸炎						
其他腸胃病	5					
心腎病						
老衰及中風	5		1	2		
初生虚弱及早産						
中毒及自殺						
外傷	4		1			
其他原因	8			5		
死因不明	9	1		1	2	2

附註：一、本表係根據各市鎮警察局查報資料編列（下表仝）。

二、本表所列漢口市及武昌、漢陽兩城區之中毒及自殺死亡人數，係根據死亡登記之資料；后之自殺表内，所列武漢自殺人數，則係於根據死亡登記資料外，另有未經登記手續之一部份。又本表所列，均係已死人數，而自殺表内所列，則包括救活人數在内，有此兩種原因，故自殺表内之自殺人數，較之本表所列中毒及自殺之人數爲多。

續表

六月	七月	八月	九月	十月	十一月	十二月	病因別
1							産褥病
			1	1		1	肺癆
1							其他癆病
				2			呼吸系病
							腹瀉及腸炎
	1	2		2			其他腸胃病
							心腎病
		1			1		老衰及中風
							初生虛弱及早産
							中毒及自殺
2					1		外傷
	1		1			1	其他原因
	1	1	1				死因不明

丙、二十五年重要城市逐月死亡病因

子、漢口

病因别	全年	一月	二月	三月	四月	五月
總計	**8 887**	**671**	**716**	**781**	**716**	**844**
傷寒或類傷寒	420	26	36	30	26	62
斑疹傷寒	4					
赤痢	291	13	20	24	10	16
天花	1 019	77	82	125	106	131
鼠疫	3					
霍亂	160					14
白喉	40	5	7	3	1	4
流行性腦脊髓腫炎	54	1	4	6	3	8
猩紅熱	16		1	1		2
痲疹	177	9	31	30	11	14
瘍毒	10	1	2		1	
其他發熱及發疹病	295	10	13	18	10	25
狂犬病	47				2	

六月	七月	八月	九月	十月	十一月	十二月	病因别
841	**632**	**728**	**805**	**730**	**635**	**788**	**總計**
46	26	38	39	35	37	28	傷寒或類傷寒
	2	1		1			斑疹傷寒
23	17	34	59	37	18	20	赤痢
101	60	49	83	68	57	80	天花
	1	1	1				鼠疫
25	25	39	23	18	7	9	霍亂
2	2	2	2	7	1	4	白喉
3	3	5	7	4	2	8	流行性腦脊髓腫炎
2	3	6				1	猩紅熱
16	13	10	22	7	1	13	痲疹
1		1	2	1	1		瘍毒
33	27	47	42	33	17	20	其他發熱及發疹病
	45						狂犬病

病因别	全年	一月	二月	三月	四月	五月
抽風症	485	36	35	55	30	53
産褥病	155	15	12	9	12	9
肺癆	1 164	116	89	97	96	94
其他癆病	1 786	131	170	161	165	198
呼吸系病	218	30	29	16	18	17
腹瀉及腸炎	217	14	17	12	4	10
其他腸胃病	158	12	18	9	20	9
心腎病	53	7	3	5	2	4
老衰及中風	1 390	118	104	124	142	106
初生虚弱及早産	24	2	1	1	1	
中毒及自殺	52	5	9	1	4	3
外傷	58	5	7	6	7	3
其他原因	518	36	22	34	44	56
死因不明	64	2	4	14	1	6

續表

六月	七月	八月	九月	十月	十一月	十二月	病因别
42	12	62	38	38	50	34	抽風症
15		19	7	23	20	14	産褥病
88	84	78	99	111	104	108	肺癆
186	110	134	133	108	128	162	其他癆病
11	15	17	11	19	22	13	呼吸系病
25	6	33	39	22	17	8	腹瀉及腸炎
3	15	19	15	18	11	9	其他腸胃病
4	3	5	12	3	4	1	心腎病
135	89	75	113	116	98	170	老衰及中風
1		4	1	4	4	5	初生虛弱及早産
2	2	7	2	5	5	7	中毒及自殺
5	3	7	3	4	4	4	外傷
66	48	34	45	42	23	68	其他原因
6	11	1	7	6	4	2	死因不明

丑、武昌城區

病因别	全年	一月	二月	三月	四月	五月
總計	**2 513**	**237**	**224**	**210**	**231**	**220**
傷寒或類傷寒	42				3	3
斑疹傷寒	3					
赤痢	19		1			2
天花	22	1	1		5	1
鼠疫						
霍亂						
白喉	1					
流行性腦脊髓腫炎	3	1		1	1	
猩紅熱						
痲疹	107	8	19	9	16	15
瘍毒	11	1	1		1	3
其他發熱及發疹病	81	4	4	5	10	12
狂犬病	1					
抽風症	242	18	13	11	15	23

六月	七月	八月	九月	十月	十一月	十二月	病因别
231	**187**	**179**	**230**	**197**	**169**	**203**	**總計**
1	7	8	8	4	4	4	傷寒或類傷寒
			3				斑疹傷寒
3	4	3	4	1		1	赤痢
6	2		1	1	1	3	天花
							鼠疫
							霍亂
	1						白喉
							流行性腦脊髓腫炎
							猩紅熱
13	4	14	3	1	3	2	痲疹
			2	1	2		瘍毒
10	6	3	8	11	4	4	其他發熱及發疹病
				1			狂犬病
30	38	19	24	16	15	20	抽風症

病因别	全年	一月	二月	三月	四月	五月
産褥病	44	3	2	2	7	6
肺癆	443	74	29	25	27	19
其他癆病	438		57	53	44	53
呼吸系病	61	5	6	4	5	3
腹瀉及腸炎	24	1			1	
其他腸胃病	78	10	6	6	1	7
心腎病	42	2	7	5	5	3
老衰及中風	707	99	70	85	71	63
初生虚弱及早産	8	1	1			1
中毒及自殺	7		1			1
外傷	28	2	1	1	11	2
其他原因	89	7	2	2	3	3
死因不明	12		3	1	5	

續表

六月	七月	八月	九月	十月	十一月	十二月	病因別
3	1	3	5	5	1	6	産褥病
24	17	19	58	55	57	39	肺癆
46	45	35	32	22	17	34	其他癆病
6	5	5	2	9	2	9	呼吸系病
2	2	3	3	5	4	3	腹瀉及腸炎
10	4	1	9	10	6	8	其他腸胃病
8	2	1	1	1	3	4	心腎病
56	29	35	53	43	46	57	老衰及中風
1			1		1	2	初生虛弱及早産
2			2		1		中毒及自殺
4	2	1	3	1			外傷
6	13	29	8	10	1	5	其他原因
					1	2	死因不明

寅、漢陽城區

病因别	全年	一月	二月	三月	四月	五月
總計	**1 381**	**97**	**143**	**130**	**154**	**107**
傷寒或類傷寒	63		1	3	16	3
斑疹傷寒	1					
赤痢	19				1	
天花	66	1	7	4	17	10
鼠疫						
霍亂						
白喉	1					
流行性腦脊髓腫炎	1					
猩紅熱						
痲疹	27		12	5	1	1
瘍毒	8		1	3	1	
其他發熱及發疹病	32	5	6	3	4	1
狂犬病	1					
抽風症	133	11	16	10	14	13

六月	七月	八月	九月	十月	十一月	十二月	病因别
127	**83**	**93**	**144**	**92**	**93**	**118**	**總計**
14	6	4	5	1	6	4	傷寒或類傷寒
				1			斑疹傷寒
3	3	2	5	1	3	1	赤痢
1	8	2	7	3	5	1	天花
							鼠疫
							霍亂
1							白喉
	1						流行性腦脊髓腫炎
							猩紅熱
5		3					痲疹
			3				瘍毒
3	3		2	4	1		其他發熱及發疹病
1							狂犬病
9	6	7	21	9	13	4	抽風症

病因别	全年	一月	二月	三月	四月	五月
産褥病	25	1	1	4	2	3
肺癆	196	31	13	11	20	12
其他癆病	293		23	27	30	34
呼吸系病	29	2	5	8		
腹瀉及腸炎	28		1	2	1	
其他腸胃病	27	2	1	3	5	2
心腎病	22	2	5		3	2
老衰及中風	307	37	49	36	27	22
初生虚弱及早産	6			4	1	
中毒及自殺	5			3	1	
外傷	16	3		1	5	1
其他原因	72	1	2	3	4	3
死因不明	3	1			1	

續表

六月	七月	八月	九月	十月	十一月	十二月	病因别
2	2	2	2	1	4	1	産褥病
10	4	5	24	20	12	34	肺癆
38	24	33	23	21	15	25	其他癆病
2	1	2	2	1	2	4	呼吸系病
1		5	8	5	2	4	腹瀉及腸炎
1	2	2	2	3	3	1	其他腸胃病
1	1		3	1	2	2	心腎病
18	13	11	25	14	22	33	老衰及中風
			1				初生虚弱及早産
1							中毒及自殺
	1	1		3		1	外傷
15	8	14	11	4	3	4	其他原因
1							死因不明

卯、宜昌城區

病因別	全年	一月	二月	三月	四月	五月
總計	**1 244**	**59**	**72**	**96**	**110**	**99**
傷寒或類傷寒	284	11	14	14	23	18
斑疹傷寒	54		2	5	4	7
赤痢	36					
天花	78	3	5	5	9	11
鼠疫						
霍亂						
白喉						
流行性腦脊髓腫炎						
猩紅熱						
痲疹	89	6	2	7	11	10
瘍毒						
其他發熱及發疹病	7			7		
狂犬病						
抽風症						

六月	七月	八月	九月	十月	十一月	十二月	病因别
74	**113**	**111**	**133**	**101**	**119**	**157**	**總計**
14	29	21	27	35	36	42	傷寒或類傷寒
5		12		4	8	7	斑疹傷寒
	11		15			10	赤痢
7	6	7	9		7	9	天花
							鼠疫
							霍亂
							白喉
							流行性腦脊髓腫炎
							猩紅熱
4	12	8	4	7	17	7	痲疹
							瘍毒
							其他發熱及發疹病
							狂犬病
							抽風症

病因别	全年	一月	二月	三月	四月	五月
産褥病	80	4	5	6	6	8
肺癆	144	9	10	11	15	9
其他癆病	103	8	5	7	15	
呼吸系病	23		2	8		
腹瀉及腸炎	83	5	7	7		7
其他腸胃病	89	4	4	9	11	15
心腎病	112	6	9	7	8	11
老衰及中風	62	3	7	3	8	3
初生虛弱及早産						
中毒及自殺						
外傷						
其他原因						
死因不明						

續表

六月	七月	八月	九月	十月	十一月	十二月	病因别
4	9	6	8	7	9	8	産褥病
13	16	12	10	16	6	17	肺癆
5	8	10	22	2	9	12	其他癆病
1				2		10	呼吸系病
1	10	12	14	5	10	5	腹瀉及腸炎
7	5	11		7	7	9	其他腸胃病
10	2	9	19	10	7	14	心腎病
3	5	3	5	6	9	7	老衰及中風
							初生虚弱及早産
							中毒及自殺
							外傷
							其他原因
							死因不明

辰、老河口

病因別	全年	一月	二月	三月	四月	五月
總計	**1 032**	**51**	**70**	**72**	**103**	**78**
傷寒或類傷寒	98	5	6	7	8	6
斑疹傷寒						
赤痢	53	1	1		2	1
天花	19				6	6
鼠疫	12			12		
霍亂						
白喉						
流行性腦脊髓腫炎						
猩紅熱						
痲疹						
瘍毒						
其他發熱及發疹病	126	7	10	10	10	9
狂犬病						
抽風症	290	22	27	19	27	23

六月	七月	八月	九月	十月	十一月	十二月	病因别
113	**94**	**85**	**92**	**97**	**88**	**89**	**總計**
8	7	9	9	13	9	11	傷寒或類傷寒
							斑疹傷寒
7	8	7	7	7	4	6	赤痢
			1	3		3	天花
							鼠疫
							霍亂
							白喉
							流行性腦脊髓腫炎
							猩紅熱
							痲疹
							瘍毒
13	13	8	15	12	6	13	其他發熱及發疹病
							狂犬病
35	28	18	24	27	28	12	抽風症

病因别	全年	一月	二月	三月	四月	五月
産褥病	33	2	2	2	4	2
肺癆	44	1	2	3	3	3
其他癆病	68	4	7	2	6	5
呼吸系病						
腹瀉及腸炎	16					
其他腸胃病	108	3	8	7	14	10
心腎病	52	1	1	3	6	7
老衰及中風	48	3	4	3	5	3
初生虚弱及早産	2					
中毒及自殺	9	1	2			3
外傷						
其他原因	54	1		2	12	
死因不明						

續表

六月	七月	八月	九月	十月	十一月	十二月	病因别
4	3	2	1	3	3	5	産褥病
4	4	5	4	3	3	9	肺癆
13	7	5	4	2	5	8	其他癆病
							呼吸系病
	6		4	5		1	腹瀉及腸炎
9	10	9	11	10	7	10	其他腸胃病
	3	10	7		10	4	心腎病
6	3	3	5	5	3	5	老衰及中風
						2	初生虚弱及早産
2	1						中毒及自殺
							外傷
12	1	9		7	10		其他原因
							死因不明

巳、新堤

病因別	全年	一月	二月	三月	四月	五月
總計	**127**	**9**	**12**	**11**	**14**	**12**
傷寒或類傷寒	7	1				
斑疹傷寒	4					
赤痢	7	1	2		2	2
天花	1					
鼠疫						
霍亂	4					
白喉						
流行性腦脊髓腫炎						
猩紅熱	7		2	2		
痲疹						
瘍毒						
其他發熱及發疹病						
狂犬病						
抽風症						

六月	七月	八月	九月	十月	十一月	十二月	病因别
12	**9**	**8**	**16**	**9**	**8**	**7**	總計
	2	1	2	1			傷寒或類傷寒
1			1	1		1	斑疹傷寒
							赤痢
					1		天花
							鼠疫
2		1	1				霍亂
							白喉
							流行性腦脊髓腫炎
1	1		1				猩紅熱
							痲疹
							瘍毒
							其他發熱及發疹病
							狂犬病
							抽風症

病因别	全年	一月	二月	三月	四月	五月
産褥病	5			1		2
肺癆	19		4		3	3
其他癆病	17	1	3	2	4	1
呼吸系病	8					
腹瀉及腸炎	1					
其他腸胃病						
心腎病	7					
老衰及中風	36	6	1	6	4	3
初生虚弱及早産	1					
中毒及自殺	3				1	1
外傷						
其他原因						
死因不明						

續表

六月	七月	八月	九月	十月	十一月	十二月	病因别
1		1					產褥病
3	1		2	1	1	1	肺癆
3		1			1	1	其他癆病
		1	3	2	2		呼吸系病
			1				腹瀉及腸炎
							其他腸胃病
	1	1	1	1	2	1	心腎病
1	2	2	4	3	1	3	老衰及中風
	1						初生虛弱及早產
	1						中毒及自殺
							外傷
							其他原因
							死因不明

午、武穴

病因别	全年	一月	二月	三月	四月	五月
總計	**47**	**4**	**5**	**6**	**4**	**3**
傷寒或類傷寒	13	1	1	3	2	2
斑疹傷寒						
赤痢	4					
天花	1			1		
鼠疫						
霍亂						
白喉						
流行性腦脊髓腫炎						
猩紅熱						
痲疹						
瘍毒						
其他發熱及發疹病	11		3			
狂犬病	2					
抽風症						

六月	七月	八月	九月	十月	十一月	十二月	病因别
5	**3**	**5**	**2**	**4**	**3**	**3**	**總計**
2	1		1				傷寒或類傷寒
							斑疹傷寒
			1	1	1	1	赤痢
							天花
							鼠疫
							霍亂
							白喉
							流行性腦脊髓腫炎
							猩紅熱
							痲疹
							瘍毒
1	2	3		2			其他發熱及發疹病
					1	1	狂犬病
							抽風症

病因别	全年	一月	二月	三月	四月	五月
産褥病						
肺癆	3	1		1		
其他癆病						
呼吸系病						
腹瀉及腸炎						
其他腸胃病	1	1				
心腎病						
老衰及中風	2	1				1
初生虚弱及早産	1					
中毒及自殺						
外傷	8		1	1	1	
其他原因	1				1	
死因不明						

續表

六月	七月	八月	九月	十月	十一月	十二月	病因别
							産褥病
1							肺癆
							其他癆病
							呼吸系病
							腹瀉及腸炎
							其他腸胃病
							心腎病
							老衰及中風
		1					初生虚弱及早産
							中毒及自殺
1		1		1	1	1	外傷
							其他原因
							死因不明

丁、二十四年重要城市死亡病因百分比

病因別	漢口		武昌		漢陽		宜昌
	人數	百分比	人數	百分比	人數	百分比	人數
總計	**10 615**	**100.00**	**4 098**	**100.00**	**1 898**	**100.00**	**570**
傷寒或類傷寒	312	2.94	64	1.56	55	2.90	126
斑疹傷寒	38	0.36	2	0.05	5	0.26	11
赤痢	389	3.67	30	0.73	33	1.74	12
天花	2 658	25.04	460	11.22	241	12.70	21
鼠疫							
霍亂	132	1.24					
白喉	25	0.24	7	0.17	1	0.05	
流行性腦脊髓腫炎	50	0.47	15	0.37	2	0.10	
猩紅熱	22	0.21	3	0.07			
痲疹	467	4.40	756	18.45	73	3.85	35
瘍毒	34	0.32	29	0.71	4	0.21	
其他發熱及發疹病	288	2.71	139	3.39	88	4.64	3
狂犬病	9	0.09					

宜昌	老河口		新堤		武穴		病因別
百分比	人數	百分比	人數	百分比	人數	百分比	
100.00	**873**	**100.00**	**149**	**100.00**	**125**	**100.00**	**總計**
22.11	123	14.09	8	5.37	12	9.60	傷寒或類傷寒
1.93							斑疹傷寒
2.11	103	11.80	13	8.73	3	2.40	赤痢
3.68	35	4.01			1	0.80	天花
							鼠疫
	2	0.23	7	4.70			霍亂
					1	0.80	白喉
	1	0.11	10	6.71			流行性腦脊髓腫炎
			3	2.01	5	4.00	猩紅熱
6.14			1	0.67	50	40.00	痲疹
					2	1.60	瘍毒
0.53	132	15.12	2	1.34	10	8.00	其他發熱及發疹病
	1	0.11					狂犬病

病因別	漢口		武昌		漢陽		宜昌
	人數	百分比	人數	百分比	人數	百分比	人數
抽風症	504	4.75	343	8.37	190	10.01	
産褥病	193	1.82	71	1.73	24	1.26	37
肺癆	1 391	13.10	910	22.21	565	29.77	37
其他癆病	1 450	13.66	106	2.59	6	0.32	45
呼吸系病	234	2.20	97	2.37	42	2.21	9
腹瀉及腸炎	255	2.40	47	1.15	51	2.69	39
其他腸胃病	184	1.73	159	3.88	73	3.85	53
心腎病	79	0.74	53	1.29	31	1.63	56
老衰及中風	1 265	11.92	709	17.30	350	18.44	49
初生虚弱及早産	32	0.30	12	0.29	1	0.05	37
中毒及自殺	67	0.63	12	0.29	11	0.58	
外傷	53	0.50	25	0.61	21	1.26	
其他原因	446	4.20	34	0.83	24	1.11	
死因不明	38	0.36	15	0.37	7	0.37	

續表

宜昌	老河口		新堤		武穴		病因別
百分比	人數	百分比	人數	百分比	人數	百分比	
	101	11.57	8	5.37			抽風症
6.49	14	1.60	6	4.03	1	0.80	産褥病
6.49	34	3.90	23	15.44	6	4.80	肺癆
7.89	83	9.51	21	14.00	1	0.80	其他癆病
1.58					2	1.60	呼吸系病
6.84	31	3.55	3	2.01			腹瀉及腸炎
9.30	78	8.93	1	0.67	5	4.00	其他腸胃病
9.82	12	1.38	5	3.36			心腎病
8.60	43	4.93	36	24.16	5	4.00	老衰及中風
6.49	3	0.34	1	0.67			初生虛弱及早産
	17	1.95	1	0.67			中毒及自殺
	1	0.11			4	3.20	外傷
	53	6.07			8	6.40	其他原因
	6	0.69			9	7.20	死因不明

戊、二十五年重要城市死亡病因百分比

病因别	漢口		武昌		漢陽		宜昌
	人數	百分比	人數	百分比	人數	百分比	人數
總計	**8 887**	**100.00**	**2 513**	**100.00**	**1 381**	**100.00**	**1 244**
傷寒或類傷寒	429	4.83	42	1.67	63	4.56	284
斑疹傷寒	4	0.04	3	0.12	1	0.07	54
赤痢	291	3.27	19	0.76	19	1.38	36
天花	1 019	11.47	22	0.88	66	4.78	78
鼠疫	3	0.03					
霍亂	160	1.80					
白喉	40	0.45	1	0.04	1	0.07	
流行性腦脊髓腫炎	54	0.61	3	0.12	1	0.07	
猩紅熱	16	0.18					
痲疹	177	1.99	107	4.26	27	1.96	89
瘍毒	10	0.11	11	0.44	8	0.58	
其他發熱及發疹病	295	3.32	81	3.22	32	2.32	7
狂犬病	47	0.53	1	0.04	1	0.07	

宜昌	老河口		新堤		武穴		病因別
百分比	人數	百分比	人數	百分比	人數	百分比	
100.00	**1 032**	**100.00**	**127**	**100.00**	**47**	**100.00**	**總計**
22.83	98	9.50	7	5.51	13	27.68	傷寒或類傷寒
4.34			4	3.15			斑疹傷寒
2.89	53	5.14	7	5.51	4	8.51	赤痢
6.27	19	1.84	1	0.79	1	2.13	天花
	12	1.16					鼠疫
			4	3.15			霍亂
							白喉
							流行性腦脊髓腫炎
			7	5.51			猩紅熱
7.16							痲疹
							瘍毒
0.56	126	12.21			11	23.41	其他發熱及發疹病
					2	4.26	狂犬病

病因别	漢口		武昌		漢陽		宜昌
	人數	百分比	人數	百分比	人數	百分比	人數
抽風症	485	5.46	242	9.63	133	9.63	
産褥病	155	1.74	44	1.75	25	1.81	80
肺癆	1 164	13.10	443	17.63	196	14.19	144
其他癆病	1 786	20.10	438	17.43	293	21.22	103
呼吸系病	218	2.45	61	2.43	29	2.10	23
腹瀉及腸炎	217	2.44	24	0.96	28	2.03	83
其他腸胃病	158	1.78	78	3.10	27	1.96	89
心腎病	53	0.60	42	1.67	22	1.59	112
老衰及中風	1 390	15.64	707	28.13	307	22.23	62
初生虚弱及早産	24	0.27	8	0.32	6	0.43	
中毒及自殺	52	0.59	7	0.28	5	0.36	
外傷	58	0.65	28	1.11	16	1.16	
其他原因	518	5.83	89	3.54	72	5.21	
死因不明	64	0.72	12	0.48	3	0.22	

續表

宜昌	老河口		新堤		武穴		病因别
百分比	人數	百分比	人數	百分比	人數	百分比	
	290	28.10					抽風症
6.43	33	3.20	5	3.94			産褥病
11.58	44	4.26	19	14.96	3	6.38	肺癆
8.28	68	6.59	17	13.38			其他癆病
1.85			8	6.30			呼吸系病
6.67	16	1.55	1	0.79			腹瀉及腸炎
7.16	108	10.47			1	2.13	其他腸胃病
9.00	52	5.04	7	5.51			心腎病
4.98	48	4.65	36	28.35	2	4.26	老衰及中風
	2	0.19	1	0.79	1	2.13	初生虚弱及早産
	9	0.87	3	2.36			中毒及自殺
					8	17.02	外傷
	54	5.23			1	2.13	其他原因
							死因不明

肆、自　殺

一、自殺原因

二十四年份

縣市	共計		家庭糾紛		生計困難		婚姻不自由		失戀		營業失敗	
	男	女	男	女	男	女	男	女	男	女	男	女
總計	**196**	**202**	**22**	**69**	**79**	**36**	**4**	**17**	**6**	**10**	**13**	**1**
省會	32	35	2	18	16	9	1	2		1	1	
鄂城		1		1								
黄岡	2	4		2	1			1	1			
廣濟	4		1		1						1	
羅田	1	4		3	1							
雲夢	6	11	1		1	1	1	5	2	1		
漢川	3	4			3	4						
安陸	1	2	1	1				1				
隨縣	1											
鍾祥	6	9	1	3	1	2					2	
京山	2	3										

失業		疾病		畏罪		被虐待		其他		未詳	
男	女	男	女	男	女	男	女	男	女	男	女
19	**3**	**24**	**24**	**7**	**3**	**1**	**19**	**11**	**14**	**10**	**6**
5	1	4	2				1	3	1		
							1				
										1	
							1				
		1	3				1				
										1	
1			1				2	1	1		
			1	1				1	2		

縣市	共計		家庭糾紛		生計困難		婚姻不自由		失戀		營業失敗	
	男	女	男	女	男	女	男	女	男	女	男	女
沔陽	5	3		1	2	1					2	
潛江	2	2	1	2	1							
監利	4											
石首	5	5			5	4						
松滋	14	12		1	3	1	1	2			1	
江陵	1	1		1								
荊門	9	7			4				1	1	1	
宜城	10	14	1	3	5	2	1	2			1	
光化	4	3		2	1						1	
宜都	3	3	1	1	1							
長陽	7	2	1		2						2	
建始	12	6		1	4			1				
房縣	4	4	1	1	2			1				
鄖縣	4				2						1	
漢口市	54	67	6	28	23	12		2	1	6	1	1

附註：一、本表數字係根據湖北省會及各縣市公安局所報材料填列，包括已死及救活兩部份。

二、省會区域係包括武昌城區及漢陽城區。

續表

失業		疾病		畏罪		被虐待		其他		未詳	
男	女	男	女	男	女	男	女	男	女	男	女
				1					1		
		1		2				1			
	1										
3		3	1				3	1	1	2	2
1											
		2	2						2	1	2
			2				4	1		1	1
1							1	1			
1					1				1		
1		1	1				1				
		1	3	1			1	1			
1							1		1		
		1									
5	1	10	8	2	2	1	2	1	4	4	1

二、自殺者年齡

二十四年份

縣市	共計		20歲以下		21—30		31—40		41—50		51—60		61歲以上		未詳	
	男	女	男	女	男	女	男	女	男	女	男	女	男	女	男	女
總計	**196**	**202**	**15**	**43**	**53**	**74**	**50**	**43**	**42**	**17**	**26**	**14**	**5**	**5**	**5**	**6**
省會	32	35	3	9	9	10	7	6	3	2	8	5	1	3	1	
鄂城		1				1										
黃岡	2	4		1	2	3										
廣濟	4				1		2						1			
羅田	1	4				1		3	1							
雲夢	6	11		3	4	5		1	2			2				
漢川	3	4				2	1	2	2							
安陸	1	2		1	1	1										
隨縣	1						1									
鍾祥	6	9	1	3	1	1	2	4	2	1						
京山	2	3	1	1			1			2						
沔陽	5	3	1		2	1		2	2							
潛江	2	2					1		1	1		1				

續表

縣市	共計		20歲以下		21—30		31—40		41—50		51—60		61歲以上		未詳	
	男	女	男	女	男	女	男	女	男	女	男	女	男	女	男	女
監利	4				1				1		1				1	
石首	5	5			1	1	2	1	1	1					1	2
松滋	14	12		5	2	2	4	3	4	1	3	1			1	
江陵	1	1		1	1											
荆門	9	7			1	2	2	1	3		2		1	1		3
宜城	10	14		3	4	3	2	5	2	2	2	1				
光化	4	3			1		2	2	1	1						
宜都	3	3		1		1	1		2			1				
長陽	7	2	1		1		2	1	2	1	1					
建始	12	6			2	2	5	1	4	1		1			1	1
房縣	4	4			1	4	2				1					
鄖縣	4						1		2		1					
漢口市	54	67	8	15	18	34	12	11	7	4	7	2	2	1		

附註：一、本表數字係根據湖北省會及各縣市公安局所報材料填列，包括已死及救活兩部份。

二、省會係包括武昌城區及漢陽城區。

三、自殺者教育程度

二十四年份

縣市	共計		高等		中等		小學		不識字		其它		未詳	
	男	女	男	女	男	女	男	女	男	女	男	女	男	女
總計	**196**	**202**	**1**	**3**	**22**	**9**	**63**	**17**	**69**	**147**	**13**	**8**	**28**	**18**
省會	32	35		2	6	3	8		12	27	2		4	3
鄂城		1												1
黄岡	2	4						1	1	2			1	1
廣濟	4								4					
羅田	1	4						1	1	3				
雲夢	6	11		1	2	1	2	4	2	4				1
漢川	3	4							2	2	1	2		
安陸	1	2								2			1	
隨縣	1												1	
鍾祥	6	9			1		2	2		4			3	3
京山	2	3							1	2		1	1	
沔陽	5	3					2		3	3				
潛江	2	2							2	1				1

續表

縣市	共計		高等		中等		小學		不識字		其它		未詳	
	男	女	男	女	男	女	男	女	男	女	男	女	男	女
監利	4				1						1		2	
石首	5	5					2		3	5				
松滋	14	12	1		4	3	3	3	4	4		1	2	1
江陵	1	1			1					1				
荊門	9	7					1		2	5	4		2	2
宜城	10	14					2		7	12		1	1	1
光化	4	3			1						3			3
宜都	3	3			1		1		1	3				
長陽	7	2							5	2			2	
建始	12	6					3		6	5		1	3	
房縣	4	4					2			3			2	1
鄖縣	4						3		1					
漢口市	54	67			5	2	32	6	12	57	2	2	3	

附註：一、本表數字係根據湖北省會及各縣市公安局所報材料填列，包括已死及救活兩部份。

二、省會係包括武昌城區及漢陽城區。

四、自殺者職業

二十四年份

縣市	共計		農業		鑛業		工業		商業		交通運輸業	
	男	女	男	女	男	女	男	女	男	女	男	女
總計	**196**	**202**	**23**	**21**	**1**		**30**	**18**	**36**	**10**	**1**	
省會	32	35					6	2	5			
鄂城		1										
黄岡	2	4					1	1	1	1		
廣濟	4								2			
羅田	1	4	1							1		
雲夢	6	11		2					2	2		
漢川	3	4	3	4								
安陸	1	2	1	2								
隨縣	1											
鍾祥	6	9	3	2				2	3	2		
京山	2	3	2	1								
沔陽	5	3					1		2		1	
潛江	2	2	1	1								

公務		自由業		人事服務		失業		無業		未詳		縣市
男	女	男	女	男	女	男	女	男	女	男	女	
6	**1**	**7**	**13**	**7**	**74**	**31**	**5**	**50**	**53**	**4**	**7**	**總計**
	1			2	21	8	2	10	9	1		省會
											1	鄂城
			1						1			黄岡
						1		1				廣濟
					1		1		1			羅田
1			5	1		2			2			雲夢
												漢川
												安陸
						1						隨縣
					1				2			鍾祥
									2			京山
					3			1				沔陽
								1			1	潛江

縣市	共計		農業		鑛業		工業		商業		交通運輸業	
	男	女	男	女	男	女	男	女	男	女	男	女
監利	4		1				1					
石首	5	5					1			1		
松滋	14	12	5	2			1	4	4	1		
江陵	1	1										
荆門	9	7	1				1		1			
宜城	10	14		2			1	1	2	1		
光化	4	3										
宜都	3	3							1	1		
長陽	7	2	2	2	1		2		1			
建始	12	6	2	3								
房縣	4	4	1					1				
鄖縣	4								2			
漢口市	54	67					15	7	10			

附註：一、本表數字係根據湖北省會及各縣市公安局所報材料填列，包括已死及救活兩部份。

二、省會係包括武昌城區及漢陽城區。

續表

公務		自由業		人事服務		失業		無業		未詳		縣市
男	女	男	女	男	女	男	女	男	女	男	女	
						1		1				監利
		1			1	1		2	2		1	石首
			4			2		2			1	松滋
						1					1	江陵
				1		3		1	5	1	2	荆門
		1	2	2	3	1		2	5	1		宜城
		1			1			3	2			光化
1					1			2				宜都
					1							長陽
		3	1			4	1	3	1			建始
						2	1	1	2			房縣
						1		1				鄖縣
4		1		1	41	3		19	19	1		漢口市

伍、娼　　妓

項別	共計	漢口	宜昌	沙市	老河口	樊城	武穴	沙洋	新堤
年齡別									
總計	**1 275**	**791**	**207**	**123**	**81**	**35**	**13**	**13**	**12**
11—15	102	59	4	14	4	15		1	5
16—20	839	517	162	75	46	16	13	8	2
21—25	289	200	40	20	20	4		3	2
26—30	34	13	1	10	6			1	3
31—35	7	2		3	2				
36—40	4			1	3				
籍貫別									
總計	**1 275**	**791**	**207**	**123**	**81**	**35**	**13**	**13**	**12**
江蘇	448	326	78	21	1		11	2	9
湖北	433	152	87	83	65	34	2	10	
湖南	312	278	12	17		1		1	3
四川	36	8	26	2					
江西	15	6	1		8				

續表

項别	共計	漢口	宜昌	沙市	老河口	樊城	武穴	沙洋	新堤
浙江	12	12							
河南	11	5			6				
安徽	6	3	3						
廣東	1	1							
山東	1				1				

附註：本表係根據二十五年下季各警察局查報娼妓人數編列。

附　録

壹、湖北省政府秘書處統計室工作報告

二十五年七月至二十六年六月

項目	説明	辦理情形
	設計	
编訂二十五年度統計工作大綱	二十五年度统計工作，應先設計編訂大綱，以爲進行之準繩	编訂大綱，經省府核定，刊登二十五年七月本府第二二二期公報公布，業已逐一遵行，並將年鑑提前編印
	整理	
擬訂統計集中辦理補充辦法	本府各廳處統計事宜，集中統計室辦理，原定辦法未甚周密，故另訂補充辦法六點，以期切實聯絡便利進行	補充辦法，經省府核定通令遵行以來，頗稱利便
厘訂表格，及整理統計調查辦法	本年度開始時，中央及本省各機關頒發各縣市查報表格，約二百種，間多重複繁難，無法填送，經審查分别存廢，另定整理辦法	訂定整理辦法五项，由府分别呈咨函令，此後一切調查，均由室擔任，施行以來，本室業務增多數倍，而各縣市免除繁難不尠

續表

項目	説明	辦理情形
整理舊有圖書及統計資料	本室從前購置圖書及歷來蒐集統計資料，悉加整理，以備參考	業與本府圖書館商洽辦理，將本室圖書及統計資料，分類整理，交該館彙列保管
	訓練	
開辦統計人員訓練班	統計人員甚感缺乏，必要先訓練一班，擔任統計調查工作	業於二十五年七月招考初中以上畢業生四十六人，訓練五個月畢業，成績甚佳
核定統計職員須知	關於公文行款、圖表格式、工作登記、材料整理，以及增進效率、注意修養等，逐一規定，俾資共守	經訂定兩種須知，共同恪守，自實行以來，頗收整齊迅速之效
	研究	
設立物産標本室	爲謀經濟建設，必先從改良物産下手，欲明各縣物産狀況，尤必須徵集標本詳細研究	業經分别函令各機關、各縣政府，共已徵集標本一千零件，详細登記比較，陳列研究。對於棉花標本，則特設專室陳列。此次四省特展會，經選擇一部份參加展覽

續表

項目	説明	辦理情形
	蒐集	
派员分赴各方接洽統計資料	派員往各機關、團體、銀行、農場、工廠等處接洽統計資料	在武漢各部份，可資爲統計資料者，已得蒐集齊全
摘鈔有關湖北省重要事件	省内外有關湖北省之重要事件，分别摘録，編製索引備查	經與本府圖書館聯合辦理，已將過去所蒐集者，摘編完畢
定製本省地質及鑛産分布圖	本省地質及鑛産分布，曾經中央研究院地質研究所詳細調查探測。故特函託代製地質及鑛産圖，以備參考	業承印製本省地質及鑛産分布圖四種，並説明書一册
徵求刊物	省内外各機關團體出版之刊物，可爲統計資料者甚夥，經先後發函七百餘張請求贈送，並以本室刊物交换	已得贈送刊物計五百七十八處，共三千二百一十四册
函索材料	編製統計，需要材料，除由各主管機關供給外，並直接間接分向省内外各處設法函索	各種重要材料，均已盡量函索，關於經濟建設方面尤詳

續表

項目	説明	辦理情形
調查		
成立統計室調查隊	統計人員訓練班，自二十五年八月開始訓練，至十二月期滿，即將該班畢業生組織調查隊，擔任調查工作	調查隊業於二十六年一月成立，内設三組，分任各種調查
特種物産調查	各種産銷情况，關係本省經濟最爲重要，必须明瞭詳情以供設施參考	本省棉花、茶、桐油、米、麻等項材料，已蒐集齊全，正在實地調查，以資證實
聯合調查武漢工商業	聯合武漢大學，並派统計調查隊，分赴武漢實地調查工商業，俾明真相	本年一月半起至二月半止，調查完竣正在編印報告
組織農村調查委員會	復興農村，須先明瞭農村實際狀況，然後按其需要，分别設施，乃能事半功倍，而實地調查，尤以聯合舉行，最爲經濟，故特聯合各關係機關，協同調查	經聯合農本局、實業部農業實驗所、資源委員會、平漢鐵路局、金陵武漢兩大學農學院、中國及中國農民銀行、省銀行、農村合作會、建設廳、地政局等組織委員會，核定方案，派員指導，統計調查隊于四月出發，調查三十縣，六月完竣

續表

項目	説明	辦理情形
調查縣政概況	各縣概況，由本府核定調查細目，通令各縣政府，每年度調查報告一次，以便彙編	截至二十六年六月底止，已據調查報告者，計五十七縣，不久可以報齊
徵求義務通訊員	就各縣區長區員，各中小學教職員，選徵爲義務通訊員，定期報告農産情形	函聘六百餘人，已收到報告二百餘件
編製		
審訂全省各機關名稱及隸屬	全省各機關名稱及隸屬，亟應審訂詳列，以便隨時檢討	業已詳細審訂，依照各機關隸屬，分別登列，遇有改組裁設，隨時修正
繪湖北省行政系统圖	省府所管轄全省各機關行政系統及内部組織，亟應繪圖備查	業經繪製湖北省行政系統圖，分詳略兩種，先後付印
繪製各種實用地圖	所有土地疆界、面積、地勢，及與交通、商業有關者，亟應繪製地圖，以資查考	已經印製者，有湖北省地圖、湖北省水陸交通圖、粤贛湘鄂四省交通及貿易關係圖
編製湖北省統計叢刊	對於重要事件，或特種統計，欲詳細紀載者，則每種編輯單行本，彙訂爲統計叢刊	已出版者，有湖北人口统計與湖北省二十四年水災統計兩種

續表

項目	説明	辦理情形
編製各縣民堤垸振款分配表	本省二十四年水災，民堤潰决者三十餘縣，補助工振款額達六十六萬八千餘元，如何分配，特詳細列表統計，以備查考	已將堤名、長度、修復土方、保障田畝數、支配工振款等逐項編列，刊印單行本二百册，分送各機關參考
編製調查報告三種	統計班學生，在武昌各區實習調查，經將調查所得，從事整理編輯	業經編印長堤鄉概況、凱字營連户教育實驗區概况、白沙洲社會概况等三種
編製湖北省十種概況	將半年來蒐集所得之重要材料，編成概况表，計分十種，内容爲：（一）土地與人口；（二）氣象與水利；（三）農林；（四）工鑛；（五）商業；（六）金融與合作；（七）財政；（八）教育；（九）交通；（十）社會	已陸續編印完竣，並彙訂成帙，分送各機關參考
編製湖北省第一回年鑑	依照湖北省二十五年度統計工作大綱，係五月起編輯，下年度付印，兹以增進工作效率之結果，提前趕編，於四月初旬即已全部脱稿	本年鑑計分十六類，全部共八百餘頁，刊印一千五百本，分送各機關參考

續表

項目	説明	辦理情形
編製内政部第二回内政年鑑内湖北省政概况	内政部續編第二回内政年鑑，來咨索取省政概况	業經本室依照部頒綱目，蒐集材料，纂送内政部彙编
編製湖北省省政統計圖表	委員長官邸圖表室函囑繪製，内分财政、民政、建設、教育、保安、地政、新運及其他新政等八項	業于二十六年五月繪製寄發
編製内政及實業統計報告	内實兩部及主計處令派專員來鄂考察统計工作，本室當即编製内政及實業統計報告，填具工作概況表，並檢送刊物	中央令派專员于本年五月十三日抵地，廿二日考察畢離鄂，本室亦經于廿一日將各項報告及表式填就，連同刊物一並檢交專員
聯絡		
參加全國统計學社湖北分社	本室同人，全體參加統計學社，俾與各機關統計人員聯絡互相觀摩，增進學識，以利推行統計事業	自二十五年九月參加以來，本室同人，對於統計學術，益加研究，並由分社编輯統計專刊、社刊，及湖北省统計提要等，補助統計事業，實非淺鲜

續表

項目	説明	辦理情形
表報		
造送中央各機關委查表格	中央各機關委查表格太多，各縣政府人員有限，因恐積壓與揑報，故全由本室蒐集材料，直接編送。惟屬於行政報告者，則轉令辦理	本年度造送中央機關表格，達一千餘件
文書		
處理文件	本室爲節省繁文，增進效率起見，處理公文，力求改善，凡例行稿簽，概係印便填用，各屬表報，飭免備文，故辦理文稿，集中一人，極爲迅速	自二十五年七月至二十六年六月計收八千六百九十六件，發文七千六百五十四件

貳、湖北省政府二十五年度辦理統計經費

科目	預算數（元）	分配數（元）
總計	**81 896.00**	**81 896.00**
經常費	**18 336.00**	**18 336.00**
薪給費	14 736.00	14 736.00
統計室職員薪俸		14 220.00
統計室公役工資		516.00
辦公費	3 600.00	3 600.00
關於統計部分之辦公費		3 600.00
臨時費	**63 560.00**	**63 560.00**
統計調查費	48 000.00	48 000.00
統計人員訓練班經費		7 900.00

已支數（元）	未支數（元）	備註
75 793.59	**6 102.41**	
18 336.00		統計室預算，係併省府编列，兹依實際支出數目，酌予劃分
14 736.00		
14 220.00		分配數按本室原有職員薪俸開列
516.00		
3 600.00		按本府辦公費預算總數，酌量劃分
3 600.00		
57 457.59		
48 000.00		編列本省二十五年度普通會計歲出概算書臨時門第二項第一目第三節
7 900.00		統計班計算餘 482.71 元，已簽准撥作統計調查隊購置費

科目	預算數（元）	分配數（元）
統計室調查隊經費		22 600.00
圖書費		3 000.00
購置費		1 840.00
增設職員薪俸		8 760.00
預備費		3 900.00
印刷費	13 060.00	13 060.00
十種概況等印刷費		4 800.00
年鑑印刷費		8 260.00
物産標本室設備費	2 500.00	2 500.00
購置		2 400.00
修繕		100.00

附註：本表係按二十六年六月底之實際情形填列，將來結算時數目尚有出入。

續表

已支數（元）	未支數（元）	備註
22 600.00		該隊調查旅費，經簽准撥 5 000 元爲農村調查經費，又該隊截至二十六年六月底止計結餘 613.18 元，業經簽准撥爲三十縣農村調查印刷費及臨時開支之用
3 000.00		
1 840.00		
8 760.00		
3 900.00		
6 957.59	6 102.41	經先後簽准，在本省廿五年度普通會計歲出概算書臨時門第二項第一目第二節省府特種刊物印刷費項下劃撥
3 737.59	1 062.41	
3 220.00	5 040.00	尚未結算
2 500.00		〃
2 400.00		
100.00		

叁、湖北省政府秘書處統計室職員

截至二十六年六月底止

職別	姓名	性［別］	籍貫	年齡	任職		
					年	月	日
主任	楊綽菴	男	福建	四〇	二五	六	一
代主任	田克明		江西	三二	二六	五	二八
統計員	張哲丹		福建	四六	二五	六	八
	楊永宜		廣西	二八	〃	〃	〃
	陳建東		福建	三八	〃	〃	〃
	勞謙		廣西	二九	〃	〃	〃
	樊孝睦		咸寧	二七	〃	八	四
	王書常		湖南	三二	二三	五	一
	羅迪烺		宜都	三二	二四	二	〃
	左宗奎		武昌	四三	一七	三	一三
	李敏之		雲南	三八	二〇	七	一
	洪其琛		江蘇	二八	二三	一二	二四
	包克焕		湖南	三〇	二五	二	一五

擔任工作	備註
主辦本省一切統計事宜，主編湖北省第一回年鑑	二十六年四月十三日呈辭，六月十六日奉准
主辦本省一切統計事宜	二十六年五月二十八日奉委兼代主任
核擬文稿，業務彙報	二十六年五月三日辭職
商業，勞工	
交通，氣象，水利	廿六年四月十四日奉諭代行主任職務，五月二十七日卸代
鑛業，工業	
物産標本室	二十六年四月二十八日辭職
特産，農村通訊，棉花標本室	原在秘書處工作
本省工業歷史	原在建設廳工作
財政	原在財政廳工作
金融，合作，財政，古蹟及風景區	〃
農林，保安	原在保安處工作
繪圖，製表	二十五年七月辭職

職别	姓名	性［别］	籍貫	年齡	任職		
					年	月	日
統計員	黄維廉	女	應山	三三	二三	七	一
	鐘騰浩	男	江西	三四	〃	二	三
	曾慶鈺		南漳	四一	二一	五	二七
辦事員	何海官		浠水	三九	一八	六	三
	馮華生		江西	三一	二五	一〇	九
	夏嘉麟		江西	二七	二四	一二	一
	關錫英		鍾祥	二一	二三	一一	八
	徐韻華	女	漢口	二六	〃	一二	一
學習員	江萍	男	漢川	二二	二五	八	一一
	詹世誠		安徽	二三	〃	〃	一一
録事	胡紫琴	女	武昌	二一	二六	二	二〇
調查隊主任	潘載生	男	廣東	三〇	二五	七	一
總幹事	李西孟		福建	四五	〃	〃	〃
	龔禮逸		福建	三四	〃	一一	〃
組長	陳紹博		湖南	三〇	〃	七	〃
	閉元瑋		廣西	三〇	〃		
助理員	張鵬搏		福建	二四	〃	七	一

續表

擔任工作	備註
司法，警政，救濟，公共組織	原在民政廳工作
教育	原在教育廳工作
土地，人口，衛生，災荒	原在秘書處工作
文書，收發，案卷	〃
整理材料	
宗教，國民劳動服務，交通	原在建設廳工作
繪圖，製表	二十六年二月經棉産改進所借用
教育	原在教育廳工作
繪圖，製表	
整理材料	
繕寫	
主辦調查隊事宜	
本隊總務，彙編報告	二十六年二月辭職
〃	原在地政局工作
主管第二組調查事項	
主管第三組調查事項	

職別	姓名	性［別］	籍貫	年齡	任職		
					年	月	日
調查員	王以成	男	天門	二一	二六	一	一
	王承琨		四川	二一	〃	〃	〃
	李定餘		武昌	二三	〃	〃	〃
	李洪模		應城	二一	〃	〃	〃
	吴熙載		貴州	二一	〃	〃	〃
	胡孝思		孝感	二二	〃	〃	〃
	來家欣		江陵	二二	〃	〃	〃
	韓明鍪		武昌	二一	〃	〃	〃
	夏禄康		應山	二一	〃	〃	〃
	夏昌禮		武昌	二四	〃	〃	〃
	陽俊		天門	二二	〃	〃	〃
	盛傅年		黄岡	二二	〃	〃	〃
	晏民侯		武昌	二一	〃	〃	〃
	劉樹藩		湖南	二五	〃	〃	〃
	謝徵聰		湖南	二一	〃	〃	〃
	孫勝武		漢口	二〇	〃	〃	〃

續表

擔任工作	備註
本隊會計，庶務	
第一組調查工作	
〃	
〃	
〃	
〃	
〃	
〃	
〃	
〃	
〃	
〃	
〃	
〃	
〃	
〃	

職別	姓名	性［别］	籍貫	年齡	任職		
					年	月	日
調查員	鄧覺	男	蕲春	二三	二六	一	一
	鄧萬朗		松滋	二一	〃	〃	〃
	張斐然		漢口	二二	〃	〃	〃
	張澤清		夏口	二五	〃	〃	〃
	蕭作明		沔陽	一八	〃	〃	〃
	任有益		黄陂	二二	〃	〃	〃
	胡月章		黄岡	二一	〃	〃	〃
	胡先華		武昌	二三	〃	〃	〃
	馮文彬		孝感	二三	〃	〃	〃
	王墀		黄岡	二二	〃	〃	〃
	熊世炯		漢口	二三	〃	〃	〃
	周謀東		漢川	二一	〃	〃	〃
	楊世琛		武昌	二〇	〃	〃	〃
	鄭光耀		漢口	二三	〃	〃	〃
	萬聲俊		武昌	二一	〃	〃	〃
	曹德修		黄陂	二三	〃	〃	〃

續表

擔任工作	備註
第一組調查工作	
〃	
〃	
〃	
〃	
第二組調查工作	
〃	
〃	
〃	
〃	
〃	
〃	
〃	
〃	
〃	
〃	

職别	姓名	性［别］	籍貫	年齡	任職		
					年	月	日
調查員	牛青松	男	鄂城	二三	二六	一	一
	江達榜		漢陽	二二	〃	〃	〃
	杜繼凱		黄陂	二〇	〃	〃	〃
	陳家琦		黄陂	二二	〃	〃	〃
	陳本固		江西	二〇	〃	〃	〃
	侯煜		漢陽	二三	〃	〃	〃
	彭顯彰		宜昌	二〇	〃	〃	〃
	黄民新		黄安	二五	〃	〃	〃
	葉永金		漢川	二一	〃	〃	〃
	趙亨猷		武昌	二〇	〃	〃	〃
	鄧慶瀛		漢川	二一	〃	〃	〃
	羅勤煜		宜昌	二〇	〃	〃	〃
僱員	鄒鳳藻		河北	二五	二五	七	一

續表

擔任工作	備註
第三組調查工作	
〃	
〃	
〃	
〃	
〃	
〃	
〃	
〃	
〃	
〃	
〃	
繕寫